Am Sandstrand

Am Sandstrand

Das große Ferienlesebuch

Geschichten von
Minette Walters, Alex Garland
Ruth Rendell, Javier Marías
Maeve Haran, David Guterson
Christine Grän
und vielen anderen

Herausgegeben von
Frauke Brodd und Claudia Negele

GOLDMANN

Die Quellenhinweise zu den einzelnen Texten
finden Sie am Ende des Bandes.

Umwelthinweis:
Alle bedruckten Materialien dieses Taschenbuches
sind chlorfrei und umweltschonend.

Originalausgabe 5/2000

Umschlaggestaltung: Design Team München
Umschlagfoto: KPA, Berlin
Satz: deutsch-türkischer fotosatz, Berlin
Druck: Elsnerdruck, Berlin
Verlagsnummer: 44681
FB/CN · Herstellung: Sebastian Strohmaier
Made in Germany
ISBN 3-442-44681-3

1 3 5 7 9 10 8 6 4 2

Inhalt

MINETTE WALTERS

Ein englischer Herbst

Ich erinnere mich, daß ich dachte, Mrs. Newbergs Problem sei weniger die Alkoholsucht ihres Mannes, als vielmehr ihr albernes Beharren darauf, ihrer Umwelt vorzumachen, er wäre ein maßvoller Mensch. Sie waren ein gutaussehendes Paar, beide groß und schlank, mit vollem schlohweißem Haar, stets teuer gekleidet in Kaschmir und Tweed. Gerechterweise muß ich sagen, daß er tatsächlich nicht wie ein Trinker aussah und sich auch nicht wie einer benahm, aber ich kann mich nicht erinnern, ihn in den zwei Wochen unserer Bekanntschaft je nüchtern erlebt zu haben. Seine Frau pflegte ihn mit Klischees zu entschuldigen, sprach andeutungsweise von Schlaflosigkeit, einem Todesfall in der Familie, einer alten Beinverletzung – aus dem Krieg natürlich –, die ihm das Gehen schwer mache. Dann und wann flog ein amüsiertes Lächeln über sein Gesicht, als hätte eine ihrer Bemerkungen ihn erheitert, aber die meiste Zeit saß er nur da und klammerte sich mit Blicken an irgendeinen festen Punkt, um das mühsam bewahrte Gleichgewicht nicht zu verlieren.

Ich schätzte sie beide auf Ende siebzig und fragte mich, was sie so weit von zu Hause fortgetrieben hatte, mitten hinein in einen kalten englischen Herbst. Mrs. Newberg wich aus. Nur ein kleiner Urlaub, zwitscherte sie mit vogelheller Stimme, deren bei konsonantischen Lauten gelegentlich harter Klang an Nordeuropa gemahnte. Sie warf dabei nervöse Blicke auf ihren Mann, als hätte sie Angst, er könnte ihr widersprechen. Vielleicht sprach sie die Wahrheit, aber daß ein altes amerikanisches Ehepaar sich für einen Ferienaufenthalt im Oktober ausgerechnet ein menschenleeres Hotel in einem von Stürmen geplagten Badeort an der Küste von Lincolnshire aussuchen sollte, schien mir reichlich unwahrscheinlich. Sie wußte, daß ich ihr nicht glaubte, aber sie war schlau genug, sich nicht auf lange Erklärungen einzulassen. Vielleicht war ihr klar, daß meine Bereitschaft, mich mit ihr zu unterhalten, von ungestillter Neugier genährt wurde.

»Es war der Wunsch meines Mannes, hierherzukommen«, sagte sie mit gesenkter Stimme, als wäre damit alles gesagt.

Der Badeort war aus der Mode und die Saison vorbei, und Mrs. Newberg fühlte sich offensichtlich einsam. Wem wäre es, auf die Gesellschaft eines wortkargen Alkoholikers beschränkt, nicht so ergangen? Gelegentlich erschien abends ein reisender Vertreter im Speisesaal, um schweigend sein Abendessen einzunehmen, bevor er zu Bett ging, aber die Gespräche mit mir waren eigentlich ihre einzige Quelle der Unterhaltung. Auf eine oberflächliche Art freundeten wir uns miteinander an. Natürlich wollte sie wissen, was mich an diesen Ort geführt hatte, aber auch ich konnte ausweichend sein. Ich sei auf der Suche nach einem Domizil, erklärte ich.

»Wie schön«, sagte sie unaufrichtig. »Aber möchten Sie sich wirklich so weit von London entfernt niederlassen?« Es war ein Vorwurf. Für sie, wie für so viele, waren Großstädte gleichbedeutend mit Leben.

»Ich mag den Lärm nicht«, bekannte ich.

Sie schaute zum Fenster, wo der Regen gegen die Scheiben prasselte. »Vielleicht ist es eher so, daß Sie keine Menschen mögen«, meinte sie.

Ich widersprach aus Höflichkeit.

»Mit dem Einzelnen habe ich keine Probleme«, sagte ich mit einem Blick zu ihrem Mann, »nur mit der Masse.«

»Ja«, stimmte sie vage zu. »Mir persönlich sind Tiere auch lieber.«

Sie gab oft solche sprunghaften Antworten, und ein- oder zweimal fragte ich mich tatsächlich, ob sie vielleicht nicht ganz bei Verstand sei. Aber wenn das zutraf, wie hatten die beiden dann ihren Weg an diesen abgelegenen Ort gefunden, wo Mr. Newberg schon Mühe hatte, sich zwischen den Tischen in der Bar zurechtzufinden. Die Antwort war einfach. Das Hotel hatte ihnen einen Wagen zum Flughafen geschickt.

»War das nicht sehr teuer?« fragte ich.

»Es war im Preis inbegriffen«, sagte Mrs. Newberg mit Würde. »Der Direktor persönlich hat uns abgeholt.«

Sie schüttelte den Kopf über meine erstaunte Miene. »Das kann man ja wohl erwarten, wenn man den vollen Preis bezahlt.«

»Ich bezahle auch den vollen Preis«, sagte ich.

»Das bezweifle ich«, widersprach sie und seufzte. »Wir Amerikaner werden doch überall ausgenommen.«

In der ersten Woche ihres Aufenthalts sah ich die beiden nur einmal außerhalb des Hotelgeländes. Ich traf sie am Strand, wo sie in dicke Mäntel und wollene Schals vermummt in Liegestühlen saßen und zur stürmischen See hinausblickten, die von einem bitterkalten sibirischen Ostwind aufgewühlt wurde. Ich zeigte mich überrascht, sie zu sehen, und Mrs. Newberg, die aus irgendeinem Grund annahm, meine Verwunderung beziehe sich auf die Liegestühle, erklärte, für einen kleinen Aufpreis bekomme man im Hotel alles, was man wolle.

»Kommen Sie jeden Morgen hierher?« fragte ich sie.

Sie nickte. »Es erinnert uns an zu Hause.«

»Ich dachte, Sie leben in Florida.«

»Ja«, sagte sie vorsichtig, als versuchte sie, sich zu erinnern, wieviel sie bereits preisgegeben hatte.

Mr. Newberg und ich tauschten ein Lächeln wie zwei Verschwörer. Er sagte selten etwas, aber wenn er sprach, dann immer mit Ironie. »Florida ist berühmt für seine Hurricanes«, bemerkte er, ehe er sein Gesicht wieder in den eiskalten Wind wandte.

Danach mied ich den Strand, weil ich keinen noch engeren Kontakt mit ihnen wollte. Es war nicht so, daß ich sie nicht mochte. Im Gegenteil, ich hielt mich ganz gern in ihrer Gesellschaft auf. Ich kannte niemanden, der so wenig neugierig war wie diese beiden, und die langen Pausen des Schweigens, die sich bei unseren Gesprächen einstellten, waren nie unangenehm. Aber ich verspürte keinerlei Verlangen, meine Tage damit zuzubringen, geselligen Umgang mit Fremden zu pflegen.

Mrs. Newberg machte eines Abends eine Bemerkung darüber. »Es wundert mich, daß Sie nicht nach Schottland gefahren sind«, sagte sie. »Ich habe gehört, daß man in Schottland stundenlang laufen kann, ohne einer Menschenseele zu begegnen.«

»In Schottland könnte ich nicht leben«, sagte ich.

»Ach so, ja. Das hatte ich vergessen.« War das eine Spitze, oder bildete ich es mir nur ein? »Sie suchen ja ein Haus.«

»Ein Domizil«, verbesserte ich sie.

»Schön, dann eine Wohnung. Spielt das eine Rolle?«

»Für mich schon.«

Mr. Newberg starrte in sein Whiskyglas. »›Das Geheimnis, um die größte Fruchtbarkeit und den größten Genuß vom Dasein einzuernten, heißt gefährlich leben‹«, murmelte er in fließendem Deutsch. »Friedrich Nietzsche.«

»Funktioniert es?« fragte ich.

Ich sah ihn lächeln, heimlich und nur zu sich selbst. »Nur wenn man Blut vergießt.«

»Wie bitte?«

Doch seine Augen schwammen in Alkohol, und er antwortete nicht.

»Er ist müde«, sagte seine Frau. »Er hat einen langen Tag hinter sich.«

Wir schwiegen, und ich beobachtete, wie Mrs. Newbergs ängstlich angespannte Gesichtszüge sich entkrampften und wieder ihren natürlicheren Ausdruck resignierter Schicksalsergebenheit annahmen. Gut fünf Minuten verstrichen, ehe sie eine Erklärung anbot.

»Er war gern im Krieg«, teilte sie mir gedämpft mit. »Wie so viele Männer.«

»Es ist der Kameradschaftsgeist«, bestätigte ich, mich erinnernd, mit welcher Wärme meine Mutter stets von den Kriegsjahren erzählt hatte. »Die Not holt das Beste aus den Menschen heraus.«

»Oder das Schlimmste«, sagte sie, den Blick auf ihren Mann gerichtet, der sich aus der Whiskyflasche nachschenkte, die jeden Abend, sobald sie leer war, durch eine neue ersetzt wurde. »Ich vermute, es kommt darauf an, auf welcher Seite man steht.«

»Sie meinen, es ist besser zu siegen?«

»Es ist sicher eine Hilfe«, sagte sie zerstreut.

Am nächsten Tag erschien Mrs. Newberg mit einem blaugeschlagenen Auge zum Frühstück. Sie behauptete, sie sei aus dem Bett gefallen und habe sich das Gesicht am Nachttisch angeschlagen. Es gab keinen Anlaß, an ihren Worten zu zweifeln; nur fiel mir auf, daß ihr Mann sich immer wieder die Knöchel seiner rechten Hand massierte. Sie wirkte elend und niedergeschlagen, und ich forderte sie zu einem Spaziergang auf.

»Ihr Mann kann sich gewiß auch mal ein Stündchen allein unterhalten«, sagte ich mit einem mißbilligenden Blick auf ihn.

Wir gingen die Promenade hinunter und beobachteten die Möwen, die unter dem Himmel dahinsegelten wie windgetriebene Stoffetzen. Mrs. Newberg setzte eine dunkle Brille auf und sah aus wie eine Blinde. Sie ging langsam und blieb in regelmäßigen Abständen stehen, um Atem zu schöpfen. Ich bot ihr deshalb meinen Arm. Sie stützte sich schwer auf ihn, zum erstenmal empfand ich sie wirklich als alt.

»Sie sollten sich nicht von ihrem Mann schlagen lassen«, sagte ich.

Sie lachte kurz, sagte aber nichts.

»Sie sollten ihn anzeigen.«

»Bei wem?«

»Bei der Polizei.«

Sie entzog mir ihren Arm und lehnte sich an das Geländer über dem Strand. »Und dann? Ein Strafverfahren? Gefängnis?«

Ich stellte mich neben sie. »Eher würde ein Gericht ihm wahrscheinlich auferlegen, sein Verhalten zu ändern.«

»Einem alten Hund kann man keine neuen Kunststücke beibringen.«

»Er würde die Dinge vielleicht mit anderen Augen sehen, wenn er nüchtern wäre.«

»Er trinkt, um zu vergessen«, sagte sie, über das Meer hinweg zu den fernen Küsten Nordeuropas blickend.

Ich zeigte Mr. Newberg von da an die kalte Schulter. Ich habe für Männer, die ihre Frauen prügeln, nichts übrig. Es änderte kaum etwas an unserer Beziehung; höchstens festigte meine Anteilnahme an Mrs. Newbergs Schicksal noch das Band zwischen uns dreien. Ich begann, die beiden ab und zu abends zu ihrem Zimmer hinaufzubegleiten, wobei ich keinen Zweifel daran ließ, daß mir Mrs. Newbergs Wohlergehen am Herzen lag. Mr. Newberg schien meine Fürsorge belustigend zu finden. »Sie hat kein Gewissen, das ihr das Leben schwer machen könnte«, sagte er einmal. Und ein andermal: »Ich habe mehr zu fürchten als sie.«

In der zweiten Woche stürzte er auf dem Weg zum Frühstück auf der obersten Treppenstufe und war tot, als er unten ankam. Es gab keine Zeugen des Unfalls. Eine Kellnerin, die das Poltern auf der Treppe hörte, kam aus dem Speisesaal gerannt und fand den stattlichen alten Mann mit weit geöffneten Augen und einem Lächeln im Gesicht rücklings am Fuß der Treppe liegend. Niemand war sonderlich überrascht, wenn es auch, wie der Hoteldirektor bemerkte, verwunderte, daß es am Morgen geschehen war, zu einer Zeit, da der alte Mann gewöhnlich am nüchternsten gewesen war. Einige Stunden später traf ein Polizeibeamter ein, um Fragen zu stellen, aber nicht weil irgendein Verdacht auf ein Verbrechen bestand, sondern weil Mr. Newberg Ausländer war und Meldung gemacht werden mußte.

Ich leistete Mrs. Newberg in ihrem Zimmer Beistand, während sie sachte ihre Tränen abtupfte und dem Beamten erklärte, sie habe am Toilettentisch gesessen und sich zurechtgemacht, als Mr. Newberg das Zimmer verlassen hatte, um nach unten zu gehen.

»Er ist immer zuerst hinuntergegangen«, sagte sie. »Er trank seinen Kaffee gern frisch.«

Der Polizeibeamte nickte, als leuchte ihm diese Erklärung ein, und erkundigte sich dann taktvoll nach den Trinkgewohnheiten ihres Mannes. Eine Untersuchung habe einen hohen Alkoholgehalt im Blut Mr. Newbergs ausgewiesen, berichtete er. Sie lächelte schwach und sagte, sie könne nicht glauben, daß der bescheidene Whiskykonsum ihres Mannes etwas mit seinem Sturz zu tun haben könne. Sie wies darauf hin, daß es im Hotel keinen Aufzug gab und ihr Mann seit Jahren an einer alten Beinverletzung gelitten habe. »Amerikaner sind Treppensteigen nicht gewöhnt«, sagte sie, als wäre das Erklärung genug.

Der Polizeibeamte ließ sie in Ruhe und wandte sich mir zu. Er habe gehört, daß ich mit dem Ehepaar befreundet sei. Ob ich irgend etwas zur Erhellung der Umstände des Unfalls beitragen könne. Ich vermied es, Mrs. Newberg anzusehen, die den verblaßten blauen Fleck an ihrem Auge geschickt mit Make-up kaschiert hatte. »Eigentlich nicht«, sagte ich und wunderte mich gleichzeitig, wieso mir nie die Narbe über ihrer Wange aufgefallen war, die aussah, als könnte sie von der spitzen Ecke eines Nachttischs stammen. »Er hat einmal zu mir gesagt, das Geheimnis eines erfüllten Lebens bestehe darin, gefährlich zu leben, vielleicht hat er also nicht so gut auf sich acht gegeben, wie er das hätte tun sollen.«

Er warf einen verlegenen Blick auf Mrs. Newberg. »Mit anderen Worten, er hat zuviel getrunken?«

Mein kurzes Achselzucken nahm er als Zustimmung. Ich hätte darauf hinweisen können, daß Mr. Newbergs Achtlosigkeit darin bestanden hatte, sich nicht umzusehen, aber ich konnte nicht einsehen, was das gebracht hätte. Niemand zweifelte daran, daß seine Frau zur Zeit des Unfalls in ihrem gemeinsamen Zimmer gewesen war.

Sie neigte huldvoll den Kopf, als der Beamte sich verabschiedete. »Sind englische Polizeibeamte immer so nett?« fragte sie, schon auf dem Weg zum Toilettentisch, um sich das schöne Gesicht zu pudern.

»Immer«, bestätigte ich, »solange sie keinen Grund zu einem Verdacht sehen.«

Ein kurzer Blick aus dem Spiegel traf mich. »Was denn für ein Verdacht?« fragte sie.

Aus dem Englischen
von Mechtild Sandberg-Ciletti

VICTORIA ROUTLEDGE

Biancas Rache

Das Familienleben von Bianca Frosts Vater basierte auf dem Prinzip, seine Ehegattinnen auszutauschen. Er ersetzte die aktuelle alle drei Jahre – im Gegenzug für eine große Summe Geldes und den jeweiligen Sportwagen, den er ihnen vergangenes Weihnachten geschenkt hatte – durch eine neue Ehefrau. Dann wurde die neue Frau, während sich die Säuglinge ihrer Vorgängerin wie kleine Krebse an den Rock des Kindermädchens klammerten, in seinem puderzuckerweißen Hochzeitskuchenhaus nahe Kensington Gardens inthronisiert. Solange Bianca zurückdenken konnte, hatte die obere Etage des Hauses immer das Bild eines chaotischen Babysachen-Basars geboten.

Ohne allzuviel Beachtung auf sich zu ziehen, war Bianca, das erste Kind aus der ersten Ehe, inzwischen einundzwanzig Jahre alt geworden. Ihre Mutter Lydia hatte sich auf der Suche nach sich selbst nach Indien abgesetzt und, als sie sich schließlich gefunden hatte, entdeckt, daß sie keine Lust hatte, wieder zurückzubekommen. Oft starrte Bianca auf die kleinen, schwarzweißen Schnappschüsse des glücklichen, gutaussehenden Paares mit dem winzigen, quietschvergnügten Baby, das in Richmond Park auf einem Baumstamm saß, und dann versuchte sie vergeblich, die eigenen, etwas melancholischen Züge von einem ihrer Elternteile herzuleiten.

Wenn sie auch nicht im Traum daran gedacht hätte, es offen auszusprechen – Bianca vermißte ihre Mutter. Der einzige Kontakt, den sie heute noch zu ihr hatte, bestand in den vereinzelten

Paketen mit handgewebter indischer Seide, die ohne Brief hier und da eintrafen. So hübsch sie auch waren, Bianca hätte einen Büchergutschein und ein paar Tips zur Pickelbekämpfung vorgezogen. Es war nicht immer so gewesen. Früher einmal war der Kaminsims überfüllt mit den in Silber gerahmten Hochzeitsfotos, auf denen ihre Mutter und ihr Vater, in wehenden Schlaghosen, die Gesichter von Lächeln und geheimnisvollem Rauch umspielt, auf den Stufen des Standesamtes von Chelsea standen. Aus Rücksicht gegenüber Ehefrau Nummer zwei (Harriet, 29, Exkindermädchen, 1983) verschwanden die Fotos in einer Schublade, und Bianca hatte sie nie wieder gesehen.

Spätere Hochzeitsbilder (Harriet scheiterte drei Jahre danach an der ersten Hürde, als sie den geliebten Labrador mit dem Bentley überfuhr – und dabei den Kühlergrill einbeulte) spiegelten die Modeströmungen ihrer Zeit wider, wobei die Frauen zunehmend dünner und Mr. Frost grauer wurde, bis er schließlich einem Statisten aus einer Ferrero-Rocher-Anzeige glich. Und auf jedem der Fotos stand im Hintergrund Bianca, die das stetig wachsende Heer der teilnehmenden Nachkommenschaft befehligte und dabei eine gehässig unvorteilhafte Satinkluft mit einer propellerartigen Schleife an ihrem ausladenden Hinterteil trug. Hätte ein verspielter Hoteldiener dieser einen Schwung versetzt, die arme Bianca wäre wie ein schüchterner, blaßrosafarbener Zeppelin in den Himmel entschwebt, viel zu peinlich berührt, um deshalb eine Szene zu machen, und viel zu froh, doch noch aus der Rezeption des Savoy entkommen zu sein. Als Bianca alle Welt mit einem Abschlußzeugnis überraschte, das es ihr erlaubte, an der Universität Bristol Kunstgeschichte zu studieren, war ihr Vater gerade mit Jemina (Erbin einer Hämorrhoidensalbenfabrik, 27, 1996) von einer dreitägigen Hochzeitsreise nach Antigua zurückgekehrt. Mochte Mr. Frost sein Privatleben auch als eine Art Ringelpietz mit Anfassen gestalten, sein Immobilienunternehmen betrieb er wie eine gut geschmierte Maschine. Als Bianca

Frost, BA, drei Jahre danach aus Bristol zurückkam, waren Jemina und ihr roter Z3 bereits wieder Richtung Surrey zum Teufel geschickt worden, und die neue Mrs. Candida Frost (ausgebildete Kosmetikerin, 26, 1999) tauschte inzwischen die Ausstattung der Empfangsräume aus. Bianca stellte spitzzüngig fest, daß Mrs. Candida Frost nur fünf Jahre älter war als sie selbst, und ließ sich in ihrem Zimmer nieder, um auf den Winterschlußverkauf zu warten.

Es war ein ungeheuer großes Haus, und in der Vergangenheit hatte sie viele glückliche Sommer dort verbracht, ohne auch nur ein Wort mit einer Menschenseele, die Köchin ausgenommen, zu wechseln, doch zu Biancas Pech hatte Candida eine sehr ausgeprägte Persönlichkeit und noch größere Pläne. Candida besaß einen Schönheitssalon in Mayfair. Vor ihrer Heirat war sie, um der Wahrheit die Ehre zu geben, eine reine Wald- und Wiesenkosmetikerin gewesen, doch Mr. Frost, dessen Herz sie durch die Wunder gewann, die sie an seinem fliehenden Haaransatz bewirkte, hatte zufällig gerade ein hübsches, kleines Atelier an der Hand – wie geschaffen für einen exklusiven, zentral gelegenen Schönheitssalon, einen Kurort mitten in der Stadt: *Urban Spa*. Und er war nicht der Mann, etwas einfach wegzugeben.

»Bianca, Schätzchen«, flötete Candida regelmäßig die Treppe empor, während sie in einem der gewaltigen Rokokospiegel, die die Wände des Frostschen Wohnsitzes zierten, die Nase diskret auf Mitesser untersuchte. »Komm doch mit mir in die Arbeit und laß dir einen Umschlag zur Talgflußverminderung machen. Zellulitis ist für ein Mädchen in deinem Alter nicht unvermeidlich!«

»Ich lese!« rief Bianca dann als Antwort zurück, während sie die geschlossene Tür mit obszönen Gesten bedachte. Und sie las tatsächlich. Ein Exemplar aus ihrer umfangreichen Sammlung von Diätratgebern, die Titel trugen wie: »Abnehmen, ohne es überhaupt zu bemerken« oder »Die Mars- und Kartoffelchip-Diät«. Die schnippische, kleine Candida überhaupt nur anzusehen, gab ihr schon das Gefühl, ein Zwergflußpferd zu sein, und sie wußte genau, wie ein Zwergflußpferd aussieht, denn Candida hatte ein großes Foto von einem solchen an die Kühlschranktür geheftet, das sie zynisch mit Biancas eigenen Liquorice-Allsorts-Kühlschrankmagneten befestigt hatte.

»Ein Momentchen im Mund – die Hüfte lebenslang rund«, sagte Candida dann und tätschelte sich mit einem versonnenen Grinsen die eigene, barbiehafte Taille. »Ach, du glaubst doch hoffentlich nicht, daß das persönlich gemeint war, Herzchen?« fügte sie hinzu und legte besorgt eine Hand auf Biancas Arm, deren Gesicht vor Scham und Wut hochrot anlief. Und wenn Bianca dann wieder die Treppe hinaufstapfte, bemerkte Candida ganz automatisch, daß sie, sofern sie ins Kinderzimmer ganz oben im Haus zöge, Tag für Tag fünfzig zusätzliche Kalorien verbrennen würde.

»Jetzt komm schon, Bianca! Wir haben diese neuen Vibro-Betten, da brauchst du nichts weiter tun, als dich draufzulegen! Und eine hübsche Schlammpackung würdest du doch sicher genießen, oder?« Seit sie mit dem Sprechkurs angefangen hatte, war Candidas Stimme sogar noch durchdringender geworden.

Bianca schleuderte »Diät mit Donuts« ins Eck und starrte die Tür finster an. Schlammpackungen. War das schon wieder so eine Zwergflußpferdgemeinheit? Alles würde sie sich von einer Frau, die offenbar nach einem vaginalen Infekt benannt war, nämlich auch nicht bieten lassen.

Es stimmte, sie langweilte sich, langweilte sich so sehr, daß sie fast mit Candida in ihren Kosmetiksalon gegangen wäre. Der Sommer verging nur sehr langsam, vor allem, weil alle ihre Bekannten ihn in Mustique verbrachten. Bianca fuhr nicht an solche Orte, da sie mit einer empfindlichen Alabasterhaut gesegnet war (»Wie Milchreis, der eben erst abgekühlt ist«, hatte Candida fachmännisch diagnostiziert. »War nicht persönlich gemeint!«). Sie hatte sich keine Gedanken darüber gemacht, was sie jetzt tun solle, da sie wieder zu Hause war: Den Tagebüchern und Notizen ihrer abwesenden Mutter zufolge, hieße der nächste Schritt wohl, sich eine Reihe großer Roben zu beschaffen, die eine oder andere Party zu geben und schließlich einen Grundbesitzer namens Hugo zu heiraten.

Bianca sah in den Spiegel und stopfte unglücklich die Speckfalte, die aus ihrem bauchfreien Top quoll, zurück unter das Lycra. »Nicht gerade wahrscheinlich, daß eines von diesen Dingen eintritt, stimmt's, Muffin?« meinte sie an den Labrador mit den tränenden Augen gewandt, der denjenigen ersetzte, den Harriet plattgefahren hatte.

Muffin, der eine angeborene Altersweisheit zu besitzen schien, starrte sie an und erwiderte nichts.

»Nein, Bianca, das siehst du ganz richtig«, sagte sie statt seiner in einem wenig überzeugenden Knurrton.

Muffins Blick wurde nur noch mitleidiger.

Was Bianca nicht wußte, war, daß Candidas Pläne unter ihren Füßen bereits in die Tat umgesetzt wurden. Und zum größten Teil bezogen sie sich auf die Repatriierung der Etage mit den Kinderzimmern.

»Oliver«, meinte sie eines Abends auf der Heimfahrt aus dem West End, als wäre ihr plötzlich eine Eingebung gekommen. »Candida?« Mr. Frost wandte den Blick nicht von der Straße. Es läge ihm fern, zu bestreiten, daß er einem langen Bein und einem verheißungsvollen Lächeln gegenüber vielleicht ein wenig überanfällig war, dumm aber war er nicht. Frauen wie Candida hatten keine plötzlichen Eingebungen. Sie hatten ungefähr einen Gedanken im Monat, und an dem arbeiteten sie sehr hart. Ihr letzter hatte mit einer Personalaufstockung ihrer blöden Schönheitsklinik zu tun gehabt, und über dem brütete sie jetzt noch.

»Oliver, wie viele Kinder hast du eigentlich?«

Mr. Frost legte eine Denkpause ein, addierte im Kopf sämtliche Internatsgebühren und teilte diese dann durch den Betrag, auf den sich die Schulgebühren seiner Erinnerung nach in etwa beliefen.

»Neunzehn?«

»Oliver! Du warst nur sechs Mal verheiratet!«

Mr. Frost legte die Stirn in Falten. Offensichtlich waren die Gebühren in Eton seit seiner Zeit gestiegen. Also dachte er statt dessen an die Anzahl der Portweinflaschen, die er dieses Jahr bei Corney und Barrow für die Brut hatte einlagern lassen. Je eine zu Geburtstag und Weihnachten. »Ähm, acht. Genau, acht Stück.« Von dieser gedanklichen Großtat ermuntert, fügte er hinzu: »Den kleinen Ollie, Olivia, Oscar … ähm, Orson, Orlando, Ophelia und … Octavia! Ja, hervorragend, und immer derselbe Satz Wäschezeichen. O. Frost.«

Candida machte sich an ihren Fingern zu schaffen. »Aber Oliver«, hauchte sie und blickte aus dem ledernen Schalensitz zu ihm auf, »das sind erst sieben.«

»Tatsache?« Schuldgefühle wallten in ihm auf. »Und Bianca.« Er zählte Bianca nicht zu den Designer-Nachkommen, die seine Designer-Frauen ihm beschert hatten. Sie war etwas Besonderes: Lydias Kind. Ihn fröstelte, trotz der Klimaanlage im Auto. Mr. Frost dachte nicht gern an Lydia, und als Folge davon empfand er es als schmerzhaft, zu viel über Bianca nachzudenken. Wahrscheinlich gingen die psychologischen Verstrickungen ja wesentlich tiefer, aber der einzige Grund für Oliver Frost, sich auf eine Couch zu legen, wäre eine anständige Psychiatermieze gewesen, nein, vielen Dank.

»Ach, Bianca«, sagte Candida in einem, wie sie hoffte, bedeutungsschwangeren Ton. Sie hatte Prinzessin Dianas Interview in *Panorama* viele Male intensiv studiert und beherrschte inzwischen perfekt die gesamte Palette von Ausdrucksweisen verletzten Stolzes. Sie warf Mr. Frost durch den Rückspiegel einen kraftvollen Blick Marke »Verletzte Gazelle« zu.

»Baaarrrchch«, stieß er automatisch aus.

»Ich finde, es wird langsam Zeit, daß Bianca auszieht«, meinte Candida, als sie gerade mit extrem hohem Tempo um Hyde Park Corner rasten. Sie glättete sich den Rock und stieß dabei absichtlich mit den Händen gegen ihre Strumpfhalterschließen. »Sie muß endlich auf eigenen Beinen stehen. Muß öfter aus dem Haus und andere Leute treffen.«

»Ja, gewiß«, erwiderte Mr. Frost. Und plötzlich sah er einen Weg durch den labyrinthischen Wald weiblicher Manipulationen. »Absolut, muß viel mehr unter die Leute. Gleich morgen kann sie anfangen, dir im *Urban Spa* zur Hand zu gehen.« Er drehte den Kopf und schenkte Candida ein offenherziges und unschuldiges Prince-Charles-Lächeln. »Zwei Fliegen mit einer Klappe, was, altes Mädchen?«

»Ja, mein Liebling«, erwiderte Candida durch zusammengebissene Zähne.

»Sie möchten einen Termin, damit Candida Ihnen *was* macht?« erkundigte Bianca sich vorsichtig, wobei sie den Telefonhörer hielt wie eine frisch geschälte Banane. Candida hatte ihr widerwillig einen kompletten Satz künstlicher Fingernägel gegeben, »damit du das richtige Bild abgibst«, obwohl sie sich ausschließlich auf nichtkosmetische Arbeiten zu beschränken hatte, und so war es schwierig, irgend etwas ordentlich in den Griff zu bekommen.

»Ach, ja, verstehe«, sagte sie. »Ein Intensiv*cleansing*. Also, sie kann Sie noch mit reinnehmen am ... Verzeihung, Verzeihung! Ich wollte Sie nicht ... Wenn Sie eine besondere Kundin sind, wird sie Sie selbstverständlich morgen empfangen.« Bianca zupfte an ihrem zu eng sitzenden Kittel, seufzte und stieß den Atem aus, am Hörer vorbei, durch den Lady Honor Thwaites' empörtes Kreischen drang.

Sie hatte sich überhaupt nur bereit erklärt, hierherzukommen, um ihrem Vater einen Gefallen zu tun. Candida war mit halsbrecherischer Geschwindigkeit zu dem Salon gefahren und hatte ihrem kleinen, blauen Mazda dabei zugesetzt wie eine Furie, als wolle sie jeglichen Fluchtversuch von vornherein unterbinden, und hatte ihr dann, kaum im Salon angekommen, einen viel zu kleinen Kittel gereicht, den Bianca nur mit Mühe über ihrem fülligen Busen hatte schließen können, und ihr schließlich den Befehl gegeben, die unzähligen Karten mit äußerst intimen Angaben über Lymphdrainagen und bevorzugten Nagellack ihrer Kundinnen einzusortieren. Lady Honor Thwaites war nur die letzte Pein eines peinvollen Tages. Bianca massierte sich die Schläfen. Ihr wäre schon geholfen, wenn Candida rechtzeitig vom Mittagessen zurückgekommen wäre.

»Nein, Candida ist im Moment nicht verfügbar, sie steckt bei einer anderen Kundin bis über die Ellenbogen in Massageöl …«

Weiteres gekränktes Kreischen. Bianca biß sich auf die Lippe.

»Soll ich sie bitten, Sie zurückzurufen? Ja? Geht klar.« Noch eine knochige Dame kam hinter den drapierten Seidenvorhängen zum Vorschein. Was die Ausstattung anging, bevorzugte Candida eine Mischung aus Tausendundeiner Nacht und einem der besseren Bordells in New Orleans.

Die Dame starrte sie durch eine Chanel-Sonnenbrille an, die sie aber nicht abnahm. Sie erinnerte Bianca an ein Rennpferd, das ihr Vater einmal besessen hatte. Hot To Trot hatte es geheißen.

Bianca überwand ihre angeborene Schüchternheit und sagte so selbstbewußt, wie sie nur konnte: »Hallo, kann ich Ihnen behilflich sein?«

»Schon.« Die Dame rümpfte heftig die Nase. »Candida erwartet mich. Termin um drei.«

»Oh«, sagte Bianca. »Ähm, aha. Und Ihr Name, bitte?«

Über dem Rand der Brille wölbte sich eine ungläubige Braue. »Ach, ja, natürlich«, entgegnete die arme Bianca, die nicht die geringste Ahnung hatte, wer diese Frau war, obwohl sie die offensichtlich haben sollte. Ihr Blick huschte den Terminkalender hinauf und hinunter. Der Drei-Uhr-Termin war mit rosa Marker abgesetzt, es stand aber kein Name dort. Sie blickte auf. »Worum ging es denn?«

»Schultermassage, Intensivcleansing und Make-up«, schnauzten die dünnen, roten Lippen sie an. »Ich habe es schrecklich eilig.«

Biancas Glupschaugen weiteten sich besorgt. »Ach je, ach je.«

»Also, um Himmels willen, schließlich sind Sie ihre Assistentin.« Die Lippen wurden geschürzt und bildeten Falten. Bianca bemerkte, daß der karminrote Lip-liner an den Rändern ausfranste. »Sie können ja schon mal anfangen, oder?«

Bianca dachte an Candida: Nicht gerade in der ersten Reihe, als der Verstand ausgegeben wurde, aber Inhaberin eines exklusiven Geschäfts. Sie dachte an ihren Vater und wie stolz er wäre, wenn er erführe, daß sie Candida aus der Patsche geholfen hatte. Sie dachte an ihre Mutter und fragte sich, was die wohl in dieser Situation gemacht hätte. Bianca sah der ersten Herausforderung ihres Lebens ins Gesicht und holte tief Luft.

»Ja«, sagte sie. »Warum nicht?«

Wie eine Hexe auf Amphetamin kam Candida um fünf durch den Vorhang geschossen. Ihr Haar, das sie gewöhnlich zu einem ordentlichen, blonden Chignon aufgesteckt trug, war zerzaust, und Bianca bemerkte, daß ihre lange Jacke falsch zugeknöpft war, was ihr eine einseitige Schieflage verlieh. »Langes Essen?« erkundigte sie sich höflich, da ihr niemand beigebracht hatte, bösartige Anspielungen zu machen.

»Wie? Ach so, äh, ja, sehr lang, viel Kaffee.« Candida schüttelte sich. »Genau, viel Kaffee und Geschäftsprobleme zu besprechen.« Ihr Blick schweifte gehetzt durch den leeren Wartebereich. »Wo ist Deborah?«

»Deborah?«

»Richtig, Deborah du Dallas. Es war mir völlig entfallen, aber sie war für drei bestellt, oder?« Candida krallte sich am Rand der Theke fest und beugte sich vor, um Bianca anzustarren. »Sie kam auf Empfehlung einer meiner Stammkundinnen, und ich gehe davon aus, daß sie jemand von großer Wichtigkeit ist. Von sehr ... großer ... Wichtigkeit.« Candida sah Bianca bedeutungsschwer an, und der Geruch nach schalem Champagner ließ Bianca ein wenig zurückweichen.

»Sag bitte nicht, daß du ...«

Bianca errötete schamhaft. Nachdem sie sich erst einmal eingearbeitet hatte, lief es tatsächlich gar nicht so schlecht. Der Großteil der Massagetechnik war ihr noch aus der Zeit vertraut, als sie nach dem Reiten die Ponies trockenreiben mußte, und was die Gesichtsbehandlung anging – nun, war das nicht einfach ein Fall von »Klatsch es drauf und wasch es runter«? Und hinterher dann noch ein bißchen Make-up draufklatschen?

»Nein. Du hast. Verdammter Mist. Scheiß verdammter Mist.« Candida ließ den Kopf auf die Theke sinken, wobei sie darauf achtete, den Lidschatten nicht zu verschmieren.

Obwohl sich über dem Kopf der armen Bianca ein wahrer Sturm von Vorwürfen entlud, waren die Tage in ihrem glücklichen Heim erst am folgenden Sonntag endgültig gezählt.

Candida hatte einen neuen Wochenendbefehl ausgegeben, nach dem der komplett anwesende Nachwuchs der Familie Frost (und da gerade Ferien waren, war das die volle Besatzung) unten im Wintergarten zum gemeinsamen Frühstück mit dem Vater anzutreten hatte. Oberflächlich betrachtet schien das eine bezaubernde Trapp-Familiengeschichte zu sein, bei der Candida eine bezaubernde Julie-Andrews-Rolle spielte.

Aber selbstverständlich war das nicht Candidas wahre Absicht.

»Octavia, hör auf, Orlando das Buttermesser in den Bauch zu

stoßen«, sagte Bianca ganz automatisch, während sie eine Grapefruit aufschnitt.

»Mag keine Grapefruit, mag Poptarts haben«, quengelte Ophelia.

»Auch haben mag, was Livia hat!« Der kleine Ollie trommelte mit dem Löffel auf den Mahagonitisch und zersprengte dabei den Teppich aus Cornflakes um ihn herum.

Eine der Maisflocken traf Orson, das Baby, genau im Auge, woraufhin er zu brüllen anfing. Octavias Versuch, ihn durch heftiges Herumschütteln aufzuheitern, hatte nur zur Folge, daß das Milchkännchen über Orsons Hochsitz auslief und ein kleiner Choral gequälter Kinderstimmen erscholl.

Rasch und ruhig wischte, küßte und tröstete Bianca, bis alles wieder sauber und still war.

Am anderen Ende des Tisches zuckten unmerklich zwei Ausgaben der *Sunday Times*, die so hoch gehalten wurden, daß das Schauspiel der Verwüstung, das sich vor ihnen entspann, nicht zu sehen war.

Bianca atmete noch einmal durch und sah auf die Uhr. Sie hatte vorgehabt, heute nachmittag in Kensington Gardens spazieren zu gehen und unter einem Baum ihren neuen Diätratgeber zu lesen. »Eine Kleidergröße weniger in nur drei Stunden«, nannte er sich. Phantastisch. Du gehst mit Größe 44 aus dem Haus, treibst dich eine Weile im Park rum und kommst als 42erin zurück.

Gerade als sie den Mund öffnete, um sich vom Tisch zu entschuldigen, fiel der Modeteil, den Candida las – der einzige Abschitt der Zeitung, mit dem sie sich abgab –, von einem dramatischen Einatmen begleitet zu Boden.

»Was gibt's denn, altes Mädchen?« brummte Mr. Frost ohne großes Interesse. Candida, die Gute, reagierte auf neue Nagellacke für gewöhnlich nicht viel anders als auf Weltkriege. Was aber seine Microsoft-Aktien anging ... Zur Antwort erhob Candida sich von ihrem Stuhl und starrte Bianca bedrohlich an. Sie war nur einsfünfundfünfzig, aber die Kombination aus hohen Absätzen und auftoupiertem Haar ließ sie weit größer wirken.

Candida streckte einen bebenden Finger in Richtung Bianca. »Du hast mein Leben und mein Geschäft ruiniert, du fetter, kleiner Trampel.«

»Immer mit der Ruhe«, sagte Mr. Frost und legte den Wirtschaftsteil zur Seite.

Biancas Lippen zitterten. Was meinte sie nur?

»Liest du eigentlich jemals dies hier?« fragte Candida eisig. Sie streckte eine Hand aus, und eines der Dienstmädchen legte den Modeteil wieder in diese zurück, dann trippelte sie an ihren Platz zurück.

Bianca schüttelte den Kopf. Sie haßte den Modeteil mit seinen dürren, zugekoksten Models und diesen mageren Schauspielerinnen in Kleidern, die sie selbst nicht einmal über den Kopf brächte.

»Vielleicht geht dir ja ein Licht auf, wenn du das hier liest!« Sie schleuderte Bianca die Zeitung entgegen, und das kleine Dienstmädchen mußte noch einmal vortrippeln, die Zeitung zum anderen Ende des Tisches bringen und dann wieder forttrippeln.

Bianca betrachtete die fragliche Seite. Es war die »Spieglein, Spieglein an der Wand«-Kolumne, in der sich eine anonyme Kritikerin (die mit dunkler Brille und einem wissenden, roten Lächeln ganz oben auf der Seite abgebildet war) testweise einer Schönheitsbehandlung unterzog, um dann darüber zu berichten.

»Das ist –«, setzte sie an.

»Genau!« brüllte Candida.

»Na ja, ich weiß ja, daß ich nicht die Allerhellste bin, aber ist denn die Sonnenbrille nicht als Verkleidung gedacht? Ich meine, sie hat ja tatsächlich genau so ausgesehen –«

»Ach, Bianca«, meinte ihr Vater, »um was geht's hier eigentlich?«

Bianca biß sich auf die Unterlippe und las den Artikel. »Von

Bauerntrampel mißhandelt« ... »Kosmetika wie Kuchenglasur ins Gesicht geklatscht« ... »geistloses Geschwätz über Botticelli« ...

»Es war nicht geistlos!« protestierte sie. »Das war der Grundgedanke meiner Abschlußarbeit, und darauf habe ich eine ...«

»Schluß!« kreischte Candida, die inzwischen wieder ganz auf ihren eher im East End beheimateten Akzent verfallen war. »Auf dein Zimmer!«

»Ach, komm schon, Candida«, sagte Bianca, in dem Versuch versöhnlich zu sein, »ich bin einundzwanzig, du kannst mich nicht auf mein Zimmer schicken.«

»Ach nein«, erwiderte Candida. Und das war keine Frage. Bianca blickte kummervoll erst auf ihren erschöpften und peinlich berührten Vater, dann auf die weißgekleidete Vettel, die neben ihm saß. Nur allzugern hätte sie Candida darauf hingewiesen, daß ihr Weiß, angesichts der Äderchen, die ihr in Folge ihrer Sonnenbankabhängigkeit die Wangen durchzogen, nicht gerade schmeichelte, und daß es nicht dazu angetan war, den Respekt der Kinder vor ihrem Vater zu steigern, wenn sie diesen Mann im mittleren Alter einkleidete wie ein Mitglied von *Boyzone.*

Doch Bianca war nicht das Mädchen, eine Szene zu machen, also legte sie Orlandos Löffel in die Schale zurück, entwand Olivias klebriger Hand die Pfeffermühle und ging nach oben auf ihr Zimmer.

Um drei Uhr klopfte es an der Tür, und Mr. Frost schlurfte herein.

Bianca lag auf dem Bett und starrte durch das Fenster den großen, grünen Baum vor dem Haus an. Den gepackten Koffer hatte sie bereits unter der buntgemusterten, indischen Tagesdecke, die ihre Mutter ihr zum letzten Geburtstag geschickt hatte, versteckt. Doch das sagte sie ihm nicht. »Ähem, Bianca, wir haben uns unten unterhalten, und Candida meint ... wir meinen, daß es an der Zeit ist, daß du dir ein eigenes Zuhause suchst.« Er zupfte am Kragen seines Polohemds.

Bianca fragte sich, wann seine Zuneigung zu ihr eigentlich versiegt war. Sie konnte sich nicht genau daran erinnern, aber sie war sicher, daß sie Erinnerungen an einen glücklichen, überschwenglichen Vater hatte. Und jetzt sprach er mit ihr, als sei sie seine Lieblingssekretärin.

»Soll ich ein richtiges Hemd für dich bügeln, Daddy?« Sein Gesicht knautschte sich erleichtert zusammen. »O ja, bitte.«

Sie ging mit ihm in den Keller, wo die Waschküche war, schaltete eines der Bügeleisen der Dienstmädchen ein und machte sich daran, ein Baumwollhemd zu bügeln.

Er setzte sich unbehaglich auf einen Trockner.

»Also, es gibt da einiges, was wir für dich tun können, Schatz, aber du wirst wohl leider ...« Er sah sie beschämt an. »Ich fürchte, es wird hier keinen Platz mehr für dich geben. Candida möchte ein Kind, und sie glaubt, daß es nicht gut für das Kleine wäre, wenn es in einem Haus voller mutterloser Kinder aufwächst.«

»Verstehe«, sagte Bianca, die überhaupt nichts verstand. Es brach ihr das Herz, mit anzusehen, wie ihr unfehlbarer, unbezwingbarer Vater sich von einer so billigen Person wie Candida manipulieren ließ. Aber Bianca war nicht zur Schadenfreude erzogen worden, und sie konnte es nicht ertragen, anzuhören, wie ihr Vater sich durch die Erklärung quälte, die er offensichtlich vorbereitet hatte.

»Ist schon gut, Daddy«, log sie, »ich hatte sowieso vor, auszuziehen. Ich will in eine WG, mit ein paar Freundinnen.«

»Ach wirklich?« fragte er nach, da die Hoffnung seinen Realitätssinn bezwang.

»O ja.« Bianca nickte heftig. »Unbedingt!« Und sie kehrte ihm den Rücken zu, um, wie sie vorgab, die Stärke aus dem oberen Regal zu holen, in Wahrheit aber, um sich eine Träne fortwischen zu können.

Am Montag vormittag nahm sich Bianca ein Taxi zu einer Wohngemeinschaftsvermittlung und wies den Fahrer an, zu warten, solange sie drinnen war. Eine halbe Stunde später bat sie ihn, sie in die HighHoe Road 22 in St. John's Wood zu bringen, wo sie ihm ein ordentliches Trinkgeld gab, weil er ihr die drei Taschen in die Diele ihres neuen Heims trug. Sie blieb den ganzen Tag auf dem Zimmer, packte ihre Diätratgeber und Duftkerzen aus und heftete die wunderschönen Stoffbahnen ihrer Mutter an die nackten Wände. Um sieben Uhr knurrte ihr der Magen, und nach einem inneren Kampf zwischen Scheu und Hunger ging sie langsam, immer einen Schritt nach dem anderen, hinunter in die Küche. Vorsichtig öffnete Bianca die Tür und sah sich um. Am Tisch stand ein großer Mann in einem Streifen-T-Shirt und schnitt Tomaten für den Salat. Er blickte auf und lächelte sie breit an. Er hatte perfekte, weiße Zähne. »Ach, hallo Miss Dingens, ich dachte schon, wir würden dich niemals kennenlernen.«

»Entschuldige.« Bianca wurde rot. »Ich habe erst mal ausgepackt, du weißt ja, wie das ist.«

»Hach, erzähl mir bloß nichts«, sagte der Mann, hob die Hände in die Höhe und stemmte sie dann in die schmalen Hüften. »Umzüge – der reinste Alptraum. Ich bin Innenarchitekt und mache das andauernd, und trotzdem kriege ich davon immer noch diesen *grauenhaften* Ausschlag …« Er reichte ihr eine schlanke Hand. »Ich bin Gideon.«

Bianca drückte sie herzhaft. »Bianca Frost.«

Gideon zog die Hand zurück und war höflich genug, das Blut erst dann wieder hineinzuschütteln, als sie ihm den Rücken zuwandte, um den Kühlschrank zu öffnen.

»Ich habe was zu essen bestellt«, meinte Bianca.

Gideon verzog das Gesicht. »Was? Pizza? Aber wir wollten gerade essen. Wir wechseln uns hier beim Kochen ab. Heute abend bin ich dran und« – er flüsterte vertraulich – »es wird *sagenhaft.*«

»Nein, frische Sachen von Harvey Nichols«, setzte Bianca an, doch der Rest ihrer Erwiderung wurde von Gideon übertönt, der auf einem kleinen Gong das Signal zum Essen schlug. Noch bevor Bianca Zeit blieb, Hemmungen zu haben, war die Küche schon voll von großgewachsenen, schlanken Männern, die allesamt ununterbrochen über irgendwelche Leute redeten, die sie kannten und anscheinend nicht besonders gut leiden konnten. Sie zogen die Stühle am Tisch heraus, setzten sich und redeten unverdrossen weiter, bis Gideon Bianca mit einem Lächeln das Zeichen gab, sich an das Kopfende des Tisches zu setzen.

Als sie das tat, trat eine plötzliche Stille ein, und Bianca spürte, wie sich ihr sechs neugierige Augenpaare zuwandten. Sie fragte sich, ob sie gerade das beging, was Candida einen »stilistischen Faux-pas« nannte.

»Also, das ist Bianca«, begann Gideon mit einer ausladenden Armbewegung. »Sie wird unser fröhliches Heim mit uns teilen. Ich habe mich schon mit ihr bekannt gemacht, und hier bekommt keiner eine vegetarische Lasagne, bevor ihr nicht alle Freundschaft mit ihr geschlossen habt.«

Bianca lächelte zaghaft.

»Ach Gott, was seid ihr für ein Haufen alter Weiber«, meinte Gideon eingeschnappt nach einer fünfsekündigen Stille. »Dann muß ich es eben selber machen. Bianca, gleich rechts von dir, das ist Steve, der ist in einer Bank tätig, dann Jon, der ist Fahrradkurier, das da ist Martin, der ist in der Computerbranche, Gottchen! Und das ist Martins Steve, aber verwechsle ihn bloß nicht mit Steve Steve, ja? Völlig verschiedene Jungs! Der von Steve ist nämlich Fitneßtrainer! Hm!«

Für mich sehen die aber ziemlich gleich aus, dachte Bianca und wurde nervös. »Und ihr wohnt alle hier?« erkundigte sie sich schüchtern. »Von draußen sah das Haus gar nicht so groß aus.«

»Du liebes Bißchen, nein!« kreischte Gideon. »Oooo nein, wir würden uns ja schon nach ein paar Minuten gegenseitig umbringen! Nein, nein, nein, ich wohne hier mit Steve, Jon und Martin

– aber wenn man überlegt, was die anderen uns alles aus dem Kühlschrank wegessen, könnten sie ebensogut auch hier wohnen!« Und dann warf er den Kopf zurück und kreischte vor Lachen.

Bianca lächelte höflich, während am ganzen Tisch Tumult ausbrach. Es wurde gelacht, gestoßen, geschubst, die beleidigte Diva gespielt und geschmollt. Zu Hause ging es beim Essen anders zu.

Als er sich wieder gefangen hatte, fuhr Gideon fort: »Das da ist Hugh, er ist Friseur – Hugh, bevor ich's vergesse, kannst du nachher noch mal nach meinem Haaransatz schauen?« Gideon kippte den Kopf nach vorn, um allen die paar Millimeter schwarzen Haaransatzes unter seinen perlweißen Stacheln zu zeigen. »Wenn sich das weiter so auswächst, seh ich noch aus wie Debbie Harry.«

Hugh verdrehte theatralisch die Augen. »Alter Feger. Darüber unterhalten wir uns später. Warst *du* eigentlich in letzter Zeit mal beim Friseur?« fragte er Bianca auf sehr direkte Art.

Bianca spürte, wie er ihren nachgewachsenen Stufenschnitt taxierte, und sie schauderte. Ihre letzte Friseuse hatte beim Schnippeln etwas von wegen »Hirtenhund« und »Fergie-Frisur« gemurmelt.

»Äh, nein«, gab sie zu.

»Du hast zauberhafte Haare«, meinte er tröstend. »Laß mich nur machen, Herzchen.«

Gideon nickte ihr aufmunternd zu. »Er ist phan-*tas*-tisch. Und damit bliebe dann nur noch Jons Mikey, der die sagenhafteste Boutique in ganz Hampstead führt, stimmt's nicht, Mikey? Nur Klassiker.«

Auch Mikey starrte Bianca an, als sei sie eine leicht unförmige Barbiepuppe. Auf einmal schüttelte er den Kopf und sagte: »Ah, äh, richtig, tue ich. Du mußt unbedingt mal vorbeischauen, Bianca. Wo hast du übrigens die Jacke her? Ist die nachgemacht?«

Verblüfft sah Bianca an der alten Jacke, die sie trug, herab. »Ooch, das ist eine von meiner Mutter.« Eine Woge der Traurigkeit überkam sie, als ihr klarwurde, daß sie sich nicht länger in die Truhe mit den alten Kleidern ihrer Mutter setzen konnte, aber Bianca biß sich auf die Unterlippe und entschied, sie müsse, da alle so nett zu ihr waren, ihnen nun auch ein wenig von sich selbst erzählen. »Sie brachte nicht allzuviel in ihrem Rucksack unter, als sie sich auf den Weg nach Indien machte, und ich glaube, inzwischen hätte sie auch nicht mehr viel Verwendung für maßgeschneiderten Tweed. In ihrer Kommune.«

»Nein! Sie hat dich verlassen!« riefen die großen, schlanken Männer unisono. »Wegen Indien!«

»Du armes Schnuckelchen«, murmelte Gideon und tätschelte ihr liebevoll den Kopf. »Erzähl uns alles, während ich schon mal auftrage. Wir lieben rührselige Geschichten, nicht wahr, Jungs?«

Und während sie Gideons vegetarische Lasagne verdrückten, erzählte ihnen Bianca alles über ihre Mutter und ihren Vater, ihre Schulzeit und das Pony, Candida und den Kosmetiksalon *Urban Spa* und über alle ihre Schwestern und Brüder, und ihr Kunstgeschichtsstudium und daß sie keinen Job hatte und über das Desaster, als sie Deborah du Dallas einen Muskelkrampf anmassiert hatte. Als es nichts mehr gab, was sie ihnen hätte erzählen können, war auf dem Tisch nicht ein Krümel Essen mehr übrig, und zu acht hatten sie vier ganze Rollen supersaugfähiges Küchenpapier aufgebraucht.

»Aaach, Steve, du mußt Küchenpapier auf die Einkaufsliste schreiben«, schluchzte Mikey und wedelte mit einem aufgeweichten Papiertuch. »Es ist keines mehr übrig.« Eine plötzliche Grimmigkeit lag in seinem Blick, als er sich Bianca zuwandte. »Ich sag dir was, Bee, warum arbeitest du nicht einfach in meiner Boutique, bis du dich entschieden hast, was du machen willst?«

»Was für eine fabelhafte Idee!« rief Gideon aus. »Und du

kannst mir gleich eine von diesen Massagen machen. Meine Schultern sind ein einziger Knoten. Für eine Dame hast du ganz schön kräftige Hände.«

Also mußte Bianca, bevor sie den Tisch verlassen durfte, allen die »verknoteten« Schultern massieren. Und trotz allen Knirschens und Knackens (und sehr zu Biancas Verblüffung) gab es am Ende des Abends nicht einen einzigen aufmüpfigen Wirbel mehr, und die versammelte Gruppe war der Ansicht, alles in allem hätten sie mehr als dreihundert Pfund an Chiropraktikergebühren eingespart.

Als der Sommer in den Herbst überging und das Laub auf Hampstead Heath zu fallen begann, war Bianca in Mikeys Boutique zur äußerst fachkundigen Verkäuferin geworden. Zum einen war sie wegen der Kleider, die ihre Mutter zurückgelassen hatte, in der Lage, jeden Stil und jeden Stoff einzuordnen, und außerdem konnte sie instinktiv unterscheiden, was davon echt war und was erst letzte Woche in einem Hinterzimmer zusammengeschustert worden war.

»Greif doch mal hier hin, Bee!« rief Mikey immer wieder, wenn er ihr eine Kaschmirjacke unbestimmter Herkunft in die Hand drückte.

Und dann atmete Bianca den alten Duft ein und drückte die Jacke an die Wange und wußte sofort, daß es eine echte Jean Muir aus den späten Sechzigern war.

»Bee, Schatz, du bist ein Phänomen!« jauchzte Mikey dann, während er ein exorbitantes Preisschild ausschrieb und die Jacke über eine der Puppen im Schaufenster drapierte.

Natürlich war es hilfreich, daß einige der Kleidungsstücke Etiketten trugen, aber ganz gleich, was sie auch sagte, jedes Mal war Mikey entzückt und erklärte ihr, wie sagenhaft sie doch sei, und Bianca war noch nie so glücklich gewesen. Wenn im Geschäft nichts los war, biß er sich auf den Finger und sagte: »Probier doch mal ein paar Sachen an, Bee, mir zuliebe«, und wenn sie dann in den Spiegel blickte, sah sie sich plötzlich in eine Person verwandelt, die weitaus eleganter und selbstbewußter war, als sie das selbst von sich kannte. Und durch Mikeys Aufmunterung und Hughs neuen Kurzhaarschnitt und Jons Ratschläge zur Aromatherapie und Gideons vegetarische Speisen erkannte sich Bianca nach vier Monaten kaum wieder. Es war, als sei eine Ewigkeit vergangen.

»Ach Gottchen, Bee«, meinte Mikey eines Abends in seinem Karmann Ghia auf dem Heimweg von der Arbeit, »ich habe das Gefühl, meine Schultern wären aus Makramee. Du wirst irgendwas dagegen unternehmen müssen.«

»Hm«, erwiderte Bianca geistesabwesend. Er hatte den ganzen Tag lang von nichts anderem als seinen blöden Schultern gesprochen, und sie war halbwegs sicher, inzwischen alle wichtigen Einzelheiten aufgeschnappt zu haben. Und abgesehen davon, ging ihr der Anblick der schimmernden Rot- und zerfließenden Goldtöne der neuen Seidenstoffe einfach nicht mehr aus dem Kopf, die ihre Mutter ihr heute morgen geschickt hatte. Im Laufe der Jahre hatte Bianca sich mehr als einmal gefragt, was ihre Mutter wohl erwarte, daß sie mit all den Stoffen anfing, die sie ihr immer wieder schickte. Schließlich konnte sie ja nicht unendlich viel an die Wände hängen.

Mikey jammerte den ganzen Heimweg über.

»Also schön«, sagte Bianca und schlang sich die große, lederne Kelly-Tasche über die Schulter. »Aber es muß schnell gehen.«

Keiner von den Jungs war seit ihrem Einzug in Biancas Zimmer gewesen. Sie stieß die Tür auf und ließ die Tasche auf den großen, schmucken Lehnsessel plumpsen, den sie sich gekauft hatte, um in Ruhe ihre Diätratgeber lesen zu können. Welches Öl, überlegte sie? Lavendel zur Entspannung? Oder Geranien? »Mikey?« fragte sie, als sie merkte, daß er nicht hinter ihr war. Bianca drehte sich um und sah, daß er in der Tür stand und sich voller Staunen im Zimmer umsah. Wie ein Schlafwandler trat er ein und strich mit den Händen über die weichen Seidenstoffe, er streichelte sie, ließ sie sich über den Handrücken gleiten.

»Mikey?« sagte Bianca und winkte mit dem Massageöl. Sehr langsam drehte Mikey sich zu ihr um, wickelte sich in pfauenblau-grüne Seide und strahlte dabei die hellste Freude aus. »Bianca! Mir kommt gerade die allersagenhafteste Idee!«

Und so kam es, daß Mikey das Schild »Geschlossen« an die Ladentür hängte und Bianca und er eine Woche lang fieberhaft arbeiteten und winzige Sommerkleidchen für den tristen, englischen Winter entwarfen und nähten und zuschnitten und vernähten. Sie arbeiteten beide so hart, daß sie die Stürme, die die Straßen Londons mit dicken Regentropfen und welkem Laub bombardierten, ebensowenig bemerkten wie den vollen, weißen Mond, der sporadisch hinter Wolkenfetzen erschien. »Es ist ein Zeichen«, glaubte Gideon zu wissen, wenn er ihnen um Mitternacht Schälchen mit Suppe in die Werkstatt brachte.

Die Kleidungsstücke waren erst wenige Tage auf dem Markt, als sich die Londoner Modejournalisten Mikeys knapper Seidenröcke und Biancas etwas großzügiger angelegten Seidenwickelgewänder annahmen, um sie auf den redaktionellen Seiten der Sonntagsbeilagen ausführlich vorzustellen.

Und so kam es auch, daß Candida bei einem sonntäglichen Croissant und frisch gepreßtem Orangensaft von Indian Frosts Debutkollektion erfuhr. Sie begriff den Zusammenhang nicht, und im übrigen war Bianca sorgsam darauf bedacht, ihren eigenen Namen aus den Artikeln herauszuhalten.

»Liebling!« sagte sie zu Mr. Frost.

»Was?« Verärgert über die Unterbrechung blätterte er den Wirtschaftsteil um. Mr. Frost machte Candidas andauerndes Beharren, dem Frostschen Stammbaum einen weiteren Ast hinzuzufügen, schwer zu schaffen. Es war nicht so, daß er alt wurde, Gott behüte, aber inzwischen war er einfach nicht mehr mit vollem Einsatz bei der Sache. Mit der kleinen Bianca und Lydia war es etwas völlig anderes gewesen. Nur sie drei, und kein Personal.

»Gib mir ein Poptart!« plärrte Olivia vom Kinderteil des Tisches her.

»Geben Sie dem Kind ein Poptart, Madeleine«, befahl Mr. Frost dem am nächsten stehenden Dienstmädchen. Er machte sich nicht die Mühe, die Zeitung zu senken, um Olivia anzusehen. Sie und Orlando, die Zwillinge, ließen sich leider nur schwer umsiedeln. Offenbar war ihre Mutter ins Ausland gezogen, und selbst seine Anwälte hatten Schwierigkeiten damit, herauszufinden, wohin genau die Unterhaltszahlungen flossen.

»Liebling, ich muß unbedingt eines von diesen phantastischen Röckchen haben. Sind die nicht ganz wundervoll? Schau doch!« Er schaute nicht, also nahm sie ihr schnurloses Telefon zur Hand. »Ich werde auf der Stelle nach Hampstead fahren und mir eines besorgen.«

Keine Antwort.

»Oder zwei, oder drei.«

Noch immer keine Antwort.

Candida strich mit den Händen nervös über ihren sich rundenden Bauch und stürmte hinaus.

»Poptart!« rief Olivia glücklich und nuckelte die Erdbeermarmelade aus dem Inneren heraus.

»Wieso versteckst du dich denn hinter dem –«

»Psst!« Bianca zerrte Mikey hinter den Ständer mit Halstüchern, die sie den ganzen Vormittag über arrangiert hatte.

»Paß doch auf das Hemd auf!« zischte er.

»Das ist Candida!« flüsterte Bianca mit weit aufgerissenen, verängstigten Glupschaugen.

»Diese alte Schnepfe?« erkundigte sich Mikey, der aufstand, um besser sehen zu können.

Bianca zerrte ihn wieder zu sich herunter. »Ich kann ihr unmöglich gegenübertreten.«

»Bee, Schätzchen«, erklärte er geduldig, »nur weil du sie nicht sehen willst, heißt das doch noch lange nicht –«

»Finde heraus, was sie will, und ich verstecke mich so lange da hinten.« Bianca stieß Mikey in eine Stange mit rosafarbenen, seidenen Hotpants und huschte in das kleine Zimmer hinter dem Laden.

Candida stand an der Theke, hielt einen leuchtend blauen Rock umklammert und trommelte mit den langen, roten Nägeln auf die Glasscheibe.

»Ich möchte einen von denen in einer kleineren Größe!« verkündete sie blasiert.

Mikey warf ihr einen Blick zu, der ganz eindeutig besagte: *Das wollen wir doch mal sehen, Miss Piggy.* »Ich fürchte, die sind Couture«, sagte er naserümpfend. »Ich könnte Ihnen einen anfertigen, aber dafür müßten Sie sich mindestens eine Woche gedulden.«

Candidas Augen funkelten. Die waren sogar noch exklusiver, als sie gedacht hatte. »In dem Fall bestelle ich vier«, meinte sie und schleuderte Mr. Frosts American-Express-Karte auf die wunderschöne Chromtheke.

»Gut«, sagte Mikey und verdrehte die Augen. »Dann hole ich mal mein Maßband.«

Die nächsten acht Tage lang blies Bianca Trübsal. »Wie kann ich zulassen, daß diese Frau die Seide meiner Mutter trägt?« beklagte sie sich bei Gideon. »Ich finde, das ist Verrat! Auch wenn meine Mutter mir nie gesagt hat, was ich damit machen soll!«

»Immer mit der Ruhe«, erwiderte er und drückte ihr einen Kamillentee in die Hand. »Ich bin ganz sicher, daß Mikey weiß, was er tut. Warum schreibst du nicht deiner Mutter und erzählst ihr von dem Geschäft? Und wie gut es dir geht?« Bianca wischte eine Träne ab. »Ich habe ihre Adresse nicht.«

»Armes Herzchen«, sagte Gideon mitfühlend, und mit einem entschlossenen Zug um das straffe Kinn und einem gerissenen Plan, der in seinem Kopf soeben wirbelnd Gestalt annahm, zog er los, um ein Wörtchen mit Mikey zu reden.

Nach einer endlosen Woche voller Regen und ungeduldigen Wartens kam Candida wieder, um den ersten ihrer Röcke anzuprobieren.

»Er muß passen!« schrie sie, während sie am Reißverschluß zerrte. »Sie haben meine Maße genommen!«

Der pfauenblaue Minirock klaffte über ihren Hüften anklagend weit auseinander, und ihr vorstehendes Becken verzog die bezaubernden, wirbelnden Muster ins Groteske.

»Heiiii eiei«, meinte Mikey, der die Lippen schürzte und den Kopf schräg legte. »Das ist ein bißchen sehr straff an den Nähten. In letzter Zeit wohl kuchenmäßig ein bißchen arg zugeschlagen?«

»Ganz gewiß nicht!« Candida kreuzte die knochigen Arme, und ihre Armbänder taumelten klimpernd bis zu den Ellenbogen herab. »Sie müssen ihn ändern.«

»Tja, dann wollen wir mal sehen.« Wieder nahm Mikey Maß. »Kommen Sie nächste Woche wieder, dann sehen wir weiter. Und bis dahin keine Cremetörtchen mehr!«

Hinter den Halstüchern lächelte Bianca.

Das Wetter verschlechterte sich weiter, und als Candida in der folgenden Woche wiederkam, war sie sichtlich magerer, abgesehen von ihrem runden Bauch, den sie sorgsam einzog, als Mikey ihr den geänderten Rock brachte.

Diesmal brachte sie ihn nicht über die Knie.

»Sie haben ihn enger gemacht!« schrie sie.

Mikey sah sie mit seinem besten Mitleidsblick an. »Wenn es doch nur so wäre, Teuerste.«

Candida sah sich wütend um. »Ach, und was ist mit den anderen? Wie steht's mit dem da?« Und sie schnappte sich den nächsten Rock vom Stoß. Dieser ließ sich bis zu den Hüften hinaufziehen, wo er hängenblieb und die Nähte sich dehnten, bis zwischen ihren Stichen Hundertfüßler aus weißem Fleisch hervorquollen.

»Oooh nein, der gehört Lady Thwaites, den bekommen Sie nicht!« protestierte Mikey.

»Honor Thwaites paßt da rein?« kreischte Candida. »Na schön!« Und damit stürmte sie auf die Straße hinaus, wo der Wind nasses Laub gegen ihre dürren Waden blies.

In der folgenden Woche sah Candida dünner und blasser aus denn je, und unter ihren Augen lagen dunkle Ringe. Nicht einmal die größten Anstrengungen zur Selbsthilfe im *Urban Spa* hatten etwas gegen ihren grauen Teint ausrichten können. Bianca, die sich hinter den Tüchern verborgen hielt, war beinahe besorgt, doch dann erinnerte sie sich wieder an die Zwergflußpferde am Kühlschrank und daran, daß sie ihren Vater nicht zu Hause anrufen durfte, um sich zu erkundigen, wie es ihm ginge.

Mikey holte erneut den blauen Rock hervor, und Candida stapfte in ihren Winterstiefeln in einen Umkleideraum. »Sehen Sie!« hörte Bianca sie triumphierend ausrufen. »Er paßt!«

»Nein, tut er nicht«, meinte Mikey geringschätzig. »Ich glaube nicht, daß ich für Frauen wie Sie schneidern kann. Sie sind viel zu dick.«

Aus der Kabine hinter dem Vorhang ertönte ein wütendes Kreischen.

»Nein, das habe ich nicht, ich sagte: ›Geben Sie ihn mir zurück‹«, behauptete Mikey wenig überzeugend, während Bianca sich verkrümelte, um einen weiteren, schmalen Rock zu kreieren.

Gideon und Mikey eröffneten es ihr völlig unvermittelt, denn andernfalls hätte Bianca dem nie zugestimmt, doch am nächsten Tag kamen ein Fotograf und ein Journalist in den Laden, um eine Reportage über Indian Frost zu verfassen. Sie machten eine Menge Fotos von ihr und Mikey, die beide die wundervollen Stücke trugen und insgesamt wie die schönen und talentierten jungen Leute wirkten, die sie schließlich waren.

»Du siehst fabelhaft aus!« rief Gideon begeistert, als die Zeitung erschien. »Ich wäre direkt scharf auf dich, wenn ich meinem Hugh nicht so bedingungslos ergeben wäre«, fügte er rasch hinzu, als Hugh sein *Lamm à la Greque* auftrug. »Na ja, eigentlich bin das gar nicht ich«, erwiderte Bianca errötend.

»Das bist ganz und gar du«, widersprach Mikey. »Und wir sind alle furchtbar stolz, hab ich nicht recht?«

»Unglaublich stolz.«

»Ähm, oh, Prost miteinander«, murmelte Bianca, deren Körper innerlich lächelte.

»Das kann doch nicht wahr sein!« meinte Candida. Sie hatte jetzt seit drei Wochen keine Kohlenhydrate mehr zu sich genommen und brachte nicht länger die Kraft auf, zu kreischen.

»Was denn?« Mr. Frost war von der Idee »Candida ein Kind zu machen« doch deutlich abgerückt, seit er ihre Rippen sehen konnte, ohne daß sie das T-Shirt auszog. Gar nicht fraulich. Gott sei Dank war er offiziell durch die Arbeit und seine gesellschaftlichen Verpflichtungen immer »zu müde«, um es zu versuchen.

»Das ist deine Tochter!« Candida stieß die Zeitung zu ihm hinüber. »In der Kolumne von Deborah du Dallas!« Jetzt füllte eine Art Verzweiflung ihre Augen und drängte den einfachen

Hunger zurück. In der vergangenen Nacht hatte sie fieberhaft darüber nachgedacht, sich wieder zum Katholizismus zu bekennen, und sei es auch nur, um sich den letzten Ausweg einer jungfräulichen Geburt offenzuhalten. »In der Tat!« rief Mr. Frost aus und setzte die Brille auf, um besser sehen zu können. Das *war* Bianca – und wie gut sie aussah! Wie elegant ... ganz wie Lydia, bevor alles schiefgegangen war. »Sie sieht aus ... wie eine Prinzessin! Meine Bianca!« Er nahm die Brille wieder ab, denn Herz und Augen quollen über mit den unterschiedlichsten Gefühlen.

»Schau dir doch nur ihr zauberhaftes Kleid an, Candida!« Krachend fiel die Tür zu. »Candida?« Er blickte auf, aber dort, wo Candida zuvor gesessen hatte, befand sich nur noch ein halbes Eiweißomelett.

Ach, hätte Candida sich doch einfach in ein Omelett verwandelt. Aber so einfach ist es ja leider nie. Candida war auf wackligen Beinen zu ihrem Auto marschiert, um wie eine sehr magere Harpyie zu Indian Frost zu fahren, wo sie eine modisch-schmuddelige Kundin aus dem Weg schubste und Bianca zu sehen verlangte.

»Holen Sie sie doch selbst!« hatte Mikey sie seinerseits angeschnauzt.

»Wo steckt sie?« wiederholte Candida mit kleinen Schaumbläschen in den Mundwinkeln. »Mein Gatte ist ein sehr mächtiger Mann. Der kann diesen komischen Basar hier aus der Portokasse kaufen und wieder abstoßen!«

»Und was bitte soll das für eine Rolle spielen?«

»Ich will jetzt zu Bianca! Ich weiß, was sie getrieben hat!«

»Zumindest läßt sich nicht übersehen, was Sie getrieben haben!« Mikey nickte zu Candidas anschwellendem Bauch hin, der durch ihre frisch erworbene Magerkeit nur um so mehr betont wurde.

Candida lief tiefrot an und krallte einen Fingernagel in seine Brust.

Bianca erschien an der Ecke zum Verkaufsraum. Sie wirkte sehr blaß, aber das war schließlich nicht ungewöhnlich. »Laß ihn los, du Schlampe«, befahl sie ruhig.

Candida wirbelte auf dem Absatz herum. »Du –«

»Nein, *du*«, entgegnete Bianca. »Du hast das Leben meines Vaters zerstört, und jetzt willst du auch noch seinen Ruf vernichten!«

»Es ist sein Kind!« widersprach Candida matt.

»Nein, das ist es nicht«, sagte Bianca und wurde rot. »Mein Vater hat ... nur sehr wenige Samenzellen. Das steht alles im Tagebuch meiner Mutter. Meine Zeugung war fast ein Wunder. Nach mir konnten sie keine Kinder mehr bekommen. Sie hat alles in ihr Tagebuch geschrieben.«

»Und was ist mit den vielen Gören!« stieß Candida atemlos aus und umklammerte ihren Bauch.

»Adoptiert. Er hat es auf meine Mutter geschoben, aber in Wahrheit war er –« Bianca drehte sich zu Mikey um, und ihr Gesicht glühte. »Das ist wirklich alles sehr peinlich, ich glaube nicht, daß es nötig ist, es in allen ...«

»Nein, erzähl nur weiter, Schätzchen, ich bin ganz Ohr!« meinte Mikey, der sich auf die Theke gestützt nach vorn beugte.

»Ja, das ist die reine Wahrheit«, fügte die Kundin hinzu. »Der arme Ollie hat nicht eine einzige zeugungsfähige Samenzelle, auf die man mit dem Finger zeigen könnte. Zu ausschweifende Jugend, fürchte ich.«

»Mutter?« staunte Bianca. Dies war nicht die schwache Frau mit dem verklärten Blick, die sie von den Fotos kannte! Glupschaugen wie die eigenen zwinkerten ihr zu. Bianca blinzelte, um das lange, graue Haar, das über die Samtjacke floß, in sich aufzunehmen, und streckte ganz automatisch die eigenen, weißen Finger aus, um die ihr dargebotene nußbraune Hand zu ergreifen.

»Auch in Indien bekommt man die *Times*, Liebling«, sagte Lydia Frost und lächelte Biancas schüchternes Lächeln. »Ich bin hier, um die Geschäftsleitung für den Importsektor deiner Firma einzufordern. Ich bin ja so stolz, daß du mir etwas gegeben hast, für das ich zurückkommen konnte.«

Mikey drückte sich eine Seidenweste an die Augen, um den Tränenstrom aufzufangen.

Und obgleich sie schon einundzwanzig Jahre alt war, barg Bianca glücklich den Kopf an dem ein klein wenig modrig riechenden, samtenen Busen ihrer Mutter.

»Und was Sie angeht, Sie hageres kleines Flittchen, schnappen Sie sich ihren Bankert und ihren Sportwagen und verduften Sie Richtung Sonnenuntergang«, empfahl Lydia Frost ihrer bebenden Nachfolgerin mit einem Anflug jenes gebieterischen Hochmuts, der ihr auf dem gesellschaftlichen Parkett des Jahres 1970 durchschlagenden Erfolg beschert hatte.

Candida schwankte auf den Absätzen, erkannte, daß sie verloren hatte, schnappte sich ihre Tasche und stürmte ins Freie.

»Wow«, stöhnte Mikey bewundernd. »Und alle vier Röcke sind schon abgebucht.«

»Komm mit, Bianca«, sagte Lydia Frost. »Jetzt werden wir mal ein Wörtchen mit deinem Vater reden. Hat der dir doch glatt einreden wollen, daß ich in einer Kommune hause. Es war eine sehr hübsche, herrschaftliche Kolonialvilla.«

Und so kam es, daß Bianca Frosts sommerliche Farbenpracht im Winter ihr eine Auszeichnung mit dem Queen's Award for Industry einbrachte, zur Wiedervereinigung ihrer Eltern führte (die sich wegen einer Einkaufsliste irrtümlich überworfen und einander seitdem schrecklich vermißt hatten) und schließlich dazu beitrug, ihre Abneigung gegen Zwergflußpferde ein für allemal zu überwinden.

Aus dem Englischen
von Carsten Mayer

Bill Bryson

Im Junkfood-Paradies

Neulich beschloß ich, den Kühlschrank sauberzumachen. Normalerweise machen wir unseren Kühlschrank nicht sauber – wir packen ihn nur alle vier, fünf Jahre in einen Karton und schicken ihn zum Institut für Seuchenbekämpfung in Atlanta mit einem Begleitschreiben, man möge sich mit allem bedienen, was wissenschaftlich verheißungsvoll aussieht. Aber wir hatten eine der Katzen schon seit ein paar Tagen nicht mehr gesehen, und ich glaubte mich vage zu erinnern, daß ich im untersten Fach hinten etwas Pelziges erblickt hatte. (Es stellte sich als großes Stück Gorgonzola heraus.)

Als ich nun also vor dem Kühlschrank kniete, Sachen aus Folien wickelte und vorsichtig in Tupperbehälter lugte, stieß ich auf ein interessantes Produkt namens Frühstückspizza. Ich untersuchte es mit der wehmütigen Zärtlichkeit, die aufkommt, wenn man ein altes Foto von sich selbst betrachtet, auf dem man Kleidung trägt, von der man sich später nicht mehr vorstellen kann, daß man sie jemals schick fand. Die Frühstückspizza war nämlich das letzte überlebende Relikt eines sehr ernsten Konsumanfalls meinerseits.

Ein paar Wochen zuvor hatte ich meiner Frau angekündigt, daß ich sie beim nächsten Einkauf zum Supermarkt begleiten wolle, weil sie mit dem Zeug, das sie immer mit nach Hause brachte, nicht ganz – wie kann ich es ausdrücken? – nicht ganz auf der Höhe der US-amerikanischen Eßkultur war. Nun lebten wir schon im Junkfood-Paradies – dem Land, das der Welt Käse in Sprühdosen geschenkt hat –, und Mrs. B. kaufte immer noch gesunden Kram wie frischen Brokkoli und Knäckebrot.

Natürlich, weil sie Engländerin ist. Sie hat ja noch nicht begriffen, welch vielfältige, unübertroffene Auswahl an Schmier und Pamps die Lebensmittelhändler hier bereithalten. Ich lechzte nach künstlichen Speckscheiben, Schmelzkäse in einem in der Natur nicht bekannten Gelbton und cremigen Schokoladenfüllungen, womöglich alle im selben Produkt. Ich wollte Essen, das spritzt, wenn man hineinbeißt, oder einem in solchen Mengen auf die Hemdbrust platscht, daß man sich ganz behutsam vom Tisch erheben und zum Spülbecken tappen muß, um sich dort sauberzumachen. Also begleitete ich meine Gattin zum Supermarkt, und während sie losging, Melonen drückte und sich nach dem Preis von Shiitakepilzen erkundigte, eilte ich in die Junkfood-Abteilung – die den Hauptteil des gesamten Ladens ausmachte. Na, es war der Himmel auf Erden!

Allein mit den sogenannten Frühstückscerealien hätte ich mich für den Rest des Nachmittags beschäftigen können. Es müssen etwa zweihundert Sorten dagewesen sein, und ich übertreibe nicht. Jede Substanz, die man nur irgendwie trocknen, aufpuffen und mit Zucker glasieren kann, war vertreten. Gleich auf den ersten Blick faszinierend war ein Getreideprodukt namens Cookie Crisp, das versuchte so zu tun, als sei es ein nahrhaftes Frühstück, während es in Wirklichkeit aus Schokoladensplitterkeksen bestand, die man in eine Schale gab und mit Milch aß. Super.

Erwähnenswert sind auch die Erdnußmus-Knusperflocken, Zimtminibrötchen, Graf Schokula (»mit Monster-Marshmallows«) und ein Angebot für Hardcorefans namens Cookie Blast Oat Meal, in dem vier Sorten Käse enthalten waren. Ich schnappte mir von allem eine Packung plus zwei von der Haferflockendröhnung und eilte zurück zum Einkaufswagen. (Wie oft habe ich schon gesagt, man sollte den Tag nicht ohne eine Orgie mit einer großen, dampfenden Schüssel Keks beginnen!)

»Was ist denn das?« fragte meine Frau in dem speziellen Tonfall, mit dem sie mich oft in Läden anspricht.

Ich hatte keine Zeit für Erklärungen.

»Das Frühstück für die nächsten sechs Monate«, keuchte ich im Vorbeiflitzen. »Und komm bloß nicht auf die Idee, auch nur ein Paket wieder zurückzustellen und Vollkornweizenflocken zu holen.«

Ich ahnte ja nicht, wie sich der Markt für Junkfood ausgeweitet hatte. Wo ich mich auch hinwandte, stand ich vor Lebensmitteln, nach deren Verzehr man garantiert watschelte, und die meisten waren mir völlig neu – Mondpastetchen, Wackelpeter-Butterkremküchlein, Pecannußschnecken, Pfirsichfruchtgummis, Kräuterlimonadentaler, Schokofondant-Höllenhunde und ein schaumig geschlagener Marshmallow-Brotaufstrich namens Fluff, der in einem Wännchen verkauft wurde, in dem man ein Kleinkind hätte baden können.

Sie können sich die überreiche Vielfalt an nichtnahrhaften Nahrungsmitteln, die dem Kunden eines amerikanischen Supermarktes angeboten und die Mengen, in denen sie verzehrt werden, einfach nicht vorstellen. Kürzlich habe ich gelesen, daß sich jeder US-Bürger durchschnittlich achttausendvierundsiebzig Kilogramm Brezel im Jahr einverleibt.

Gang sieben (»Leckerlis für die ernsthaft Fettleibigen«) erwies sich besonders ergiebig. Dort war eine ganze Abteilung ausschließlich einem Produkt namens Toastergebäck vorbehalten, darunter neben vielem anderen auch acht verschiedene Arten Toasterstrudel. Und was ist ein Toasterstrudel? Schnurzpiepe! Er war mit Zucker überzogen, sah schön kitschig aus, und ich lud mir die Arme voll.

Ich gebe zu, ich verlor ein wenig den Kopf – aber es war so viel da, und ich war so lange weggewesen.

Bei der Frühstückspizza riß meiner Frau der Geduldsfaden. Nach einem Blick auf die Schachtel sagte sie: »Nein.«

»Wie bitte, mein Liebes?«

»Du bringst mir nichts in Haus, das Frühstückspizza heißt. Du darfst ...« Sie langte in den Wagen und ergriff ein paar Kostproben. »... Kräuterlimonade und Toasterstrudel und ...« Hier hob sie ein Paket heraus, das ihrer Aufmerksamkeit bisher entgangen war. »Was ist das?«

Ich schaute ihr über die Schulter. »Mikrowellenpfannkuchen«, sagte ich.

»Mikrowellenpfannkuchen«, wiederholte sie deutlich weniger begeistert.

»Ist der technische Fortschritt nicht wunderbar?«

»Du ißt alles auf«, sagte sie. »Alles, was du jetzt nicht zurück auf die Regale stellst! Bis zum letzten Krümel. Hast du das verstanden?«

»Natürlich«, erwiderte ich todernst.

Und wissen Sie was? Sie hat mich wirklich gezwungen, alles zu essen. Wochenlang futterte ich mich durch eine bunte Palette amerikanischen Junkfoods, und alles war ekelhaft. Bis zum letzten Krümel. Ich weiß nicht, ob das amerikanische Junkfood schlechter oder meine Geschmacksnerven reifer geworden sind, aber selbst die Leckerbissen, mit denen ich aufgewachsen bin, schmeckten nun hoffnungslos fade oder abartig übelkeiterregend.

Am allergrauenhaftesten war die Frühstückspizza. Ich habe drei oder vier Anläufe gemacht. Ich habe sie im Ofen gebacken, mit Mikrowellen unter Beschuß genommen und sie in meiner Verzweiflung sogar einmal mit einer Beilage von Marshmallow Fluff probiert, aber es war und blieb eine zugleich schlaffe und zähe schale Masse. Schließlich gab ich es ganz auf und versteckte die Schachtel in dem Tupperbehälterfriedhof auf dem untersten Fach des Kühlschranks.

Als ich neulich also wieder darauf stieß, betrachtete ich sie mit gemischten Gefühlen. Ich wollte sie schon wegwerfen, zögerte dann aber und öffnete den Deckel. Sie roch nicht schlecht – wahrscheinlich war sie so vollgepumpt mit Chemikalien, daß für Bakterien überhaupt kein Platz mehr war –, und ich überlegte, ob ich sie nicht als Mahnung an meine Torheit noch eine Weile aufbewahren sollte. Dann entsorgte ich sie doch. Und bekam prompt einen Gieper auf was Herzhaftes und ging zur Speisekammer, um zu sehen, ob ich nicht einfach nur eine schöne Scheibe Knäckebrot und vielleicht eine Stange Sellerie fand.

Aus dem Amerikanischen
von Sigrid Ruschmeier

Aimee Bender

Beschwipste Mimi

Es war einmal ein Kobold, der immer auf Stelzen in die Highschool kam, damit niemand merkte, daß er ein Kobold war und keine richtigen Beine hatte. Klar, daß er niemals kurze Hosen trug.

Er spielte den Mädchen ständig Streiche; er hatte ein paar Freunde, deren Eltern drogenabhängig waren; auf Partys war er der Größte – ein richtiger Draufgänger war er. Er machte den Müttern eindeutige Angebote. Er erzählte Storys über Sex im Flugzeug. Er brüstete sich damit, sich mit Frauen auszukennen. Sie waren alle fünfzehn Jahre alt; keiner wagte es, seine Worte anzuzweifeln.

Was er nicht wußte, war, daß es an der Highschool eine Meerjungfrau gab; auch sie war dort Schülerin. Sie trug weite, bodenlange Röcke und einen großen Stiefel, der ihren Schwanz verbarg. Sie lief immer mit einer Krücke herum und tat so, als hätte sie sich ihr zweites Bein (das es natürlich nicht gab) verletzt.

Sie war ein stilles Mädchen, diese Meerjungfrau. Sie brillierte im Fach Ozeanographie, bemühte sich allerdings, nicht *allzu* gut zu sein; sie wollte um keinen Preis auffallen. In jeder Klausur beantwortete sie mindestens drei Fragen falsch. (*Was ist Plankton?* Ein Boot, schrieb sie.) Sie war sehr schön. Grünlich schimmerndes Haar, was alle auf Chlor zurückführten. Rötliche Augen, was alle auf Drogen zurückführten. Die Mädchen hielten sie für arrogant und snobistisch. Die Jungs stießen einander an und fanden das auch.

Im einzigen Fach – Englisch –, das sie zusammen belegt hatten, saß der Kobold hinter ihr. Leise flüsternd erzählte er sich selbst ununterbrochen Witze. Kennst du den schon mit dem viereckigen Ei? sagte er und lachte schon über die Pointe, bevor sie überhaupt ausgesprochen war. Oft gab es gar keine Pointe. Eines Tages streckte er die Hand aus und tauchte eine Strähne ihrer langen, moosgrünen Haare in sein Bier. Er schmuggelte nämlich Bier ins Klassenzimmer. Ein Kinderspiel für ihn. Er war ein pfiffiger Kobold. Er füllte es einfach in eine Coladose um.

Was er nicht wußte, war, daß ihr Haar von Nerven durchzogen war. Anders als menschliche Haare war es keine tote Materie. Es lebte. Die Meerjungfrau spürte die Veränderung sofort und rekelte sich genüßlich: flüssig. Wie zu Hause.

Hätte der Kobold die Dose in die Hand genommen, wäre er verblüfft gewesen: Sie war ganz leicht! Wo war das Bier geblieben? Hätte er genauer hingesehen, hätte er vielleicht bemerkt, wie die braunen Tröpfchen ihre Haare hinaufwanderten wie auf einem grünen Fahrstuhl, angesaugt von Strohhalmen aus Haaren, wie der Schaum in der Mähne vor ihm aufgenommen wurde, in eben der Mähne, die sich in seinen Gedanken in der Nacht über seine schmalen Schultern breitete, wenn er nackt und mit geschlossenen Augen im Bett lag.

Snob Queen. Haare grün. Mein.

Von dem Bier wurde die Meerjungfrau beschwipst. Sie vertrug keinen Alkohol. Unter Wasser war Alkohol nämlich streng verboten.

An diesem Tag torkelte sie aus dem Klassenzimmer. Der Kobold merkte es sofort. Er dachte: Schau an, ein Kind von Traurigkeit ist sie auch nicht! Sie ist perfekt! Beschwipste Mimi! Der Gedanke, sich auszuziehen, quälte ihn. Der Gedanke, ihre Hand berühre sein Knie, quälte ihn – sag mal, was hast denn du für Beine? Wieso trägst du Stelzen? Ihre purpurnen Augen würden ihn verwirrt anstarren. Du Snob du, würde er denken. Das grämte ihn, aber er ging ihr dennoch durch den Schulkorridor nach. Ihre Schlagseite an diesem beschwipsten Tag fand er unglaublich sexy. Wie sie sich auf ihre Krücke stützte. Er schlich ihrem riesigen Stiefel hinterher. Es war gerade Mittagspause. Die Meerjungfrau ging nach draußen und legte sich auf dem Sportplatz unter die orangerot gestrichene Zuschauertribüne. In ihrem Kopf drehte sich alles. Ihre Haare fühlten sich lebendig an. Als sie nun den Erdboden berührten, mußten sie husten. Sie legte sich ihren Rucksack unter den Kopf. So war es besser.

Dort entdeckte sie der Kobold. Er wußte nicht, was er sagen sollte.

Kennst du den schon mit dem einbeinigen Mann? begann er. Am liebsten hätte er sich auf die Zunge gebissen. Wie ungeschickt.

Die Meerjungfrau hob den Kopf.

Was hast du gesagt? fragte sie.

Der Kobold setzte sich neben sie und rückte seine Stelzen zurecht.

Hör zu, sagte er. Ein Mann kommt in eine Bar.

Sie drehte den Kopf andeutungsweise in seine Richtung, sagte aber nichts.

Er legte sich neben sie. Der Boden war eben und fühlte sich angenehm an. Er hob eine weggeworfene Zigarettenkippe auf und begann ein Loch zu buddeln, um sie dort hineinzulegen.

Der Kobold war nervös. Hoffentlich saß niemand über ihnen auf den Tribünen und belauschte sie. Was für ein Angeber, würden sie sagen. Große Töne spucken und nichts dahinter!

Du hast schöne Haare, sagte er schließlich.

Danke, sagte die Meerjungfrau. Sie schwieg und betrachtete ihn einen langen Augenblick lang. Dann sagte sie: Wenn du willst, kannst du sie anfassen.

Wirklich? Nichts wünschte sich der Kobold sehnlicher.

Aber ja, sagte die Meerjungfrau. Sie lächelte ihn ermunternd an. Aber zärtlich, bitte.

Der Kobold ließ die halb eingegrabene Zigarettenkippe im Stich, streckte die Hand aus und strich über ihre feinen, grünen Strähnen.

Weich, sagte er.

Die Meerjungfrau zitterte. Jedes einzelne Haar schickte eine winzige Welle der Erregung durch ihren Körper.

Der Kobold streichelte ihre schimmernden Haare von den Haarwurzeln bis hinunter zu den Spitzen.

Kennst du den von der toten Katze? fragte er und kicherte leise.

Die Meerjungfrau gab keine Antwort. Sie schloß die Augen.

Also, die Katze, begann der Kobold, wird von einem Auto angefahren. Und als sie ans Himmelstor kommt, fragt sie der heilige Petrus, wieso er sie hineinlassen sollte.

Ich weiß, daß du ein Kobold bist, sagte die Meerjungfrau.

Seine Hand erstarrte mitten in der Bewegung.

Nicht aufhören. Bitte.

Woran hast du es gemerkt? klagte er. Das weiß doch niemand! Er stellte sich die Polizisten vor. Er stellte sich die amtliche Bekanntmachung vor. Instinktiv verkrampften sich seine Finger.

Autsch, sagte die Meerjungfrau. Nicht so fest, bitte.

Wirst du mich verpfeifen? fragte der Kobold.

Ach wo, sagte die Meerjungfrau. Ich mag Kobolde, sagte sie.

Ehrlich?

Aber klar, sagte sie. Kobolde sind süß.

Süß? Süß? Er berührte ihren Arm.

Nein, sagte sie. Nur die Haare.

Er zuckte zusammen und hüstelte. Strich wieder über ihre Haare, langsamer als zuvor. Ihr Gesicht bekam allmählich eine gesunde Farbe.

Es ist mein Geheimnis, sagte er. Sie gab zur Antwort: Das verstehe ich.

Er bemerkte: Ich bin gar nicht so süß.

Allmählich luden sich ihre Haare statisch auf und klebten an seinen Fingern.

Also, sagte er und kicherte wieder. Also die Katze, die tote Katze, sagt zum heiligen Petrus, daß sie eine gute Katze gewesen sei und ihrem Besitzer all die Jahre immer Mäuse gebracht habe, erzählte der Kobold.

Seine Beine drehten sich nach innen und nach außen, wie brüchige Knochen sahen die Stelzen unter seinen Hosenbeinen aus. Er hörte nicht auf, ihre Haare zu streicheln. Von oben bis unten. Von oben bis unten.

Der heilige Petrus, erzählte der Kobold weiter, also der heilige Petrus schickt die Katze in die Hölle, weil sie eine Mörderin ist.

Er hielt inne, die Hand schwebte über ihrem Kopf.

Nicht aufhören, bat sie erneut.

Von oben bis unten. Weich ringelten sich die Haare um seine Finger. Deine Haare sind wirklich hübsch.

Sie war still. Ihre Haare hoben sich vom Rucksack auf seine Hand wie Stoff aus unvorstellbar hellem Grün, ein Vorhang, der sich hebt.

Die Hand des Kobolds war ruhig, aber seine Finger begannen zu zittern. Wo war ich stehengeblieben? fuhr er fort. Ach so, ja. Also in der Hölle sagt der Teufel zur Katze: Fang mir ein paar Mäuse, Killerkatze! Ich will sie in meinen Eintopf tun!

Aber die Katze weigerte sich. Sie sagte, das tu ich nicht für dich, Teufel. Ich töte Mäuse nur für einen guten Herrn. Für dich töte ich keine Mäuse.

Und – flitsch! – stand die Katze wieder vor dem Himmelstor. Der Kobold kicherte. Er schaute die Meerjungfrau an.

Das war's schon. Das war der Witz.

Von oben bis unten.

Hab ich mir selbst ausgedacht, sagte er.

Sie hatte die Augen geschlossen; sie atmete schneller.

Mimi, fragte das Teufelchen. Hast du was?

Nicht aufhören, bat sie erneut und atmete ganz flach, bitte, nicht aufhören. Er fuhr fort, ihre Haare zu streicheln, versuchte dahinterzukommen: Was ging hier vor?, und als sich ihr Rücken schließlich wand, ihr Atem stoßweise kam, nicht einmal da hielt er inne. Ganz ruhig blieb er, aufmerksam, stetig, von oben bis unten. Und als sie schließlich keuchend die Hand ausstreckte, seinen Arm packte, ihn fest umklammerte und ihm überschwenglich dankte, überhaupt nicht wie ein Snob, gar nicht wie ein Snob, danke, vielen Dank, da mußte er vor Überraschung laut auflachen. Ihre purpurnen Augen waren noch purpurner, und es war ihm, als röche er Blumenduft.

Aus dem Amerikanischen
von Liselotte Prugger

Stacey Richter

Schulball

Am Anfang war alles, und es wurde uns versprochen, aber wir besaßen es noch nicht. Da war zum Beispiel eine herrliche Nacht, die nach Zitronenblüten duftete, wir hatten unsere Abendkleider an und fuhren mit dem Auto, betrunken und unter Drogen. Irgendwo fand ein Ball statt, und zu dem wollten wir. Unsere Eltern waren so alt, daß sie miterlebt hatten, wie Gummis, die sie selbst über den Türknauf in der Küche gehängt hatten, vergammelten und herunterfielen. Ich persönlich hatte nicht vor, so lange zu leben. Ich war auf ein glanzvolles Ende nach einem kurzen, bezaubernden Leben eingestellt, einer Folge von Abendgesellschaften, von denen diese die erste war.

Ich hatte es mir auf dem Rücksitz bequem gemacht, neben meinem Begleiter, Buck Panther. Nina fuhr. Sie konnte am besten von uns vieren unter Drogen fahren. Wenn die Bullen sie anhielten, weinte sie immer herzerweichend, bis man sie gehen ließ. Damals ließen uns immer alle gehen. Nina hatte ein knallrosa Kleid an und einen Gardenienschmuck am Handgelenk. Ich hatte ein schwarzes Sechziger-Jahre-Cocktailkleid an und einen Gardenienschmuck am Handgelenk. Irgendwo tief in meinem Innern glaubte ich, Audrey Hepburn in *Frühstück bei Tiffany's* zu sein. Es war 1985, und ich würde das einzige Mädchen auf dem Ball sein, das Schwarz trug. Heute träume ich manchmal, ich wäre auf meinem zehnjährigen Klassentreffen. Alle anderen Mädchen tragen Schwarz, sie sind wie Krähen über den ganzen Raum verteilt. Buck sieht älter aus in seinem taubenblauen Smoking, verbraucht und gebrechlich, ein gelber Infusionsschlauch windet sich aus seinem Arm.

Aber am Anfang hatte noch niemand, den wir kannten, so etwas erlebt, und wir waren auf Koks und unterwegs zum Ball. Ninas Begleiter Mike war ein Jahr älter als wir und bei der Armee. »Hier«, säuselte er und reichte mir eine hübsche blaue Pille, fusselpelzig von seiner Jackentasche. Sie lag auf meiner Zunge, und dann war sie weg.

Ich sah zu Buck hinüber. Wir gingen seit drei Monaten miteinander und hatten noch nicht viel mehr gemacht als uns im Auto zu küssen. Wir waren noch nichts, aber wenn es mal soweit wäre, würde er wie Bono sein. Er hatte ein Motorrad und spielte in einer New Wave Band, und an diesem Abend sah er besonders gut aus, in seinem Leihsmoking, die schwarzen Haare seitlich angeklatscht, etwas Rasierwasser von seinem Vater auf den Backen. Eine Aura aus leise klingelnden Glöckchen umgab seinen Kopf.

»Deine Glöckchen sind fabelhaft«, sagte ich. »Ganz fabelhaft, diese süßen kleinen Glöckchen.«

»Meine Glöckchen?« fragte er.

Wir hatten den Parkplatz eines großen Hotels erreicht. Nina und Mike waren vorausgeschlendert. Plötzlich stand ich mit dem Rücken an einem Kombi und Buck küßte mich, mit Küssen, die alles andere ineinanderlaufen ließen. Meine Hände lagen unter seinem Smokingjackett, hinten auf seinem Kreuz. Das alles war von einem tiefen Swimmingpoolblau. Sein Körper war wärmer als jeder andere Körper, den ich bis dahin berührt hatte, und einen Moment lang hatte ich das Gefühl, er wäre eine richtige Person.

»Ich muß mal ...«, sagte er, beugte sich vor und gähnte einen langen gelben Strahl Halbverdautes auf den Asphalt.

»Meine Güte«, sagte ich. »Wie dramatisch! Bist du okay?«

»Das müssen die Pillen sein, die ich aus dem Arzneischrank meiner Mutter genommen habe. Ich dachte, es wären Vitamine.«

Er hatte die Blumen an meinem Handgelenk getroffen, also warf ich sie auf den Boden.

Wir gingen durch einen Torbogen, an einem Wachmann vorbei, der Wurstscheiben von einem Tablett klaubte. In der Eingangshalle entdeckten wir auf einem Tisch eine Reihe Namensschilder, aufgespießt wie Insekten. Buck zog zwei Eintrittskarten hervor, und wir traten in einen Konferenzsaal, der mit riesigen indonesischen Schattenfiguren dekoriert war.

»Bucky?«

»Was ist?«

»Glaubst du, wir können uns später an all das noch erinnern, Bucky?«

»Wir können uns ja fotografieren lassen«, sagte er, »dann ist es egal.«

Nina und Mike tanzten auf dem Parkett. Auf der Bühne mühte sich ein Quartett von Männern in identischen Westen mit Musikinstrumenten ab. Der Sänger ging ans Mikrophon und sagte die Worte: »Wake me up before you go go.« Bucky nahm meine Hand und führte mich auf die Tanzfläche. Ich beobachtete ihn, während er stockend von einem Fuß auf den anderen trat, im leichenstarren Tanzstil eines Untoten.

»Du tanzt einfach göttlich«, log ich. Ringsum hüpften und drehten sich lächelnde, festlich gekleidete Jugendliche. Ich hatte keinen von ihnen je zuvor gesehen. »Gehen wir nicht hier in die Schule?« fragte ich, als die Musik abflaute. »Sollten das nicht unsere Schulkameraden sein?«

»Die Schule ist groß«, sagte Buck überzeugt. »Wir können gar nicht alle kennen.«

»Aber Liebster, sollten wir nicht wenigstens irgend jemanden kennen?«

Er zeigte in die Ecke, wo Nina und Mike standen, steif und starr wie Ausschneidepuppen.

Der Sänger trat wieder ans Mikrophon und blickte auf ein

Meer aus Taft und Haaren hinaus. »You are so beautiful to me«, sagte er.

Buck hatte sein greisenhaftes Hin- und Hergewippe wieder aufgenommen. Ich blieb stehen und schaute zu. Auf seinem Namensschild stand »Constanze«. Ich sah auf meine Brust hinunter, wo der Name »Garth« prangte. An meinem Handgelenk war wieder ein Blumenschmuck aufgetaucht.

Mike kam vorbeigewirbelt. Nina kicherte und machte das allgemeingültige zweifingerige Handzeichen für Zigarette. Ich sah zu, wie sie zum Foyer kreiselten.

»Amüsieren wir uns schon?« fragte Buck. Irgend etwas stimmte mit seinen Zähnen nicht. Irgend etwas stimmte auch mit seinen Händen nicht – sie waren von einem Muster aus Halbmonden bedeckt und glänzten.

»Geht es uns gut?« fragte ich.

»Vielleicht sollten wir uns setzen.«

Auch das war nicht ganz in Ordnung, denn sonst sagte ich Buck immer, was zu tun war. Wir machten ein paar Stühle ausfindig. Am Nachbartisch unterhielten sich gänzlich Unbekannte über das weiße Tischtuch hinweg. Die Mädchen trugen alle Rosa. Die Jungs trugen alle Grau. Eigentlich war es ein umwerfender Anblick.

»Soll ich deinen Arm entfernen?«

»Was?«

»Na ja, die Toilette ist da drüben.«

Ich trat die lange, lange Reise durch den Ballsaal an, Schritt, Stand, Schritt, Stand, wie eine Braut. Und so fühlte ich mich auch, wie eine Braut, die gleich irgendeiner schrecklichen, unwiderstehlichen Macht angetraut wird, wie eine Jungfrau, die sich bereitmacht, in den Vulkan geworfen zu werden. Das Ganze hatte etwas herrlich Tragisches. Mein Cocktailkleid hatte zwei kleine Schleppen, die über meinen Rücken fielen. Ich spürte sie hinter mir flattern, wie verkümmerte Flügel.

In der Kabine mühte ich mich mit meinen hinreißenden schwarzen Strümpfen ab. Es war die altmodische Sorte, mit Strumpfhaltern, sehr kompliziert. Aber ich fühlte mich hübsch darin.

Buck wartete vor der Tür auf mich. »Schatzilein«, sagte er und breitete die Arme aus. Er sah seltsam aus, irgendwie verändert, als wäre das, was sich in seinem Jackett befand, eigentlich gar nicht sein Körper. Diese Schultern waren eigentlich gar nicht seine Schultern – vielleicht waren es Nachbildungen aus Styropor. Ich fragte mich, was für Pillen das genau waren, die seine Mutter in ihrem Arzneischrank aufbewahrte.

»Du«, sagte ich. »Du süßer Lausebengel.« Wir nahmen uns an der Hand. Neben uns stand eine große Buddhastatue, zwei Stockwerke hoch und mit bunten Luftballons geschmückt.

Buck führte mich durch einen langen Flur, der fast nur aus rotem Teppich zu bestehen schien. Dann bogen wir um die Ecke und liefen einen weiteren Flur entlang. Der Teppich war so dick, daß unsere Absätze ein schmatzendes Geräusch machten, wenn wir die Füße hoben. Zum erstenmal an diesem Abend fühlte ich mich etwas desorientiert.

»Ich könnte dir einfach etwas wegnehmen«, sagte er, während wir weitergingen, »wenn du möchtest. Oder ich könnte dich umbringen, wenn du das möchtest.«

»Was?«

»Was *was*?«

»Nein – was hast du gerade gesagt?«

»Was du willst.« Er stieß eine Zimmertür auf. Ein roter Teppich und eine weiße Tagesdecke waren zu sehen, und an der Wand ein Bild, auf dem ein paar Lords und Ladys tanzten. Buck drehte sich zu mir um und lächelte, ein warmes, ur-amerikanisches Lächeln. Seine gegelten Haare lösten sich an den Seiten langsam, er sah aus wie ein lockenköpfiger Filmstar. Er sah toll aus, zum Anbeißen, und er war nicht er selbst. Er war nicht Buck. Auch sonst kein Mensch. Das war allerdings gar nicht gut.

»Und was machen wir jetzt hier?«

»Was du willst«, sagte das Wesen, das Buck ähnelte. Seine Hände waren in meinen Haaren, und er küßte mich. Wir küßten uns, und ich wußte, daß er nicht Buck war, aber es war mir egal. Ich wollte nicht, daß es aufhörte. Das Zimmer war dunkler geworden, in den Ecken allerdings war es hell. Sein Körper fühlte sich schwammig an. Ich starrte auf seine Augen, die wie glänzende neue Pennys aussahen, mit der Rückseite nach oben. Als ich genauer hinschaute, konnte ich die schattenhaften Umrisse des Lincoln Memorials erkennen, und tiefer im Innern, hinter den Säulen, die kleine flüssige Figur von Abraham Lincoln.

Er zog den Reißverschluß meines Kleides auf und streifte es mir von den Schultern. Der Teppich schluckte es. Seine Hände auf meiner Haut fühlten sich heiß an. »Eigentlich dürfte ich ja«, sagte ich. »Eigentlich dürfte ich ja keine Lust darauf haben ...« Er schob eine Zunge, oder vielmehr eine zungenähnliche Masse, in meinen Mund, bevor ich sagen konnte: »Eigentlich dürfte ich ja keine Lust darauf haben, mit dem Abraham-Lincoln-Monster zu vögeln.«

Aber ich hatte Lust darauf.

Wir lagen auf der Tagesdecke. In seiner taubenblauen Smokinghose hatte das Abraham-Lincoln-Monster einen dicken Penis, pflaumenschwarz und verwesend. Er stieß mich ab, und doch wollte ich mit ihm verbunden sein. Dann zog das Wesen mir die Unterhose aus und schob ihn in mich hinein, und es tat sehr weh, aber auf eine abstrakte Weise, und ich betrachtete seine Hände, die sein Gewicht trugen und mit diesen sonderbaren Halbmonden bedeckt waren wie mit kupferfarbenen Fischschuppen.

»Ich hätte nicht gedacht, daß es so schnell vorbei ist«, sagte ich, als er von mir herunterkroch. Vorbei mit meiner Jungfräulichkeit, meinte ich natürlich.

»Süße Sechzehn«, sagte er mit einer Stimme, die nicht einmal mehr den Versuch machte, menschlich zu klingen.

Ich nahm an, daß er unseren süßen sechzehnten Präsidenten meinte.

»Es wird langsam spät«, hörte ich. Der blaue Anzug war wieder angezogen, als wäre er nie ausgezogen gewesen. »Ich warte im Auto auf dich.«

Ich blieb noch ungefähr eine Stunde in dem Zimmer und sah fern. Es gab einen Fernsehfilm, in dem eine hübsche junge Frau von einer Puppe mit nadelspitzen Zähnen angegriffen wurde. Die Frau schien nicht in der Lage zu sein, herauszufinden, wie sie um Hilfe rufen oder entkommen konnte. Weil sie so dumm war, wurde sie schließlich gefressen.

Nina und Mike standen vor dem Auto in Pose und rauchten mit einstudierter Lässigkeit. Buck lag bewußtlos auf der Rückbank, er atmete durch den Mund.

»Ist es vorbei?« fragte er, als ich mich neben ihn schob. »Hab ich alles verpaßt?« Er war natürlich bemitleidenswert, und ganz er selbst.

»Du hast ein paar Pillen von deiner armen Mutter geschluckt«, sagte ich, »und davon ist dir schlecht geworden.«

»Bist du sauer?«

»Ach wo«, sagte ich. »Ich habe mich bestens amüsiert.«

Nina ließ den Motor an, und wir rollten hinaus in die warme, nach Teer riechende Nacht. Neben mir schlackerte Bucks Kopf auf der Rückenlehne herum. Das alles war von einem gelblichen Braun, einem Pilzbraun.

Nina ließ mich an unserer Einfahrt raus, und ich schloß die Haustür auf. In der Küche taumelte meine kleine Nichte Sophie in ihrem Schlafanzug mit Füßlingen auf dem gefliesten Boden herum. Ihr Gesicht war vom Bettzeug noch ganz faltig.

»Ich will meinen Hasen haben«, verkündete sie.

»Mein Gott, Schatz.« Wir wankten in ihr Zimmer, wo ich anfing, in einem Sack voller Plüschtiere zu wühlen. »Wie wär's denn mit diesem hübschen Kerlchen?« Ich zog ein Pony heraus.

»Nein!« Jetzt heulte sie. »Es ist ein wunderwunderschöner Hase.«

Ich kramte weiter, aber ich konnte keinen Hasen finden, ob wunderwunderschön oder nicht.

»Im Auto«, erläuterte Sophie, während ihr der Rotz auf die Lippe tropfte. »Mit Ohren … Er hatte lange Ohren.« Sie machte eine Geste, das allgemeingültige Handzeichen für Hasenohren.

Jetzt erinnerte ich mich an einen aufblasbaren Hasen, den wir ein Jahr zuvor, als sie zu Besuch war, an einer Tankstelle geschenkt bekommen hatten. Er war breit und hatte scharfe Plastikkanten, die dunkelrote Striemen auf ihrem Gesicht hinterließen. Sophie schleifte ihn ständig mit sich herum, und bald war er braun. Meine Schwester hatte ihn weggeschmissen.

»Ich glaube, den haben wir nicht mehr, Zuckerpüppchen.«

»Ich will meinen wunderwunderschönen Hasen«, schluchzte sie, und ihr ganzer Kopf lief rot an, sogar die Kopfhaut. Sie ließ den Blick lustlos durchs Zimmer schweifen, vom Kummer beduselt. Nach dieser Darbietung war klar, daß sie niemals mehr etwas direkt ansehen würde.

Also setzte ich mich ins Auto und fuhr los, durch Straßen, die in der Dämmerung grau und schäbig geworden waren. Mein Gardenienschmuck hatte zu welken begonnen und roch leicht nach Erbrochenem. Ich warf ihn aus dem Fenster und dachte, daß es auch noch andere festliche Gesellschaften geben würde. Doch diese blieb meine erste und letzte. Ich klapperte sämtliche Tankstellen und dann sämtliche Spielzeugläden ab, aber ich fand keinen einzigen wunderschönen aufblasbaren Hasen mit scharfen Ohren. Überall hieß es, die gäbe es nicht mehr. Oder es hätte sie überhaupt nie gegeben. Seit damals ist mir nichts mehr versprochen worden. Seit damals ist alles meine Schuld.

Aus dem Amerikanischen
von Kathrin Razum

Maeve Haran

Gut geflunkert

Pamela trank einen Schluck von ihrem Tequila Sunrise und freute sich an dessen greller Farbe, die mehr nach Sonnenuntergang als nach Sonnenaufgang aussah, seinem Berg von Früchten und dem Schirmchen, das oben drinsteckte wie eine Flagge auf dem Mount Everest. Ein ausgesprochen unpassendes Getränk für eine alte Dame, dachte sie zufrieden, und dabei war es erst Viertel nach zwölf! Zu Hause würde sie jetzt vielleicht ein bißchen einkaufen, gärtnern oder Einladungen zum Senioren-Whist ablehnen.

Sie schob ihre Sonnenblende ein Stückchen zurück und ließ sich von der strahlenden Junisonne das Gesicht bräunen. Ein Weilchen saß sie da und sah einer leichten Brise dabei zu, wie sie die ruhige Oberfläche des Hotelpools kräuselte, dessen leuchtend blaues Wasser so einladend war, daß man sofort wieder hineinspringen wollte, wenn man gerade erst herausgekommen war. Sie fand es herrlich hier. Sie liebte Ibiza und vor allem Santa Eulalia, oder wie es mit seinem vollen, noblen Namen hieß, Santa Eulalia del Río. Sie mochte seine Ruhe, die mitunter sogar an Gesetztheit grenzte, außer an den Tagen, wenn sein Hippie-Markt es zu einem Spektakel von Farben und Betriebsamkeit machte und Urlauber von der ganzen Insel anlockte.

Aber am meisten gefiel ihr, daß es frei von britischen Sonnenanbetern im Seniorenalter war. Sie wußte, das war snobistisch von ihr. Sie war nämlich selbst Rentnerin, genau wie die anderen, und blieb zwei Monate hier, weil es billiger war als zu Hause. Fast. Pamela hätte beinahe einen Herzinfarkt bekommen, als sie sich den diesjährigen Prospekt angesehen und festgestellt hatte, wie viel es kostete. Wenn ihre Kinder sie nicht unterstützt hätten, hätte sie nicht fahren können. Sie war eine beneidenswerte Großmutter.

Pamela grinste verschlagen und nahm einen weiteren Schluck. Sie machte sich keine Illusionen darüber, weshalb ihre Kinder die alljährliche Reise ihrer Mutter so bereitwillig finanziell unterstützten. Sie wollten sie los sein, weil sie sie für eine aufdringliche Wichtigtuerin hielten. Und es stimmte. Das war sie. Sie wußte, daß sie lieber den Mund halten sollte, weil andere Leute es haßten, wenn man ihnen sagte, was sie tun sollten, vor allem Schwiegertöchter, aber da steckte irgendein Teufel in ihr, der die Oberhand gewann.

»Warum nimmst du nicht Vanish?« fragte sie zum Beispiel Bernice, die Frau ihres Sohnes Roy. »Das ist wesentlich besser als Ariel.«

»Versuch doch mal, die Fettflecken mit braunem Papier rauszubügeln«, riet sie ihrer Tochter Gill. »Das klappt wie von Zauberhand.«

»Sieht Tom nicht ein bißchen spitz aus?« erkundigte sie sich bei Roy, triefend vor großmütterlicher Besorgnis. »Er überanstrengt sich doch nicht in der Schule, oder?«

Und dann, zu allem Überfluß, war da noch dieser Vorfall gewesen, als sie einen Mann im Zimmer des Au-pair-Mädchens von Roy und Bernice gefunden und das Mädchen auf der Stelle gefeuert hatte. Aus unerfindlichen Gründen war ihr Bernice nicht einmal dankbar dafür gewesen.

Das Problem bestand in Pamelas Augen darin, daß ohne ein bißchen Unterstützung von ihr die Welt nicht besonders effizient funktionierte. Und mangelnde Effizienz war ihr ein Greuel. Immerhin hatte sie durch die Geschichte mit dem Au-pair ihre Lektion gelernt. Sie würde sich nicht mehr einmischen. Kein einziges Mal. Ganz egal, wie massiv man sie provozierte.

»Ach herrje, Tim, sag bloß nicht, du hast den Faktor sechs vergessen!«

Pamela sah sich nach dem gereizten Ton um, der in dieser idyllischen Umgebung so fehl am Platze war. Zwei Neuankömmlinge waren am Pool aufgetaucht. Sie waren ein eindrucksvolles Paar. Hochgewachsen und schlank und unglaublich bleich im Vergleich mit den alten Kämpen, die schon seit Tagen oder gar Wochen hier waren. Er trug eine bunt gemusterte Badehose, sie einen schwarzen Badeanzug und dazu einen riesigen Strohhut mit zurückgesteckter Krempe und eine finstere, übellaunige Miene.

Typisch englisch, dachte Pamela aus der Überlegenheit eines zweimonatigen Aufenthalts heraus, *es ist ihr erster Tag und sie legen sich um die Mittagszeit in die pralle Sonne. Wissen sie denn nicht, wie stark diese Strahlen sind?* Einen Moment lang fragte sie sich, ob sie sie darauf hinweisen sollte. Doch dann erinnerte sie sich an ihren Schwur. Sollten sie doch von allein dahinter kommen.

Sie sah es bereits vor sich: zwei Stunden auf dem Bauch in der Mittagssonne und die Rückseiten der beiden wären ein Bild des Jammers. Die Stellen ganz oben an ihren Schenkeln, direkt unterhalb des Pos, die immer als erstes verbrannten, wären so rot wie ihr Tequila Sunrise. Die Folge wären drei Tage mit Kamillenlotion und Aufenthalten im Schatten, ganz zu schweigen davon, daß der Sex flachfiel. Das würde ein denkwürdiger Urlaub werden.

»Kein Problem«, erwiderte der Mann freundlich. »Ich habe Faktor fünfzehn eingepackt. Das ist ohnehin besser für den ersten Tag.«

Was für ein vernünftiger junger Mann. Pamela musterte ihn unter ihrer Sonnenblende, als er der mißgelaunten jungen Frau liebevoll den Rücken einrieb. Abgesehen von ihrer finsteren Miene war sie wirklich sehr hübsch. Beim Beobachten der langsamen, zärtlichen Bewegungen wurde Pamela ganz schwummrig. Es war lange her, seit es jemand genossen hatte, *ihr* den Rücken einzucremen.

Sobald sie fertig eingerieben war, setzte sich die junge Frau auf und erwiderte den Gefallen hastig, da sie offenbar möglichst schnell in ihrem Buch weiterlesen wollte. Dann legte sie sich wieder auf ihren Liegestuhl. Auf dem Rücken des jungen Mannes waren weiße Streifen Sonnencreme zurückgeblieben. Pamela juckte es in den Fingern, sie einzumassieren. Er würde ein Zebramuster bekommen, der arme Kerl.

Pamela fragte sich, was für ein Buch es wohl war. Sie liebte es, den Lektüregeschmack anderer Leute zu ergründen. Es sagte einem eine Menge über jemanden, ob er am Pool Jackie Collins las oder *Verfall und Untergang des Römischen Reiches.* Unauffällig setzte Pamela ihre Zweistärkenbrille auf und reckte den Hals. Es war keines von beidem. Zu ihrem Erstaunen war es ein glänzendes, rotes Taschenbuch mit dem Titel *Erfolg im Geschäftsleben.*

Aha, eine Karrierefrau. Bernice war auch eine Karrierefrau. Pamela dachte einen Moment lang an Roy, ihren Lieblingssohn, und Bernice, seine Frau. Sie war sich ganz und gar nicht sicher, daß die beiden glücklich waren. Immer am Arbeiten. Immer in Eile. Weder er noch sie kam vor acht Uhr abends nach Hause, zu spät, um die Kinder überhaupt noch zu sehen. Pamela kam das nicht besonders vergnüglich vor.

Sie seufzte und sah auf die Uhr. Schon fast eins. Der Gedanke an das Mittagsbuffet heiterte sie stets auf. Sie hätte gerade noch Zeit, um sich die Haare zu kämmen und die Lippen nachzuziehen. Sie stand auf und glättete ihren bunt gemusterten Sarong. Sarongs hatte sie gerade erst entdeckt – eine wunderbare Erfindung für ältere Damen, die nicht auf jung machen, aber trotzdem einen erfreulichen Anblick bieten wollten.

Als sie an dem jungen Paar vorüberging, stieß sie mit ihrer Strandtasche gegen die Sonnencreme und warf sie vom Tisch.

»Tut mir unheimlich leid«, sagte sie und bückte sich, um sie aufzuheben.

Doch der junge Mann war schneller. »Keine Sorge«, sagte er lächelnd. »Wir sollten ohnehin lieber reingehen, sonst müssen wir die ganze Woche im Schatten sitzen.« Er legte die Sonnencreme wieder auf den Tisch. »Übrigens«, fuhr er mit freundlichem Lächeln fort, »ich heiße Tim Hardy und das ist meine Frau Jan.«

Die junge Frau legte mit kaum verhohlener Gereiztheit ihr Buch beiseite.

»Nehmen Sie es ihr nicht übel«, witzelte Tim, »es ist ihr zuwider, das Büro zu verlassen. Jan findet, Urlaub ist etwas für Schwächlinge.«

Pamela zuckte zusammen und wartete auf eine boshafte Entgegnung, doch es kam keine. Zu ihrer Überraschung hoben sich die Winkel von Jans wohlgeformtem Mund kaum merklich zu den ersten Ansätzen eines Lächelns.

So so, dachte Pamela, *es steckt also doch ein Mensch da drinnen. Jetzt müßte man nur noch wissen, wie man ihn herauslockt.*

Pamela beendete gerade die vierzehnte der fünfzehn Bahnen Rükkenkraul, die sie jeden Morgen vor dem Frühstück schwamm, als sie merkte, daß sie nicht allein war. Sie drehte sich um, auf einmal besorgt, daß sie in ihrer eiförmigen Bademütze und dem engen Badeanzug womöglich aussah wie ein Buckelwal. Normalerweise hatte sie den Pool um diese Zeit für sich allein. Nur sie und der kobaltblaue Himmel und dazu der Duft von Akazien und Jasmin. Es war sogar noch zu früh für die Deutschen. Abgesehen von dem einen Mal, als sie um sieben Uhr heruntergekommen war und einen von ihnen im Tiefschlaf unter einem Handtuch vorgefunden hatte, umringt von leeren Bierflaschen. *Was die nicht alles auf sich nehmen,* hatte sie schmunzelnd zu sich selbst gesagt, *um einen Liegestuhl zu ergattern.*

»Guten Morgen. Die beste Tageszeit, stimmt's?« Sie sah sich um. Es war Tim Hardy. Er war wirklich ein junger Mann nach ihrem Herzen.

»Herrlich«, stimmte sie zu. Und so nahm ihre Freundschaft ihren Anfang. An jedem der nächsten drei Tage schwammen sie gemächlich ihre Bahnen und zu Pamelas Erstaunen erzählte ihr Tim von sich und Jan. Sie hatte vermutet, daß Jan die dynamische der beiden war und Tim der Betuliche, doch sie hatte sich geirrt. Sie arbeiteten beide in derselben Steuerberaterkanzlei. Pamela hatte schon von solchen Leuten gelesen. Yuppies. Oder waren es Dinkys? Doppeltes Einkommen, null Kinder oder irgend so ein Unsinn.

»Bloß nicht!« stöhnte Tim, als sie ihn mit diesem Etikett aufzog. »Ich will gar kein Dinky sein! Ich sehne mich nach Kindern, aber es steht nicht in meiner Macht. Jans sagenhafte Karriere ist das Problem. Sie glaubt, wenn sie in den Mutterschutz geht, kommt sie nie wieder rein. Keine Beförderung.« Tim verzog das Gesicht. »Kein Sitz im Vorstand in zehn Jahren!«

Pamela seufzte. Es war alles so anders als in ihrem eigenen Eheleben. Vier Kinder unter fünf Jahren. Eine Ehefrau und Mutter, die zu Hause blieb. Das war doch bestimmt besser für die Kinder? *Aber andererseits,* dachte sie schuldbewußt, *wenn du arbeiten gegangen wärst, hättest du dich vielleicht nicht so massiv in ihr Leben eingemischt.*

Tim hatte begonnen weiterzusprechen. »Das Problem ist, daß Jan so unter Strom steht. Und Santa Eulalia ist hektischer, als ich erwartet habe. Gestern ist ihr auf dem Hippie-Markt der Geldbeutel gestohlen worden und ich dachte schon, sie würde ins nächstbeste Flugzeug nach Hause steigen!« Sie hatten das Ende des Beckens erreicht und Tim machte eine sehenswerte Unterwasserwende. »Deshalb verziehen wir uns für ein paar Tage. An ein Fleckchen, wo es wirklich ruhig und friedlich ist. Nach Formentera.«

Formentera! Was ihr dazu nicht alles einfiel! Pamela war seit Jahren nicht mehr auf der winzigen Nachbarinsel gewesen, aber sie erinnerte sich gut an deren wilde, einsame Strände, die felsigen Landzungen und die wundersamen Weizenfelder inmitten der steinigen Landschaft, die der Insel ihren Namen gegeben hatten. Auf Formentera konnte man wirklich alles hinter sich lassen.

Gehen Sie in die Fonda Pepe, hätte Pamela am liebsten gesagt, *und trinken Sie ein Glas Hierbas. Grüßen Sie Pepe von mir, dann spendiert er es Ihnen.* Aber sie durfte sich nicht einmischen.

Sie stieg aus dem Pool und griff nach ihrem Handtuch. Wenn es sich nicht in eine Touristenhochburg oder eine Clubanlage für junge Leute unter Dreißig verwandelt hatte, müßte Formentera die Lösung sein.

Beim Abendessen war an diesem Tag alles merkwürdig gedämpft. Da saßen die gewohnten schweigenden Paare mit ihrer Flasche Wein, die sie gestern begonnen und erst halb getrunken hatten – ganz im Gegensatz zu Pamela, deren Flasche nie die Mahlzeit überlebte. Dann waren da die beiden lauten Familien mit ihren gräßlichen Gören, die zu allem Pommes aßen und sich jeden Abend mit Sangría betranken. Und an einem diskreten Ecktisch saß der einzige andere Single, eine ziemlich vornehme Dame, die die Nase stets in ein Büchereibuch steckte und für sich blieb.

Nur Tim und Jan fehlten. Pamela merkte, wie sie es vermißte, die beiden zu beobachten. Sie schloß die Augen und fragte sich, was sie wohl gerade machten. Ob Tim Jan hatte überreden können, endlich ihr Buch wegzuwerfen und zu lernen, daß es im Leben außer Arbeit auch noch etwas anderes gab? Pamela hoffte es zumindest. Vielleicht hatten sie sogar die Fonda Pepe gefunden und tranken doch noch Hierbas. Sie hob ihr Glas zu einem stillen Trinkspruch. *Auf die belebenden Kräfte von Sonne, Strand und Sex!*

Zwei Tage später schreckte Pamela plötzlich aus ihrem Verdauungsschläfchen hoch. Wieviel Uhr war es? Die Stunden plätscherten hier so angenehm vorüber. Und dann sah sie verblüfft, daß Jan wieder da war. Sie saß am Rand des Pools und las ein Buch. Zu ihrer Enttäuschung mußte Pamela erkennen, daß es immer noch das rote Taschenbuch war. Also hatte Formentera doch nicht gewirkt.

Auf einmal plätscherte es im Becken und Tim tauchte auf, federnd und geschmeidig wie ein junger Delphin. Unvermittelt schoß er aus dem Wasser zwei Meter in die Höhe und zog Jan hinein, mitsamt Buch und allem. Pamela hielt den Atem an. Doch als Jan wieder an die Oberfläche kam und nach Luft schnappte, während sich ihre Haare um ihren Kopf ringelten, strahlte ihr hübsches Gesicht vor Lachen. Und Pamela fiel auf, daß die feinen Streßfältchen auf ihrer Stirn verschwunden waren und ihre Augen glänzten.

Tim tauchte nach dem Buch und legte es, tropfnaß und triefend, wie es war, vor Pamelas Füße.

»Wie war's auf Formentera?« fragte sie flüsternd.

Tims Antwort begann mit einem anzüglichen Blinzeln. »Zwei Tage haben wir noch«, antwortete er leise. »Ich schätze, das müßte genügen.«

»Könnten Sie mir bitte sagen, wann Busse nach Ibiza-Stadt fahren?« fragte Pamela das junge Mädchen an der Rezeption ganz langsam, weil sie offenbar nur recht wenig Englisch sprach. Seit Tagen plante Pamela einen Besuch in der Hauptstadt, um sich die schönen jungen Leute anzuschauen. Im Café zu sitzen, selbst unsichtbar, weil sie weder jung noch faszinierend war, und sie in ihren bronzefarbenen Lederbikinis mit dazu passenden schenkellangen Stiefeln, ihren winzigen Wildledershorts und den wehenden Seidentüchern vorbeidefilieren zu sehen, war einer der Höhepunkte von Pamelas Aufenthalt.

Gerade war sie dabei, sich die tollsten Erscheinungen auszumalen, die sie zu sehen bekommen würde, als sie hörte, wie die Rezeptionistin mit einem Ferngespräch kämpfte. »Señora Janet Hardy?« Sie sah auf ihrer Liste nach. »Si, si, die wohnen hier. Bitte. Einen Moment. Ich nicht spreche so gut Englisch.«

»Kann ich Ihnen helfen?« Pamela fand, sie könne sich durchaus nützlich machen. Das Mädchen reichte ihr das Telefon.

»Hallo, hier spricht Pamela Mountjoy. Ich bin Hotelgast. Ich fürchte, die Rezeptionistin ist ein bißchen überfordert. Kann ich etwas ausrichten?«

»Oh, Gott sei Dank, Sie sind Engländerin.« Die knisternde Stimme am anderen Ende klang ungemein dankbar. »Ich bin Jan Hardys Sekretärin und rufe aus London an. Es tut mir unheimlich leid, wenn ich ihren Urlaub unterbreche, aber Jan muß unbedingt morgen an einer wichtigen Besprechung teilnehmen. Ich muß sie dringend sprechen. Könnten Sie ihr das sagen?«

»Sicher. Ich kann auch gleich losgehen und nach ihr suchen, wenn Sie möchten.«

»Könnten Sie das tun? Es tut mir ja so leid, daß ich Ihnen diese ganzen Umstände mache.«

Pamela legte den Hörer ab und machte sich auf den Weg zum Pool. Jan und Tim lagen seitlich auf nebeneinander stehenden Liegestühlen und sahen sich an. Als Pamela auf sie zuging, streichelte er langsam, hingebungsvoll und sinnlich ihren Arm. Pamela sah, wie Jan sich vorbeugte, um ihn zu küssen. Die Liebe strahlte aus ihren Augen.

Pamela blieb stehen. Die vermutlich unerhörteste Idee, die sie je gehabt hatte, machte sich soeben in ihrem Kopf breit. Sie schüttelte sich. Sie hatte es doch versprochen. Sie hatte geschworen, sie würde es nie wieder tun. Noch einmal sah sie die beiden an. Zum Teufel auch. Versprechen waren dazu da, daß man sie brach.

Ganz leise drehte sie sich um, kehrte in die Hotelhalle zurück und nahm den Hörer auf.

»Es tut mir entsetzlich leid«, erklärte Pamela, indem sie gekonnt auf vertrottelte Engländerin machte, »aber ich fürchte, sie sind nicht hier. Sie sind ein paar Tage weggefahren. Nach Formentera.« Pamela lächelte heiter zur Tür in Richtung Swimmingpool hinaus. »Nein, es tut mir wirklich *unheimlich* leid, aber ich habe nicht die leiseste Ahnung, wo sie dort wohnen. Offenbar wollten sie ganz für sich sein und ein paar Tage niemanden sehen.«

Pamela legte den Hörer auf und schlenderte hinaus zur Bushaltestelle. Bestimmt brauchte sie nicht lange zu warten. Jede Minute mußte ein Bus nach Ibiza-Stadt kommen.

Aus dem Englischen
von Ariane Böckler

Lan Samantha Chang

San

Mein Vater verließ meine Mutter und mich an einem regnerischen Sommermorgen, mit meinem neuen Schirm über dem Arm. Von unserem Fenster im dritten Stock aus sah ich ihn die Haustür hinter sich schließen und kurz zum Himmel hinaufblicken. Dann spannte er meinen Schirm auf. Mir gefiel das Muster aus großen roten Blumen – es war *fuqi*, verhieß Glück und Erfolg –, aber einen Mann, selbst einen gutaussehenden Mann wie meinen Vater, ließ das kräftige Rot einfach nur lächerlich aussehen. Doch anstatt sich nun geniert unter den Schirm zu ducken, trug er ihn hoch erhoben, fast wippend zur Schau.

Während ich ihm hinterhersah, erinnerte ich mich an ein altes chinesisches Sprichwort. Auf mandarin lautet das Wort für Schirm *san*, was »auseinandergleiten« bedeutet. Wenn man sich einen Schirm zulegt, ohne ihn zu bezahlen, wird einem das Leben aus der Hand gleiten und in die Brüche gehen. Mein Vater hatte für solchen Aberglauben nur Spott übrig. Der Schirm war ein Geschenk von ihm gewesen. Jetzt stand ich da und sah ihn entschwinden, so leuchtend und doch alles andere als glückhaft, wie die meisten von meines Vaters Versprechungen.

Später am Vormittag tropfte es in unserer Wohnung plötzlich durchs Dach. Zwei Fliesen lösten sich vom Küchenboden und offenbarten eine überraschende Schlammschicht, als ob das mütterliche Putzen über die Jahre den Schmutz nur in die Ritzen gefegt hätte und wir die ganze Zeit schon auf einem rußschwarzen Untergrund lebten.

Meine Mutter kniete mit einem Schwamm in der Hand am Boden, das Gesicht abgewandt. Ihr schwerer Haarknoten war aufgegangen, und eine dicke, wellige Strähne hing ihr über den Rücken.

»Kann ich irgendwie helfen?« fragte ich unschlüssig. Sie gab keine Antwort, strich nur immer weiter mit ihrem Schwamm über die Fliesen.

Ich stellte den großen Reistopf unter die undichte Stelle. Dann zog ich mich in mein Zimmer zurück. Den Rest des Vormittags verbrachte ich über den Aufgaben für meinen Ferienkurs in Mathematik. Ich hörte, wie meine Mutter in der Küche zu schluchzen begann. Ich empfand nichts als Furcht – ein drückender Stein in meiner Brust –, aber ich verdrängte sogar das, um nicht von der Arbeit abgelenkt zu werden. Mein Vater hatte mir beigebracht, mich auf die Gleichungen vor mir zu konzentrieren, und so beschäftigte ich mich in den Stunden nach seinem Fortgehen ausschließlich mit Trigonometrie, einem Fach, das er geliebt hatte.

Meine mathematische Begabung hatte sich aus einer anfänglichen Lernschwäche entwickelt. Als Kind konnte ich nicht weiter als bis drei zählen: mein Vater, meine Mutter und ich.

»Caroline macht gute Fortschritte in Englisch, aber Zahlen sind ihr nach wie vor ein Rätsel«, stand in einem meiner ersten Zeugnisse. »Sie kann die *Zählbarkeit* von Klötzchen und anderen konkreten Objekten nicht erfassen. Aus diesem Grund rate ich dazu, sie die erste Klasse wiederholen zu lassen.«

Dieser Kommentar verschlug meinem Vater die Sprache. Er dachte, ich sei ein hochintelligentes Kind. Und Mathematik war damals in China sein Lieblingsfach gewesen, bevor die politischen Unruhen ihn gezwungen hatten, die Schule aufzugeben, und schließlich auch die Heimat.

»Zählen«, brummelte er auf englisch, sobald er seine Stimme wiederfand. Seine dunklen Augenbrauen zogen sich bedrohlich

über der Adlernase zusammen. Trotz der vielen Schicksalsschläge, die er im Laufe seines Lebens hatte einstecken müssen, trafen ihn schlechte Nachrichten immer noch wie ein Blitz aus heiterem Himmel. Doch er rappelte sich mit typischer Behendigkeit wieder auf. »Keine Sorge, Lily«, sagte er zu meiner Mutter. »Das liegt nur an diesen westlichen Lehrern hier. *Ich* werde ihr schon das Zählen beibringen, verlaß dich drauf.«

Und so lehrte mich mein Vater, der selbst so unzuverlässig war, wie man die Dinge auf die Reihe bekam. Wir zählten Äpfel, Sojasprossen, Reiskörner. Ich lernte in Paaren zählen, mit Elfenbeinstäbchen. Wir standen an der Atlantic Avenue und zählten Autos, damit ich auch größere Zahlen lernte. Wir verbrachten einen herrlichen Nachmittag im Prospect Park und zählten laut die Grashalme, bis wir beide heiser waren.

»Weiter, weiter«, drängte er, während die Schatten länger wurden. »Ich möchte, daß du all das Geld zählen kannst, das ich hier in Amerika verdienen werde.«

Als ich sieben war, konnte ich das kleine und das große Einmaleins fehlerfrei aufsagen. Im folgenden Jahr lernte ich noch die Quadrat- und die Kubikzahlen multiplizieren, beides so schnell, daß die Worte zu einem einzigen, fast sinnlosen Stakkato verschmolzen: »Einsachtsiebenundzwanzigvierundsechzighundertfünfundzwanzighundertsechzehndreihundertdreiundvierzig ...«

Während ich meine Tabellen herunterbetete, bügelte mein Vater das weiße Hemd und die schwarze Hose, die er als Kellner trug, ein »Zeitjob«, wie er sagte. Oder er stand in der Küche, montags, wenn er frei hatte, und jonglierte geschickt mit einem roten und drei blauen Bällen unter der niedrigen Zimmerdecke. Jedesmal, wenn er den roten Ball auffing, mußte ich eine Silbe betonen, also: »Eins, *acht,* siebenund*zwan*zig, vierund*sech*zig.«

»Aussprrrache ist alles«, sagte mein Vater, stolz auf seine deutlichen Rs. Um in Amerika erfolgreich zu sein, davon war er überzeugt, sollte man nicht nur rechnen können, sondern auch korrekt sprechen. Er neckte meine Mutter oft, weil sie meinen Namen verkehrt aussprach, *Calorin,* wie eine Diättabelle, frotzelte er. Sie hatten mich Caroline genannt, nach Caroline Kennedy, die kurz bevor meine Eltern in die Staaten gekommen waren, geboren war. Schließlich hieß mein Vater ja Jack. Und wenn der Name gut genug für eine Präsidententochter war, dann war er auch gut genug für mich.

Nachdem ich zählen gelernt hatte, begann ich, mit Verspätung, gewisse Dinge zu bemerken. Pech- oder Glückssträhnen hinterließen wie plötzliche Stürme ihre Spuren in unserer Wohnung. Ein heller Streifen auf dem gebräunten Handgelenk meines Vaters lenkte den Blick auf jene Stelle, wo bis dahin seine Uhr gewesen war. Ein neues Paar türkiser Hausschuhe schimmerte an den Füßen meiner Mutter. Eine prachtvolle Sammlung von vierzehn Kakteen, alle verschieden, blühte ein paar Sommermonate lang auf unserer Feuertreppe und war dann auf einmal verschwunden.

Ich unternahm vorsichtige Entdeckungszüge durch unsere Wohnung. Ganz hinten im Dielenschrank, in dem verblichenen roten Koffer, den meine Mutter aus China mitgebracht hatte, stieß ich auf einen verborgenen Schatz aus niedlichen, in ein altes Hemd gewickelten Seidentäschchen. Als ich die Schritte meiner Mutter hinter mir hörte, klappte ich instinktiv den Kofferdeckel zu und tat so, als hätte ich nur ein Paar Handschuhe gesucht. Ich ging in mein Zimmer und schloß die Tür, fast schwindlig vor schuldbewußter Vorfreude.

Kaum war meine Mutter nach ein paar Tagen mal außer Haus, machte ich eins der bunten Täschchen auf. Drinnen lag eine geschneckelte Goldbrosche mit winzigen Blumen aus Perlen und Korallen. Ich stattete dem Dielenschrank noch viele heimliche Besuche ab, reihte eine kleine Sünde an die andere. Jedesmal hob ich bebend einen weiteren Schatz. Da waren grasgrüne, milchweiße und karminrote Armreifen, manche so klein, daß ich sie nicht über die Hand streifen konnte. Ein Ring mit einer Perle, so groß wie eine Murmel. Eine Perlenkette, jede Perle gleichmäßig erbsengroß. Eine Kette aus lauter kleinen Jadebuddhas. Ein rostiger Schlüssel.

»Habt ihr noch Schlüssel von unserem früheren Haus in China?« fragte ich meinen Vater.

»Das ist jetzt alles Vergangenheit, Caroline«, sagte er. »*Wanle.* Aus und vorbei.«

Von Fragen umgeben, begannen mich die Antworten auf Dinge zu faszinieren. Meine Zeugnisse bewiesen, daß ich inzwischen eine gute Schülerin war, eine ausgezeichnete Schülerin, besonders in Mathematik. Mit zwölf war ich die einzige aus meiner Klasse, die die Aufnahmeprüfung für ein Elitegymnasium in Manhattan bestand. Mein Vater nahm an der Schulfeier teil, wo dieses Ergebnis bekanntgegeben wurde. Ich erinnere mich noch an seinen zufriedenen Gesichtsausdruck, als wir die kleine, überfüllte Aula betraten. Er hatte sich all unsere Mäntel auf den Arm geladen und seinen Hut in der Hand, doch mit der anderen öffnete er meiner Mutter und mir galant die Tür und ließ uns den Vortritt. Während ich an ihm vorbeiging, zog er die Augenbrauen hoch und nickte mir zu – stolz, das ja, aber keineswegs überrascht von meinem Erfolg.

Er glaubte an das Mühelose, an schnellen, sprudelnden Reichtum. Während ich brav über meine Bücher gebeugt lernte und meine Mutter ihre Schätze hortete, ließ mein Vater das Kellnern sausen und wandte sich Höherem zu. Er habe einen Sinn fürs Geschäftliche, erklärte er uns. Einen Riecher für einträgliche Investitionen. Und Freunde, die ihm Starthilfe leisten würden. Er fing an, abends lange auszubleiben, um dann mit Überraschungen heimzukommen. An guten Tagen hatte er Geschenke dabei:

ein Näh-Necessaire, einen rosa Seidenschal. Einmal entstieg er dem Taxi vor unserer Haustür mit hundert Silberdollars in meinem alten Murmelbeutel.

An schlechten Tagen pfiff er auf dem Heimweg vor sich hin. Manchmal erwachte ich von seinem melodischen Pfeifen, das aus der Straße heraufklang. Ich setzte mich im Bett auf und beobachtete ihn durch die Ritzen der Jalousie. Er trug keine Kellnerbekleidung mehr; sein Mantel war schwarz wie die Nacht. Ich konnte gerade noch das Schimmern seiner hochpolierten Schuhe erkennen. Er schritt immer leichtfüßig aus, auch wenn er den ganzen Weg pfeifend zu Fuß zurückgelegt hatte, um das Geld für die Subway zu sparen. Meistens pfiff er Ohrwürmer aus Broadway-Musicals, warf bei den langen, hellen Schlußnoten den Kopf zurück wie ein Operntenor. Vor unserer Tür angelangt, stand er einen Moment still und straffte die Schultern, als müßte er erst mal tief durchatmen.

Auch meine Mutter wußte, was das Pfeifen zu bedeuten hatte.

»Sag bloß, du bist extra aufgeblieben?«

»Ich war nicht müde.«

Ich schlich an meine Zimmertür und spähte weiter. Meine Mutter hielt den Blick auf ihre Füße gesenkt. Mein Vater hatte sein hoffnungsvolles Gesicht aufgesetzt, seine übertrieben muntere Miene. Meine Mutter sagte leise, ohne sich umzuschauen: »Geh schlafen, Caroline.«

Doch das Einschlafen fiel mir schwer. Ich konnte fühlen, wie er uns entglitt, wie er unaufhaltsam davondriftete, auf der Suche nach irgendeiner berauschenderen Melodie. Jedesmal, wenn er sich auf seine nächtlichen Wanderschaften begab, schien es ihn mehr Mühe zu kosten, sich an uns zu erinnern. Beim Sprechen neigte er den Kopf zur Seite, als horchte er auf etwas in weiter Entfernung. Oft stand er am Wohnzimmerfenster und starrte auf die Straße hinab.

»Hat Baba einen neuen Job?« fragte ich meine Mutter.

»Nein.« Sie wich meinem Blick aus.

Ich bereute meine Frage. Ich sah, daß ich meiner Mutter damit weh tat. Aber ich hatte Angst, meinen Vater zu fragen. Hinter seiner Pokermiene verbarg er eine flammende Zuversicht, den Glauben an ungeahnte Chancen, die jenseits meiner kindlichen Begriffswelt lagen.

Das ganze Jahr über sammelte ich Beweismaterial, legte Listen von verschwundenen Gegenständen an.

Am 3. Februar fehlen: geschnitzter Beistelltisch
Ölgemälde (Früchtestilleben) aus der Diele
Jadebuddha
Fotoapparat (von mir)

Ich beschattete ihn. An dem Abend, als mein Fotoapparat plötzlich weg war, hörte ich die Wohnungstür zuschlagen. Ich schnappte mir meinen Mantel und rannte die Treppe hinunter. Vorsichtig Abstand wahrend, ging ich an jeder Ampel hinter Passanten in Deckung, ohne seinen Hut und Mantel je aus den Augen zu lassen. Als er in die Subway stieg, wartete ich bis zuletzt und hechtete dann in den silbermetallfarbenen Wagen hinter ihm. Dort setzte ich mich ganz nach vorne, so daß ich durch die schwankenden Wagenfenster seine glänzenden Schuhe im Visier behalten konnte. Trotzdem wäre er mir beim Aussteigen fast in der Menge entwischt. Draußen war es schon dunkel. Kalt und fremd ragten die Wolkenkratzer der City über uns auf. Während ich ihm wie ein Spürhund folgte, fühlte ich mich federleicht, atemlos vor Aufregung.

Der Weg führte an den Pfandhäusern vorbei, an den Wettbüros, vor denen schäbige Gestalten Schlange standen, und endete in den quirligen Straßen von Chinatown, wo die bunten Neonlichter flackernd zu nächtlichem Leben erwachten. Ein paar kantonesisch schnatternde Teenager warfen mir im Vorbeigehen verwunderte Blicke zu.

»Räucherkerzen, *xiaojie*?« Ein Straßenhändler hielt mir eine schmuddelige Handvoll hin.

»Nein, danke«, keuchte ich. Fast hätte ich meinen Vater aus den Augen verloren, aber dann erkannte ich weiter vorne seinen federnden Gang. Er steuerte auf ein kleines, eher schäbiges Haus zu, nickte dem alten Mann zu, der an der Tür stand. Ich trat draußen auf dem eisigen Gehweg von einem Fuß auf den anderen und wartete unschlüssig ab.

Nach einer Weile kam der alte Mann zu mir herüber. »Dein Vater weiß nicht, daß du ihm gefolgt bist«, sprach er mich auf chinesisch an. »Du kannst da nicht stehenbleiben. Geh nur schnell wieder heim, und ich werde ihm nicht sagen, daß du hier gewesen bist.«

Ich war so verdutzt, daß ich mich zuerst gar nicht rühren konnte. Der Alte war kein bißchen größer als ich. Sein kurzgeschorenes Haar war weiß, seine Stirn aber seltsam faltenlos, seine Kleidung von auffallender Qualität. Es war sein teurer Tweedmantel, der mich endlich bewog, kehrtzumachen, und sein übler Mundgeruch. Offenbar kannte er meinen Vater so gut, daß er sofort wußte, wer ich war und daß mein Vater meine Verfolgung alles andere als gutgeheißen hätte. Also stieg ich an der Canal Street Station wieder in die Subway. In unserer Wohnung blieb ich dann noch bis lange nach Mitternacht auf, doch ich hörte ihn nicht mehr heimkommen.

Ich brauchte ihm gar nicht zu folgen. Ich hätte wissen müssen, daß er mir, seiner eifrigen Schülerin, sein Geheimnis schließlich doch offenbaren würde. Ein paar Monate später, am Abend vor meinem vierzehnten Geburtstag, hieß er mich nach dem Essen noch am Tisch sitzenbleiben. Die Hängelampe warf einen gelblichen Lichtkreis über den abgeschabten Küchentisch.

»Ich werde dir jetzt etwas Mathematik beibringen«, sagte er.

Ich blickte ihn fragend an, aber seine Augen glommen schwarz und ausdruckslos in den Höhlen, die das Lampenlicht tief umschattete.

Über seine Schulter hinweg sah ich meine Mutter kurz nachprüfen, daß wir beschäftigt waren. Dann ging sie in die Diele und öffnete die Schranktür zu ihrem Schmuckversteck. Ich spürte ein leises Angstkribbeln, obwohl ich mir sicher war, daß meine Besuche keine Spuren hinterlassen hatten.

»Paß auf«, sagte mein Vater. »Hier ist ein Penny. Jeder Penny hat zwei Seiten: Kopf und Zahl. Verstehst du mich, Caroline?«

Ich nickte. Die stumpfe Münze wirkte wie ein Loch in seiner Handfläche.

»Hao«, sagte er: gut. Seine braune Hand kehrte sich um, und der Penny rollte auf den Tisch. Kopf. »Und wenn ich diese Münze jetzt viele, viele Male werfe, wie oft würde Kopf herauskommen?«

»Halb so oft wie du wirfst.«

Er nickte.

»Hao«, sagte er. »Das ist das *huo ran lu*. Das *huo ran lu* für Kopf ist die Hälfte. Wenn du das weißt, kannst du dir auch das *huo ran lu* dafür ausrechnen, daß ich zweimal Kopf herausbekomme, wenn ich zwei Münzen gleichzeitig werfe.« Er wartete einen Moment. »Sieh es als Begrenzung der Chancen. Der erste Wurf teilt die Menge der vorhandenen Chancen durch zwei.«

Ich blickte in den schwarzen Tunnel seiner Augen, und gut gedrillt durch seine endlosen Denksportaufgaben begann ich alsbald zu verstehen, worauf er hinauswollte. Immer ging es um Zählen, Multiplizieren, Potenzrechnung. »Die Hälfte von der Hälfte«, sagte ich. »Ein Viertel.«

Er schob die Münzen beiseite und langte in seine Hemdtasche. Im Handumdrehen lagen zwei Würfel mitten in dem gelben Lichtkreis. Zwei kleine Elfenbeinwürfel mit winzigen schwarzen Punkten.

»Zähl die Seiten«, sagte er.

Der Miniwürfel fühlte sich überraschend kalt und schwer an. »Sechs.«

Seine Hand schloß sich über dem zweiten Würfel. »Was ist das *huo ran lu,* daß ich auf die Seite mit den zwei Augen treffe, wenn ich ihn werfe?«

Ich wunderte mich über die lauernde Spannung in seiner Frage. Aber ich hatte die Antwort parat. »Ein Sechstel.«

Er nickte. »Kluges Kind«, sagte er zufrieden.

Ich merkte, daß meine linke Hand krampfhaft das Tischbein umklammerte, und ließ los. In der Diele knarrte die Schranktür, doch mein Vater schaute nicht von seinem Würfel auf.

»Was ist das *huo ran lu,* daß ich die Seite mit den zwei Augen zweimal hintereinander werfe?« fragte er.

»Ein Sechsunddreißigstel.«

»Und dreimal hintereinander?«

»Ein Zweihundertsechzehntel.«

»Sehr gut!« sagte er. »Also, das *huo ran lu,* daß ich eine Zwei würfeln werde, ist ein Sechstel. Die Wahrscheinlichkeit, daß beim ersten Wurf keine Zwei herauskommt, ist demnach ziemlich groß, nicht wahr?«

Ich nickte.

»Wenn ich eine Zwei würfele, kriegst du die zwei Pennies, abgemacht?«

Da sah ich es, tief in seinen Augen – das freudige Aufblitzen, ein Fünkchen der Leidenschaft, die ihn erfüllte. Eine Sekunde nur, dann erlosch es wieder. Er runzelte die Brauen und nickte zum Tisch hin, als wollte er sagen: aufgepaßt. Dann zuckte seine Hand plötzlich vor, und die Würfel rollten ins Licht. Ich beugte mich eifrig über den Tisch, aber mein Vater saß vollkommen still, mit unbewegter Miene. Zwei Augen.

Als ich erstaunt zu ihm aufblickte, sah ich meine Mutter in der Tür stehen, die Augen schreckgeweitet im blassen Gesicht.

»Jack.«

Mein Vater zuckte zusammen, doch er drehte sich nicht zu ihr um. »Ja, Lily«, sagte er.

Der Würfel wurde feucht in meiner Hand.

»Was tust du da?«

»Ich gebe ihr Unterricht.«

»Und was wird sie daraus lernen?« Die Stimme meiner Mutter zitterte, wurde aber nicht lauter. »Was bringt ihr das?«

»Lily«, sagte mein Vater.

»Ach, was soll bloß aus uns werden?« wisperte meine Mutter. Sie blickte sich in der Küche um. Fast alle Möbel waren verschwunden. Der alte Küchentisch, die drei Stühle und der Reistopf, mehr war von unseren Sachen praktisch nicht übrig.

Ich nahm mir schnell den zweiten Würfel und verzog mich in mein Zimmer. Das auf- und abschwellende Stimmengemurmel meiner Eltern im Ohr, warf ich den Würfel zweihundertsechzehn Mal und notierte die Ergebnisse auf der Rückseite von einem Schulheft. Doch es gelang mir nicht, mehr als zweimal ein Zweier-Paar zu würfeln.

»Der Koffer, Jack. Wo ist er hin?«

Nach einer Weile brummelte mein Vater: »Ich bring ihn zurück. Oder glaubst du mir etwa nicht?«

»Ich weiß nicht mehr, was ich glauben soll.« Sie begann so laut zu weinen, daß ich sie noch hörte, obwohl ich mir die Ohren zuhielt. Mein Vater sagte nichts. Ich krümmte mich ganz in mich zusammen, um sie aus meiner Wahrnehmung auszublenden.

»Du hast es mir versprochen, du hast mir versprochen, daß du sie nicht anrührst!«

»Ich wollte sie ja zurückbringen!«

»Wir haben nichts für Carolines Geburtstag …«

Etwas krachte gegen die andere Seite meiner Zimmerwand. Ich flüchtete auf mein Bett und kauerte mich in den äußersten Winkel.

Lange hörte ich nichts als das Schluchzen meiner Mutter. Dann verließen sie die Küche, und es wurde still in der Wohnung. Ich merkte, daß ich die Arme um die Knie geschlungen hatte, damit sie nicht so zitterten. Mir schwindelte vor der Erkenntnis, die über mich hereinbrach. Mein Vater war ein Spieler, ein *dutu,* ein Jünger des Zufalls. Aber klar doch.

Mit dem Verstehen überkam mich das verzweifelte Bedürfnis, sie beide zu sehen. Ich stand auf und tappte leise zum Schlafzimmer meiner Eltern. Die Tür war nur angelehnt. Ich spähte hinein.

Das bläuliche Mondlicht schien aufs Bett, auf die langen schwarzen Haare meiner Mutter, die sich über ihren Arm schlängelten. Ihre weißen Finger tasteten vage umher. Ich hatte schreckliche Angst um sie. Er drängte so verzehrend in sie ein, als schöbe er sich durch sie hindurch, als sei sie körperlos wie ein Geist. Ich schaute gebannt zu, bis meine Mutter einen Laut von sich gab, der mich so entsetzte, daß ich hastig die Flucht ergriff.

Am nächsten Morgen fühlten meine Augen sich seltsam sandig an. Wir schlenderten alle drei Hand in Hand über die Atlantic Avenue, ich in der Mitte, weil es mein Geburtstag war. Meine Mutter ging mit unsicheren Trippelschritten, mein Vater dagegen spazierte mit der forschen Unbekümmertheit dessen einher, der keinen Heller in den Taschen hat. Ein paar Möwen flogen vor uns auf, und er folgte ihnen mit freudigem Blick, während sie unter dem wolkenverhangenen Himmel davonsegelten. Der schäbige Charme von Brooklyn, diese breite ärmliche Straße, in der es von Zugereisten wie uns wimmelte, mehr brauchte es nicht, damit er sich glücklich fühlte.

Er drückte meine Hand, ein Zeichen, daß ich die meiner Mutter für ihn drücken sollte. Wir hatten dieses Spiel über die Jahre oft gespielt, aber heute zögerte ich. Die Hand meiner Mutter schien so wenig zum Festhalten geeignet, trotz der Wärme lagen ihre Finger kalt in den meinen. Schließlich drückte ich doch kurz zu, und sie wandte den Kopf. Er sah sie über mich hinweg an, und sein Gesichtsausdruck verleitete sie zu einem Lächeln, das den griechischen Laufburschen am Pizzastand schier die Hälse verdrehte. Sie und mein Vater merkten nichts davon.

Wir kamen an einem Sammelsurium alter Möbel auf dem Gehweg vorbei – unvollständigen Eßzimmergarnituren, Hutständern, verstaubten Nähmaschinen –, und ich erstarrte fast, denn mir schien, als hätte ich hinter einem abgewetzten Schreibtisch etwas gesehen: eine Rosenholzkommode, die meine Eltern aus Taiwan mitgebracht hatten. Sie stand früher in meinem Zimmer, und ich hatte meine Puppen in der unteren linken Schublade aufbewahrt, die mit der kleinen Scharte, wo ich einmal mit einem Rollschuh entlanggeschrappt war ... Vielleicht sah sie auch nur so ähnlich aus. Aber es hätte gut unsere Kommode sein können. Ich hütete mich wohlweislich, etwas davon zu erwähnen, und drehte mich weg.

»Oh, Jack, die Blumen!« rief meine Mutter auf chinesisch. Sie ließ meine Hand los und stürzte auf DeLorenzios Auslage zu, sank in die Knie, um an den Gardenien zu schnuppern, mit einer Grazie, die meinen Vater und mich wie angewurzelt stehenbleiben ließ.

Die schwarzen Brauen meines Vaters zogen sich über seinen Augen zusammen. *»Ni qu gen ni mama tan yi tan,* geh zu deiner Mutter und lenk sie ein wenig ab«, sagte er und stupste mich an. Ich runzelte unwillig die Stirn. »Los, geh schon.«

Sie unterhielt sich mit Mr. DeLorenzio, und ich hängte mich automatisch bei ihr ein. Obwohl ich viel zu alt dafür war, gab ich mich als puppiges kleines Mädchen, damit die beiden nicht bemerkten, was mein Vater hinter ihrem Rücken tat. Er stand vor den roten Geranien, hob einen Topf hoch, musterte ihn kritisch und setzte ihn kopfschüttelnd wieder ab.

»Und wie geht es dir heute, meine Süße?« Mr. DeLorenzio

beugte sich zu mir herab und bot mir eine Nahansicht seines prachtvollen grauen Knebelbarts. Hinter ihm verschwand mein Vater außer Sichtweite.

»Sie ist so schüchtern«, sagte meine Mutter stolz. Nach ein paar Minuten zupfte ich sie am Ärmel, und sie verabschiedete sich von dem Blumenhändler. Wir drehten uns um, schlenderten weiter die Straße hinab.

»Wo ist denn dein Vater geblieben?«

»Ich glaub, irgendwo da vorn.«

Ich zog sie um die Straßenecke. Mein Vater trat mit breitem Lächeln aus dem Eingang einer Tierhandlung hervor, den Geranientopf unter dem Arm.

»Es fängt an zu regnen«, verkündete er, als ob er es selbst so geplant hätte.

Die Tropfen fielen mir leicht und warm aufs Gesicht. Wir rannten unter die nächste Markise, wo meine Mutter ihre Regenhaube aufsetzte. Dann war mein Vater plötzlich wieder verschwunden, ließ uns einfach auf dem Bürgersteig stehen. Ich hatte ihn nicht fortgehen sehen. Eben noch da, war er auf einmal weg.

»Wo ist Baba?« fragte ich meine Mutter.

»Ich weiß nicht.« Sie schob in aller Ruhe ihre Haare unter die Plastikhaube. Der Geranientopf stand zu ihren Füßen. Ich blickte mich um. Die Bürgersteige glänzten vor Nässe; die Leute hasteten mit eingezogenen Köpfen vorbei. Kühle Windböen bliesen mir ins Gesicht. Dann schwang die Drehtür hinter uns herum, und mein Vater kam heraus.

»Ach, da bist du«, sagte meine Mutter.

»Hier, Caroline.« Mein Vater langte in seine Jacke und zog den Regenschirm heraus. Er balancierte ihn auf seiner ausgestreckten Handfläche, das leuchtende Blumenmuster säuberlich eingerollt, eine Liebesgabe.

Ich wollte den Regenschirm ablehnen. Einen Moment lang war

mir, als könnte ich mich so von meinen Eltern lösen, von unserer ganzen Pein, von allem, was mich an sie band.

Ich schaute zu meinem Vater auf. Er beobachtete mich gespannt. Ich nahm den Schirm.

»Danke«, sagte ich. Er lächelte. Am nächsten Tag war er fort.

Meine Mutter ließ sich die Haare kurz schneiden und kleidete sich in Trauerfarben. Die Resignation verlieh ihr eine seltsam schattenhafte, herzergreifende Schönheit. Sie wurde von einem chinesischen Nobelrestaurant als Tageskellnerin eingestellt. Unser Leben zu zweit pendelte sich in ruhiger Gleichmäßigkeit ein. Abends lernte ich für die Schule, während meine Mutter in der Küche saß und darauf wartete, daß er zurückkam. Sie schnitt Möhren und Pilze für unsere kleinen Gemüsepfannen in zierliche Formen oder mischte die Körner für das Vogelhäuschen auf der Feuertreppe in dem exakten Mengenverhältnis, das meinem Vater zufolge am meisten Rotkehlchen und am wenigsten Spatzen anzog. Ich machte währenddessen Hausaufgaben für das Begabtenförderprogramm, um an der Columbia-Universität mit dem Wissensstand eines Studenten im zweiten Jahr beginnen zu können. Wir unterhielten uns sanft und taktvoll über unverfängliche Themen. »Erdnußsauce«, erwähnten wir. »Einkaufen.« »Schularbeiten.« »Aprikosen.«

Ich büffelte Trigonometrie und wurde sehr gut in dem Fach, ohne es je zu mögen. Ich lernte Integral- und Vektorrechnen und mochte es immer weniger, aber ich löste fleißig meine Aufgaben, suchte immer noch nach dem Trost, den ich einst aus der Arithmetik gezogen hatte. Wenn das Leben in die Brüche geht, dann geschieht dies, so scheint es, mit schrecklicher Langsamkeit. Ich konnte nicht sehen, daß die wahre Mathematik, statt die Dinge auf die Reihe zu bringen, sich vielmehr von ihnen weg auf das Unerklärliche zubewegt. Eine gedachte Linie kommt unversehens aus dem Nichts herab, macht kehrt und entschwindet in irgendeine Unendlichkeit. Gelehrte Köpfe mühen sich jahrhundertelang, um ein einziges Puzzle auszuknobeln. In der Mathematik wie in der Liebe sind es die Rätsel, um die sich alles dreht.

In den Monaten, als ich mir mein Columbia-Studium verpatzte, hing ich die meiste Zeit in der Subway herum. Ich fuhr nach Coney Island, dem Teil von Brooklyn, der am Wasser liegt, und blieb im Zug sitzen, während er die Richtung wechselte und tief unter dem Fluß hindurch nach Manhattan zurücksauste. An den Stationen City Hall oder 14th Street stiegen immer ein paar Chinesen zu. Hin und wieder sah ich einen gewissen Mann, nicht mehr jung, aber seltsam faltenlos, in einem teuren, aber abgetragenen Mantel und glänzenden Schuhen. Ich beobachtete ihn, bis er an seiner Haltestelle ausstieg. Dann lehnte ich mich im Sitz zurück und wartete, während der Zug durch die dunklen Tunnel unter der langgestreckten Insel Manhattan raste, und manchmal, wenn das Licht kurz ausfiel, sah ich blaue Funken von den Schienen aufstieben. Ich wartete auf den Moment, wo der Zug an der 125th Street ins Tageslicht hinausschoß. Diese plötzliche Öffnung der Perspektive, dieses Auftauchen aus der Dunkelheit in eine neue Welt, half mir verstehen, wie er sich gefühlt haben mußte. Vor meinem inneren Auge sah ich ihn stets über ein Paar Würfel gebeugt, die wie winzige Totenschädel im gelben Küchenlicht schimmerten. Ich sah ihn mit meinem geblümten Schirm aus der Tür treten und einen Moment innehalten, um zum Himmel aufzublicken, in die offene Weite von zahllosen strahlenden Chancen.

Aus dem Amerikanischen
von Sabine Lohmann

Alex Garland

Blumenkinder

I

Der Barrio Sarap besaß ebensoviel Ähnlichkeit mit Manila wie ein Hai mit einem Milchfisch. Er lag, von der Hauptstadt durch hundert Meilen und die Sierra-Madre-Berge getrennt, an der Ostküste Luzons, mit Blick auf den Pazifik statt auf das Südchinesische Meer. Das einzige massive Gebäude war die Kirche. Abgesehen vom Sägewerk, das über einen eigenen Generator verfügte, gab es keinen Strom. Es gab kein Telefon. Keine asphaltierten Straßen. Und nur eine erschlossene Süßwasserquelle, die granitgefilterten Gebirgsbäche nicht mitgerechnet.

Ein hartes Landleben, aber eingebettet in ausgesprochen ruhige Atmosphäre – selbst die Dynamitexplosionen der Fischer oder das metallische Kreischen einer Säge wirkten unaufdringlich und wie aus weiter Ferne. Das einzige, was die Ruhe störte, waren gelegentliche Prügeleien nach exzessivem Alkoholgenuß und die Taifune, die im Spätsommer die Nipa-Hütten zerfetzten, Kokosnüsse zu Kanonenkugeln werden ließen und Palmen wie Streichhölzer umknickten.

Und natürlich die unvermeidlichen dramatischen Verwicklungen der Pubertät, die Sorgen und Nöte der Heranwachsenden.

Voreheliche Sex war gleichbedeutend mit Ehe. Sex ohne Ehe gab es nicht. Und so sahen sich die frustrierten Knaben aus Sarap gezwungen, zu dritt oder zu viert ins Hinterland zu fahren, wo die

Mädchen ihre Jungfernschaft nicht ganz so eisern bewahrten. Dort durchstreiften sie die größeren Städte, in der Hoffnung, für ihre lange, beschwerliche Reise belohnt zu werden. Wenn nicht, legten sie zusammen und gingen zu einer Prostituierten.

Die Knaben aus dem Hinterland dagegen blieben, wo sie waren. Für sie lohnte sich die Fahrt über die Berge nicht. Sie wußten, daß die Mädchen an der Küste provinziell und spießig waren und daß bei ihnen ohne handfestes Eheversprechen nichts lief.

Das kam den Mädchen aus Sarap zugute, denn auf ihre Art waren die Jungen aus Sarap genauso provinziell wie sie und wollten auf keinen Fall ein Mädchen ehelichen, das schon einmal mit einem Mann geschlafen hatte. Also blieben nur die Sarap-Mädchen, wenn es um die Zukunft ging. Ihre Macht war unvergleichlich: Ein Lächeln war einem Jungen Grund genug, stundenlang an einer heißen, staubigen Straße zu verharren, in der Hoffnung, dieses Lächeln noch einmal zu erblicken; eine gleichgültige Kopfbewegung bedeutete schmerzliche Zurückweisung – und beides konnte einem den Schlaf rauben.

Sechzehn Jahre alt, knielanges Baumwollkleid mit ausgebleichtem Blumenmuster, Schulbücher unterm Arm. Rosa hatte seidenweiches Haar, das ihr sanft auf die Schultern fiel, und einen Teint so strahlend wie der Himmel. Eines Tages würde ihr ein Verehrer sagen, ihre Schönheit sei so einzigartig wie ihr Fingerabdruck – und dann würde sie ihm einen Korb geben.

2

Sie wohnte an der Küste, etwa zwei Meilen entfernt von ihrer Schule im Nachbarort Infanta. Wenn sie an wolkenlosen Nachmittagen nach Hause ging, folgte sie der Straße. Zwar war der Weg ein wenig länger als am Strand entlang – an einigen Stellen machte die Straße einen Schlenker landeinwärts und schlängelte sich durch Reisfelder und Weiler –, doch der größte Teil der Strecke lag im Schatten hoher Palmen. Morgens hingegen bevorzugte sie den Strand. Um sieben Uhr stand die Sonne noch nicht so hoch.

»Guck mal«, sagte ein Junge, als sie an ihm vorüberging. Er kniete ein paar Meter weiter mit dem Rücken zu ihr neben einem großen, feinmaschigen Kescher, mit dem er im Flachwasser Jagd auf junge Milchfische machte. Vor ihm stand ein weißer Plastikbehälter, in dem er seinen Fang aufbewahrte.

Rosa blieb leicht verwundert stehen.

Erst als er über die Schulter blickte, um sich zu vergewissern, daß sie ihn gehört hatte, erkannte sie den Jungen als Lito. Sie waren gleichaltrig und wohnten in benachbarten Barangays, daher wußte Rosa von ihm, doch sie hatten nie ein Wort gewechselt. Er ging nicht zur Schule, und sie hatten keine gemeinsamen Freunde. Sie waren sich nur ein einziges Mal begegnet, bei einer Fiesta, als Litos älterer Cousin Rosa um einen Tanz gebeten hatte. Lito war sein Schatten gewesen, Hintermann im Hintergrund. Als sie höflich verneint hatte, war Lito neben seinen Cousin getreten und hatte den Mund aufgemacht, als ob er etwas sagen wollte. Statt dessen hatte er genickt, was Rosa als stillschweigende Bestätigung ihres Eindrucks gewertet hatte, daß es keine besonders gute Idee sei, mit seinem Cousin zu tanzen. Einen Augenblick später waren die beiden Jungen verschwunden.

»Jetzt guck doch mal«, sagte Lito mit einer ungeduldigen Erwartung in der Stimme, die Rosa noch verwunderlicher fand. Seit ihrem sechzehnten Geburtstag verhielt sich das männliche Geschlecht ihr gegenüber nämlich äußerst höflich und zuvorkommend.

»Ich muß zur Schule«, entgegnete Rosa.

»Ich weiß. Ich sehe dich fast jeden Morgen zur Schule gehen. Manchmal von meinem Boot aus, weit draußen auf See. Dann bist du nur ein kleiner Punkt am Strand. Aber meistens bin ich morgens hier, und dann sehe ich dich immer.«

»Oh ...«

»Schon gut. Ich wußte, daß du mich noch nie gesehen hast. Ich dachte bloß, das könnte dich interessieren.«

»Was?«

»Tja.« Lito zuckte die Achseln. »Dazu mußt du schon gucken.«

Rosa zögerte kurz und ging dann durch den Sand auf ihn zu. Als sie näher kam, nahm er ein T-Shirt und warf es sich so über die Schulter, daß es die linke Brusthälfte bedeckte. Dann erst drehte er sich zu ihr um.

»Und?« fragte Rosa.

Lito zeigte auf das Wasser in dem Plastikbehälter. »Du mußt es dir aus der Nähe ansehen. Du mußt näher ran.«

Rosa ging in die Hocke.

»Achte auf meinen Finger. Da. Siehst du das ganz kleine Baby hier?«

»... Ja.«

»Fällt dir daran etwas auf?«

»Nein.«

»Was siehst du?«

»... Eigentlich sehe ich zwei Babys.«

»Nein, du *denkst,* daß du zwei Babys siehst, die nebeneinander schwimmen. Aber in Wirklichkeit sind es gar keine zwei Babys. Es ist nur eins, mit zwei Schwänzen ...« Lito runzelte die Stirn. »Ich fange diese Babys jetzt schon, seit *ich* ein Baby war, aber so was hab ich noch nie gesehen. Vielleicht ist seiner Mutter was passiert. Vielleicht ist sie von einem größeren Fisch verletzt oder gebissen worden, als sie schwanger war. Ein Schock oder so ...«

»Seit du ein *Baby* warst?« sagte Rosa lachend. Dann zog sie, eher ratlos als verärgert, die Stirn in Falten. »Und das sollte so interessant sein?«

»Ja.« Lito wirkte mit einem Mal beunruhigt und zerrte nervös an einer Falte seines T-Shirts. »Findest du es etwa nicht interessant?« fragte er.

»Doch ... *sehr* interessant sogar.«

Das schien ihn nicht zu überzeugen.

»... Ich muß jetzt zur Schule.«

»Ja.«

Sie standen auf, und bevor Rosa noch etwas sagen konnte, hatte Lito sich auch schon seinen Kescher geschnappt und trottete ins seichte Wasser.

Rosa sah ihm einen Augenblick nach. Er war nicht klein, aber auch nicht besonders groß und genauso schwarz wie die anderen Fischerjungen. Doch er sah besser aus und hatte weniger Narben als die meisten seiner Freunde, und er trug das Haar viel kürzer. Wer etwas auf sich hielt und wessen Eltern es erlaubten, hatte eine Disco-Frisur und hinkte damit, wie im Barrio üblich, der Mode in Manila um mindestens ein Jahr hinterher.

Vielleicht hatte Lito strenge Eltern. Aber eigentlich fand Rosa es gar nicht so schlimm, daß er keine Disco-Frisur hatte. Disco-Frisuren, überlegte sie und machte sich wieder auf den Weg nach Infanta, sahen ziemlich albern aus. Komisch, daß ihr das erst jetzt auffiel, aber sie waren überhaupt nicht männlich.

3

Als Leesha in der Mittagspause vorschlug, das Schulgelände zu verlassen, damit sie sich in dem ausgebrannten Armeetransporter aus dem Zweiten Weltkrieg ungestört unterhalten konnten, wußte Rosa sofort, daß etwas Wichtiges geschehen war. Auch Ella schöpfte Verdacht, als sie die beiden zufällig vom Hof schlendern sah. Sie lief ihnen hinterher und holte sie gerade noch ein, bevor sie in der Abgeschiedenheit des Dschungels verschwanden.

Erwartungsvoll stiegen sie ins Führerhaus und legten sich Palmblätter unter, damit sie sich an den rostigen Sitzen nicht die

Kleider schmutzig machten. Doch selbst ihre kühnsten Erwartungen wurden bei weitem übertroffen.

»Was?« Ella schnappte nach Luft. »*Wie* bitte?« Sie fuchtelte sich nervös mit der Hand vor dem Gesicht herum und hätte sich beinahe die Brille von der Nase gestoßen. »Schnell, mir ist schwindlig. Ich werde gleich ohnmächtig.«

»Ihr habt ganz richtig gehört«, sagte Leesha mit keckem, herausforderndem Lächeln.

»Ist dir eigentlich klar«, begann Ella und verstummte, weil sie sich dringend Luft zufächeln mußte. Sie atmete ein paarmal tief durch, um Kraft für einen zweiten Anlauf zu sammeln. Dann, nach einem Blick in das dichte Laub rings um den Wagen, flüsterte sie: »Ist dir eigentlich klar, daß es jetzt kein Zurück mehr gibt?«

»Natürlich. Aber ich will doch auch gar nicht mehr zurück. Ich will ihn heiraten und er mich.«

»Sagt *er*!«

»Ich habe ihm von Anfang an gesagt, daß ich nicht wie die Mädchen im Hinterland bin.«

»Und?«

»Er hat gesagt, die Mädchen im Hinterland hätten ihn noch nie interessiert.«

»Ach?« sagte Ella und zog die Augenbrauen hoch. »Dafür ist er aber ziemlich oft über die Berge gefahren.«

»Aber nur, um Doublon und Simeon zu begleiten.«

»Aha.«

»Von wegen Aha.«

»Ah-*ha*.«

»Von wegen Ah-*ha*! Wenn ich ihm nicht vertrauen würde, könnte ich ihn auch nicht heiraten.«

»Heiraten!« äffte Ella sie nach. »Zu schön, um wahr zu sein.«

»Heute abend sage ich es meinen Eltern.«

»Heute abend! Meinst du, sie sind einverstanden?«

»Das will ich doch schwer hoffen.«

»Ach, mach dir da mal keine Sorgen. Turing ist so was von ... Mann! Sein Vater übernimmt demnächst das *Sägewerk*!«

»Ja, es heißt, er wird Geschäftsführer, wenn Tata Rudy in Rente geht.«

Ella riß die Augen auf. »Mit anderen Worten, eines schönen Tages übernimmt Turing den Laden.«

»Ja«, seufzte Leesha. »Aber das interessiert mich nicht. Ach, Ella, wenn man verliebt ist, spielen Sägewerke keine Rolle.«

»Es ist einfach *zu* schön!«

Dann herrschte Schweigen. Rosa ließ eine angemessene Zeitspanne verstreichen, dann räusperte sie sich und fragte: »Was genau ist eigentlich blasen?«

Der Vorgang an sich war ebenso vorhersehbar (Rosa hatte gerüchteweise davon gehört) wie unerwartet (sie hatte den Gerüchten keinen Glauben geschenkt). Ganz und gar unerwartet aber traf sie die Erkenntnis, daß sie, während Leesha sich in anschaulichen Schilderungen erging, plötzlich an Lito denken mußte. Erschrocken versuchte sie den Gedanken an ihn zu verdrängen und redete sich ein, daß der Grund dafür einzig und allein in ihrem morgendlichen Zusammentreffen zu suchen sei. Sein Gesicht hatte sich ihr unwillkürlich eingeprägt, insofern war es eigentlich kein Wunder, daß sie an ihn dachte. Er war einfach der erstbeste Junge, der ihr in den Sinn gekommen war, und sie hatte die Erinnerung unbewußt ein wenig ausgeschmückt.

Doch das war reine Augenwischerei, denn kurz darauf war das Bild von Lito wieder da. Diesmal erschrak Rosa über die jähe Anwandlung von Eifersucht auf Leesha. Dann über das sonderbare Glücksgefühl, das sie mit einem Mal verspürte, und schließlich über ihre heißen Wangen.

Leesha hatte ihr Erröten sofort bemerkt. Sie deutete es als ein Zeichen ihrer Scham. Rosa spielte mit dem kleinen versilberten Kruzifix um ihren Hals und ließ Leesha in ihrem Glauben.

Chismis, Tratsch und Klatsch wie eine leichte Brise, stark genug, um die verschwitzten Feldarbeiter leise fröstelnd aufblicken zu lassen. Die *chismis*-Weiber sammelten und streuten die Gerüchte. Niemand traute ihnen, doch alle gaben ihnen ihre intimsten Geheimnisse zu treuen Händen, und sie nahmen sie dankbar an. Denn darin bestand ihre Kunst. Ellas Kunst. Seit sie fünf oder sechs gewesen war, galt Ella als *chismis*-Weib in spe. Es hieß, sie mache ihre Kurzsichtigkeit und ihre dünnen Lippen durch das zweite Gesicht und eine große Klappe wett.

Als es an diesem Nachmittag zum Schulschluß läutete, war die Kunde von Leeshas Neuigkeiten bereits über die Grenzen von Infanta hinausgedrungen und arbeitete sich querfeldein zu ihrem Barrio, ihrem Haus vor. Rosa trottete ihr träge hinterdrein und hielt gedankenverloren nach schönen Blumen am Wegesrand Ausschau.

4

Rosas Vater Doming sprach beim Abendessen kein Wort. Das war nichts Besonderes – manchmal verging eine ganze Woche, ohne daß er den Mund aufmachte. Seit er beim Dynamitfischen das Gehör verloren hatte, verständigte er sich hauptsächlich durch Nicken, Lächeln, Achselzucken und ähnliche Gesten. Zwar waren bei der Unterwasserexplosion nur seine Ohren in Mitleidenschaft gezogen worden, aber Doming hatte noch nie viel geredet. Bisweilen hatte Rosa das Gefühl, daß ihr Vater überhaupt erst seit dem Unfall ganz er selbst war.

Daß Corazon beharrlich schwieg, war allerdings ungewöhnlich. Normalerweise machte Corazon die Wortkargheit ihres Mannes durch doppelte Geschwätzigkeit wett, doch seit sie sich zu Tisch gesetzt hatten, war noch kein Wort über ihre Lippen gekommen.

Nach einer Weile wurde Rosa unruhig. Zwar war die Stille nicht eisig oder betreten, aber doch irgendwie geladen, und Rosa wollte endlich wissen, womit. »Ist was, Mutter?« fragte sie und tat sich eine Portion Hühnerhals auf ihren Teller.

Corazons Augenbrauen zuckten. »Was soll denn sein?«

»Ich weiß es nicht.«

»Du weißt es nicht?«

»Nein«, sagte Rosa wahrheitsgemäß. »Keine Ahnung. Aber du wirst es mir bestimmt gleich verraten.«

Corazons Augenbrauen zuckten erneut. Dann schürzte sie die Lippen. »Wie geht's in der Schule?«

»... In der Schule?«

»Ja, in der Schule. Wie geht's in der Schule?«

»Gut.«

»Ach ja?« sagte Corazon. »Das ist ja interessant ... Ich dachte, deine schulischen Leistungen würden als erstes darunter leiden ...«

Rosa blickte zu ihrem Vater, um zu sehen, ob er etwas von dieser rätselhaften Unterhaltung mitbekam, doch das war offensichtlich nicht der Fall. »*Wo*runter leiden?«

»Wie ich sehe, hast du eine Blume im Haar«, überging Corazon die Frage ihrer Tochter.

Rosa zögerte. »Ich habe sie auf dem Nachhauseweg ...«

»Was du nicht sagst. Kenne ich ihn?«

»... Kennen? Wen?«

»Den Jungen. Kenne ich ihn? Oder willst du mich wie Leeshas Mutter vor vollendete Tatsachen stellen?« Corazon beugte sich über den Tisch, und ihre gekräuselten Lippen verzogen sich zu einem breiten Lächeln. »Wird mir morgen nachmittag beim Reiswaschen vielleicht eine leise *chismis*-Brise ins Ohr flüstern, daß meine Tochter mit ihrem zukünftigen Mann intim gewesen ist?«

Rosa zog sich mit einer Hand die Blume aus dem Haar und schlug sich die andere vor den Mund.

»Ist es Mario?«

»Nein!«

»Gregorio?«

»Es gibt keinen Jungen!«

»Gut, gut. Du trägst zwar auf einmal eine Blume im Haar, aber es gibt keinen Jungen.« Corazon brach in schallendes Gelächter aus. »Ich will dir mal was verraten. Wenn eine erst einmal geheiratet hat, lassen die anderen nicht lange auf sich warten. Paß auf, in ein paar Monaten steht ihr beim Padre in euren besten Kleidern Schlange. So ist es immer schon gewesen. Allerdings ...« Sie rümpfte geziert die Nase. »... war ich die erste in meiner *barkada.*«

»Es gibt keinen Jungen.«

»Ich warte auf die leise Brise ...«

»Da kannst du lange warten.«

»Ich tippe auf Mario.«

»Wenn ihr fertig seid, räume ich jetzt die Teller ab.«

»Bald werden es die Teller eines Mannes sein!«

Rosa konnte nicht einschlafen. Sie spürte ihr Bett. Zwar schlief sie seit sechs Jahren auf denselben Brettern und hatte bis dahin immer auf ähnlich schmalen Holzbohlen geschlafen – aber jetzt spürte sie das Bett zum ersten Mal. Es war klein und hart und knarrte, wenn sie sich bewegte.

Teller, dachte Rosa, als sie eine Eidechse über die Zimmerdecke huschen sah. Neue Teller, neues Bett ...

Das eine war ohne das andere nicht zu haben.

»Engelchen!« rief Doming, als Rosa hinter dem Vorhang verschwand, der ihr Zimmer vom Rest des Hauses trennte. Rosa steckte den Kopf noch einmal heraus und fragte sich, weshalb er sein gewohntes Schweigen brach.

»Was?« fragte sie stumm zurück.

»Warum hast du die Blume aus dem Haar genommen?« brüllte er so laut, daß Corazon sich die Ohren zuhalten mußte. »Das sah sehr schön aus! Steck dir morgen wieder eine Blume ins Haar!«

»Mal sehen.«

»Hast du was gesagt, Engelchen?«

Rosa hielt sich die Öllampe vors Gesicht, damit Doming ihre Lippen sehen konnte. »Mal sehen«, wiederholte sie. »Wenn ich auf dem Weg zur Schule eine schöne Blume finde.«

»Halt die Augen offen! Vielleicht findest du ja eine schöne Blume!«

»Ist gut.«

»Dann gute Nacht, mein Engelchen!«

»Ja. Gute Nacht.«

5

Irgendwann, für kurze Zeit, wird alles Tote schwarz und rosa. Menschen und Tiere: schwarz, wo bloße Haut zu sehen ist, und wenn die schwarze Haut abblättert oder platzt, glänzt das Fleisch darunter feucht und rosa. Dann ist der Geruch am schlimmsten. Der Gestank trifft einen mit solcher Wucht, daß sich die Halsmuskeln zusammenziehen. Dadurch gelangt zwar keine schlechte Luft mehr in die Lunge, doch die schlechte Luft, die sich bereits in der Lunge befindet, kann auch nicht mehr entweichen.

Ein leiser Hauch des Todes breitete sich in Rosas Innerem aus wie ein Öltropfen auf einer glatten Wasseroberfläche. Binnen weniger Sekunden hatte er ihren ganzen Körper erfaßt. Sie machte schnelle Schritte und hielt den Atem an, bis sie wieder frische Luft schöpfen zu können glaubte. Doch sie hatte die Reichweite des Gestanks unterschätzt, und ihre schnellen Schritte brachten sie der Quelle nur noch näher. Ein vom Wasser aufgedunsenes

Schwein lag, halb im Sand begraben, am Strand, von der Dreiuhrflut angetrieben.

»Es ist wahrscheinlich heute nacht an Land gespült worden«, meinte Lito. »Ich habe dich den Strand entlanggehen sehen. Ich hätte dich warnen sollen.« Eine Hand schwebte schüchtern zwei oder drei Zentimeter über Rosas Rücken, um sie zu beruhigen, falls sie sich noch einmal übergeben mußte. Die andere hielt die Blume, die sie gepflückt und fallen gelassen hatte, als sie blindlings vom Strand fort auf die Bäume zugestolpert war. »Guck mal, die Blume ist noch heil. Du kannst sie dir wieder ins Haar stecken.«

Rosa starrte auf das Fleckchen Erde und das erbrochene Frühstück zwischen ihren aufgestützten Händen. »Du kannst sie behalten.« Sie war derart verwirrt und beschämt, daß sie nicht wußte, was sie sagte. »Sie war sowieso für dich.«

»Die Blume war für mich?«

»Ich habe sie nur deinetwegen getragen.«

»... Warum?«

»Keine Ahnung«, sagte Rosa und spuckte aus.

Lito zögerte. Er wußte nicht, was er sagen sollte.

»Ich muß mir den Mund abwischen.« Rosa blickte auf. Lito hatte sich sein T-Shirt wie ein Handtuch über die Schulter geworfen – genau wie am Vortag, als sie seinen mutierten Milchfisch in Augenschein genommen hatte. »Kann ich dein T-Shirt haben? Ich muß mir den Mund abwischen. So kann ich unmöglich zur Schule gehen.«

Lito runzelte die Stirn. »Hm«, machte er, noch immer zögernd.

»Ist es sauber?«

»Ja.«

»Ich wasche es hinterher im Meer aus.«

»Nein, das mache ich schon selber.«

»Also ...?«

Als er ihr das T-Shirt reichte, trat er gleichzeitig einen Schritt zur Seite, so daß sie ihm den Rücken zuwandte. Entweder wollte er etwas verbergen, oder er hatte sich aus reiner Höflichkeit zurückgezogen, damit Rosa sich das Erbrochene unbeobachtet abwischen konnte.

Sie sagte murmelnd danke.

Das T-Shirt roch stark nach Seife. Er mußte es am Vorabend gewaschen haben, was ihr merkwürdig vorkam, denn es war schließlich sein Arbeitshemd. Es war uralt, am Kragen völlig ausgefranst, und trotzdem strahlend weiß, wie neu.

Als sie fertig war, drehte Rosa das T-Shirt um und sog den Seifenduft des Stoffes noch einmal tief in ihre Lunge, um sich von dem letzten Rest des Kadavergestanks zu befreien. Dann hielt sie es hoch, damit Lito es sich nehmen konnte, und als sie aufgestanden war und sich zu ihm umwandte, hing es schon wieder über seiner Schulter.

Rosa dachte einen Augenblick nach. »Eigentlich würde ich es lieber selbst auswaschen.«

»Ich mach das schon. Kommst du denn nicht zu spät zur Schule?«

»Nein.«

»Trotzdem ...«

»Trotzdem wasche ich es aus«, entschied Rosa. »Das ist doch wohl das mindeste.«

Als sie die Hand ausstreckte, zuckte er zusammen. Das hatte sie erwartet.

Litos rechter Brustmuskel befand sich, wo er hingehörte, der linke nicht. Er fehlte. Unter einer dünnen Hautschicht war sein Brustkasten deutlich zu erkennen, von der Magengrube bis hinauf zum Schlüsselbein. Das Fehlen des Muskels wurde durch eine Überentwicklung des rechten Pektoralis und der linken Schulter ausgeglichen. Mit den falschen Rundungen an den falschen Stellen war Litos Oberkörper völlig deformiert.

»Du kannst froh sein, daß du schon gekotzt hast«, sagte Lito mit einem hoffnungslos nervösen Lachen.

Rosa ließ sich mit der Antwort Zeit. »Du siehst aus wie ein Schokoladenriegel«, sagte sie schließlich. »Ein Schokoladenriegel, aus dem jemand ein Stück herausgebissen hat. Und deine Rippen sind die Zahnabdrücke.«

Er starrte erst zu Boden, dann auf das T-Shirt, dann wieder zu Boden.

»Es ist dir peinlich.«

Er nickte.

»Es braucht dir nicht peinlich zu sein.« Rosa hob die Hand und versetzte ihm einen leichten Stups gegen den Oberarm. »Es ist doch gar nicht schlecht, ein Schokoladenriegel zu sein.«

Aus dem Englischen
von Thomas Mohr

Fleur Bourgonje

Der Bandoneonspieler von Quemú Quemú

In der Geschichte, die ich erzählen möchte, geht es um Gloria. Um Gloria und ihre Liebe zu dem Bandoneonspieler von Quemú Quemú, einem Dorf in einer Tagesreise Entfernung von einem Musikpavillon und noch weiter von einem Tangoorchester mit Sänger und Bassist. Gloria und ich waren Freundinnen. Waren. Der Bruch hat mit dem Mann zu tun, der während der Sommermonate jeden Samstag- und Sonntagabend mit seinem einsamen Spiel den kleinen Kirchplatz von Quemú Quemú in einen Schleier aus Sehnsucht hüllte, aus Sehnsucht und Wehmut. Andere Gemütsregungen konnte er mit seinem Bandoneon nicht wachrufen, nicht hier im leeren Herzen der Pampa. Die freudigen Töne klangen falsch. Die ausgelassenen noch falscher. Für Rebellion mangelte es an Luft. Für Ergebenheit klang er zu kläglich.

An dem Nachmittag, an dem ich meine Geschichte beginnen lassen möchte, sind Gloria und ich noch unzertrennlich. Wir wuchsen in der Nähe derselben Sümpfe auf, und dieselben Stürme mit der ihnen folgenden noch beunruhigenderen Windstille bestimmten die Flüchtigkeit oder den Tiefgang unserer Gedanken. Von denselben Tierarten schauten wir ab, was wir zu erwarten hatten, wenn wir den Kopf verlieren und nur Körper, nur Triebe sein würden, und davon fühlten wir uns ebenso stark angezogen wie wir Angst davor hatten; beide belauerten wir mit pochendem Herzen die erregten Tiere.

Gloria und ich sind unzertrennlich, wie sollte es auch anders sein. Quemú Quemú ist ein Weiler mit ein paar Hundert Einwohnern, die durch die spärliche Vegetation und die scharfen Blicke keine Möglichkeit haben, einander aus dem Weg zu gehen. Sie sind dazu verurteilt, einander zu ertragen, und obwohl ihre Leben genauso auseinanderlaufen wie die Wege, die von dem kleinen Platz über die Weiden zum Horizont ringsum führen, müssen sie so tun, als wären sie Schicksalsgefährten, sogar Freunde.

Aber Gloria und ich tun noch nicht als ob. Freitag- und Samstagabends flanieren wir Arm in Arm die Hauptstraße entlang, wo die jungen Männer auf Holzbänken sitzen und Tricktrack spielen oder würfeln, uns aber aus den Augenwinkeln beobachten, ihre Würfel manchmal eine halbe Minute lang festhalten, das Spiel unterbrechen, um einem *teru-teru* zu pfeifen, der in der Krone einer Akazie die Dunkelheit abwartet. Aber in Wirklichkeit pfeifen sie uns, Gloria und mir, und unsere Chancen stehen gleich: Wenn sie der einen pfeifen, pfeifen sie beiden.

Der Bandoneonspieler fällt uns erst in diesem Sommer auf. Spielt er dieses Jahr lauter, schöner? Haben wir bisher auf andere Klänge, auf nichts oder niemanden im besonderen geachtet? Haben wir nicht gewußt, daß einer der Viehtreiber aus der Gegend ein Instrument spielt, oder ist er etwa ein Fremder, der sich in die unermeßliche Weite unserer Pampa verirrt hat und erst jetzt hier, unter den Akazien auf dem kleinen Platz von Quemú Quemú, gelandet ist?

Der Bandoneonspieler löst etwas in uns aus, von dem wir bis zu diesem schwülen Samstagabend nichts ahnten. Etwas in uns löst sich durch sein Spiel aus einem festgefügten Zusammenhang, es trennt sich ab, entzieht sich dem, was wir unter Kontrolle haben.

Wir vergessen die Würfelspieler. Wir haben kein Ohr mehr für das Pfeifen zur Baumkrone hin, kein Auge mehr für die Kleider und die pastellfarbene Unterwäsche in den Auslagen der Hauptstraße. Der Bandoneonspieler hält uns auf dem kleinen Platz fest mit seinen geschmeidigen, treffsicheren Händen, mit seinen Fingern, die die Knöpfe auf dem Griffbrett kaum, aber doch lange genug berühren, um die eigenartige Sehnsucht wachzurufen, mit seinen verzückt geschlossenen Augen, die sehen, was uns verborgen bleibt.

Wir sitzen ihm zu Füßen auf den warmen Steinen und dulden keine anderen Klänge als die seinen. Wenn er spätabends mit einer melancholischen Bewegung die Harmonika zusammenschiebt, bitten wir ihn, noch *Sur* oder *Recuerdo* zu spielen. Wir, das heißt Gloria; auf einmal scheint die gleichgestimmte Gloria ergriffener als ich, auf einmal wagt sie auszusprechen, was ich denke und verschweige, auf einmal steht sie auf, während ich sitzen bleibe, weil mir ist, als klebten meine Beine an den Steinen.

Ab diesem Augenblick stehen unsere Chancen nicht mehr gleich. Verwundert sieht der Bandoneonspieler zu der jungen Frau auf, die bettelt, er möge weiterspielen, notfalls die ganze Nacht, die ihn anlacht und ihren Namen nennt und ihm den Weg zu dem Haus erklärt, in dem sie wohnt – noch wohnt, denn sie hat vor, in die Stadt zu gehen, weil sie einen Beruf erlernen möchte, vor allem aber, weil sie sich in Quemú Quemú zu Tode langweilt.

Ich spüre, wie es mir bei jedem ihrer Worte die Kehle weiter zuschnürt, ich kann kaum atmen, ich könnte nicht einmal meinen Namen oder den einer Straße oder eines Tangos sagen, wenn er mich danach fragen würde. Aber er fragt nichts. Er läßt das Bandoneon auf seinen Knien wieder auseinanderfallen, seine Finger liegen schon auf den Knöpfen bereit, um ihr, Gloria, zum Gefallen *Recuerdo* oder *Sur* anzustimmen, um ihr Zerstreuung zu bieten, damit sie sich nicht langweilt, nicht in die Stadt geht.

Vielleicht hätte ich meine Geschichte besser beim Ende begonnen, bei der Situation, wie sie jetzt ist, fast zehn Jahre nach jenem

Sommerabend auf dem kleinen Platz. Ich würde mich sicherer fühlen. Ich würde andere Worte und einen anderen Ton wählen. Ich würde die Rolle der Musik abschwächen und auch die Gefühle, die zur Heirat der einen und zum Weggang der anderen geführt haben; zu unser beider Ernüchterung. Aber der Ton ist bereits vorgegeben, die arglosen Worte haben sich bereits aufgedrängt, und die Gefühle sind unentrinnbar intensiv.

Gloria und ich sind in denselben Mann verliebt. Wir träumen beide, wir sind ein Bandoneon und lassen uns hingebungsvoll spielen, wir fallen auseinander und klappen zu, wir jauchzen, klagen. Aber wir bringen jede einen ganz anderen Tango hervor.

Auch in der Wirklichkeit. Dem Mann, in den wir beide so sehr verliebt sind, daß wir an den gleichen Körperstellen Schmerz empfinden, ist *eine* verliebte Frau genug. Ihm genügt *eine* Frau, die seine Fingerspitzen küßt, bevor er Samstag- und Sonntagabends auf den kleinen Platz geht, die seinen Koffer bewacht und ihm die Knie streichelt, bevor er das Instrument vorsichtig daraufstellt und es zärtlich umfaßt.

Ich bin eifersüchtig auf diese eine Frau, und diese eine Frau ist eifersüchtig auf das Instrument. Das sagt sie mir erst am Ende des Sommers, als ich von meiner Flucht in die Stadt zurückgekehrt bin und ihr zufällig auf dem Reitweg zum Horizont hin begegne; wir sind beide in eine Wolke aus aufgewirbeltem Sand gehüllt.

»Dieses verfluchte Bandoneon«, sind ihre ersten Worte, nachdem wir unsere Pferde zum Stehen gebracht haben, »dieses verfluchte Bandoneon treibt uns auseinander.«

Sie wischt sich mit dem Arm den Schweiß und die Verwirrung vom Gesicht.

»Er ist davon besessen, so besessen, wie es nur eine Frau wert ist. Wenn er die Augen zumacht, weiß ich, woran er denkt. Wenn er mit sich selber redet, weiß ich, was er sagt. Wenn er im Schlaf lacht, weiß ich, wer ihn glücklich macht.«

Die Sonne steht genau über uns. Mein Pferd beginnt sich aufzubäumen, weil es von dem anderen Pferd weg will oder von einer Bremse gestochen worden ist. Nur mit Mühe halte ich es im Zaum. Auch das ihre ist unruhig. Ist es von der gleichen Bremse gestochen worden? Sie klopft ihm auf die Flanken und hört erst damit auf, als ich sie frage, ob sie ihn liebe, den Mann, der mir – aber das sage ich ihr nicht – den Schlaf raubt und mich zu einer Umherirrenden macht.

Sie liebt ihn so sehr, daß sie sein Bandoneon entzweibrechen, es auseinanderreißen möchte, aber ihr fehlt die Kraft dazu. Sie liebt ihn so sehr, daß sie nicht nur seinen Körper, sondern auch seine Gedanken, sein Gehör, sein Gedächtnis, die zärtlichste Zärtlichkeit seiner Fingerspitzen will. Lieber noch hätte ich ihn mit dir geteilt, sagt sie mit verächtlichem Lachen, als mit dem Instrument, das jede Nacht an seinem Kopfende steht; lieber wäre es mir, eine andere Frau läge zwischen uns im Bett.

Was hat die Liebe mit ihr gemacht?

Wieder bäumt mein Pferd sich auf, aber ich beruhige es mit Worten, die nichts bedeuten: »Was hat die Liebe mit einer Frau vor?« Auch zu ihr sage ich bedeutungslose Worte: »Ach komm, reg dich nicht auf, es ist die Sonne, die Hitze bringt deine Gefühle durcheinander«, und kurz darauf sage ich noch: »Nicht das Bandoneon, sondern die Pampa mußt du verfluchen, es ist die Leere, die Eifersucht hervorruft, es ist das Nichts.«

Wir begegnen einander jeden Tag, überall. Da ist kein Bewuchs, der uns schützt, da ist keine Mauer, die uns trennt, keine Ruine, hinter der wir uns verschanzen können. Nur die Nacht macht ein Entkommen möglich, die mondlose Nacht und – in einer Tagesreise Entfernung – die Stadt.

Und jetzt denkt Gloria an diesem brütendheißen Tag an ein Kind. Sie will ein Kind von dem Bandoneonspieler, weil sie ihn selbst nicht hat. Säße ich auf meinem Pferd, würde meine Unruhe sich auf das Tier übertragen und es würde davontraben, aber ich gehe zu Fuß die Hauptstraße entlang, als sie mich mit ihrer Sehnsucht hinterrücks angreift, überwältigt und zu einer Bank im Schatten drängt. Sie will ein Kind, das sie nachts wach hält. Sie will ein Kind, mit dem sie spielen und das sie in den Armen halten kann, zu dem sie hineilen kann, wenn sie es verzweifelt oder hungrig weinen hört, und seine Wiege möglichst nahe an ihr Kopfende schieben. Sie will das Kind, weil sie mit leeren Händen lebt.

Was hat die Liebe mit dir gemacht, will ich sie fragen, was macht der Bandoneonspieler mit dir, aber ich beiße mir auf die Lippen. Ich will, daß es Nacht wird, daß der Mond wie ein Stein in die Sümpfe sinkt, damit alle Unterschiede verschwimmen und der Mann auf dem kleinen Platz *Volver* oder *María* spielt, während ich ihm zu Füßen auf den warmen Steinplatten sitze und seinen Koffer bewache.

»Es ist die Pampa, die eifersüchtig macht«, sage ich auch heute zu ihr, »je leerer eine Landschaft, desto mehr Liebe will man«, aber Gloria hört und sieht mich nicht mehr, sie sagt immer wieder vor sich hin: »Ich liebe ihn, nur ihn, nicht was zu ihm gehört, nicht was ihn glücklich macht.«

Sie verbrennt das Bandoneon in der Woche, als er ein paar Weiler entfernt bei der Schafschur hilft und Ochsen wiegt. Sie entgeht seiner Raserei, indem sie unmittelbar vor seiner Rückkehr dorthin reist, wo jeder Verzweifelte aus Quemú Quemú Zuflucht sucht.

Vielleicht hätte ich besser mit dem Ende begonnen, mit der Situation, wie sie jetzt ist. In der Geschichte, die ich erzählen möchte, geht es um mich selbst, so hätte mein Anfang lauten müssen. Ich bin mit einem Bandoneonspieler verheiratet, der kein Bandoneon mehr hat und auch keines mehr will, weil er weiß, daß er die Gabe besitzt, mit seinem Spiel bei Frauen eine zerstörerische Sehnsucht wachzurufen und bei Männern, selbst bei mitleidlosen Schlächtern, Heimweh nach dem, was vorbei ist oder niemals kommt oder verloren ging. Ich liebe ihn, aber ich weiß, daß meine Liebe den Mangel, den er leidet, nicht ausgleichen kann, und auch unser Kind hebt sein Gefühl der Unvollkommenheit nicht auf. Unser Viehbestand wächst. Seine Handinnenflächen werden härter, aber meine Haut hat sich daran gewöhnt. Am Kopfende unseres Bettes liegen auf meiner Seite Pillen für einen traumlosen Schlaf, auf seiner Seite steht eine Flasche. Ich liebe meinen in sich gekehrten Mann, aber so oft ich kann, trabe ich mit meinem Pferd über die Ebene, und dann schreie ich alles heraus, ich schreie, bis ich keine Stimme mehr habe und die Worte in meine Kehle zurückrutschen. Einmal im Monat überlassen wir unsere Ochsen dem Knecht und fahren in die Stadt, wo meine Jugendfreundin Gloria wohnt und wo ein Tangoorchester in voller Besetzung spielt. In solch einer Nacht verliere ich ihn, obwohl wir beieinanderbleiben, obwohl er meine Hand nicht losläßt. Erst wenn wir in die Stille von Quemú Quemú und zu der Sicht ringsum zurückkehren, finde ich ihn wieder, aber ich weiß, daß er eine andere Stille hört und am Horizont eine andere Luftspiegelung sieht.

Aus dem Niederländischen
von Eva Schweikart

Lars Saabye Christensen

Der eifersüchtige Friseur

Seit Jahren hatte sich Bent bei Frank die Haare schneiden lassen, in Franks Salon. Seit er neunundzwanzig Jahre alt war und sich in diesem Viertel der Stadt niedergelassen hatte, war er dorthin gegangen, immer am letzten Freitag jedes zweiten Monats. Immer dauerte es ungefähr eine Stunde, obwohl er einen pflegeleichten Kopf hatte, dessen Instandhaltung auch mit den Jahren nicht schwieriger wurde, eher im Gegenteil. Jetzt war Bent fast vierundvierzig Jahre alt, und wenn er nachrechnete, würde er zu dem Ergebnis kommen, daß er fast hundert Stunden in Franks Friseurstuhl verbracht hatte. Dennoch konnte er sich nicht daran erinnern, daß sie jemals wirklich miteinander gesprochen hätten, abgesehen von einigen Äußerungen über die Wettervorhersage, wenn sie vollkommen daneben gelegen hatte, über ein Sportereignis von Rang oder über einen Politiker, der zu weit gegangen war, in der einen oder anderen Richtung. Nicht einmal über sein Haar sprachen sie viel, denn Frank wußte, wie Bent es haben wollte, seit dem ersten Freitag, als er in den Salon getreten war, vor fast fünfzehn Jahren: Bent hängte seine Jacke an den Garderobenständer neben der Tür, nahm auf dem Stuhl Platz, wurde ein paar Stufen hochgepumpt, bekam den Umhang umgehängt und den kleinen, steifen Papierkragen um den Hals gewickelt, fühlte Franks sanfte Finger an den Schläfen und ließ ihn beginnen, ohne daß einer von ihnen ein Wort gesagt hätte. Denn Frank schnitt die Haare gern in aller Ruhe, und auch Bent legte darauf Wert. Vielleicht kam er letztendlich gerade deshalb immer wieder hierher zurück, weil er nicht reden mußte und so keine Dinge von sich gab, die er hinterher bereute, zum Beispiel etwas über seinen Job. Weil er nicht auf alle möglichen Fragen antworten oder überhaupt Rede und Antwort stehen mußte, während er sich gleichzeitig in dem alten, trüben Spiegel sah, der so freundlich zu seinem Gesicht war, und die raschen Schnitte der Schere um seinen Kopf herum hörte, das leise Summen des Rasierapparats im Nacken und zum Schluß das Lachen der weichen Bürste den Hals hinunter. Das war die Sprache des Friseurs. Das war das einzige, stete Gespräch des Salons: der Dialekt des Haars.

Nach all diesen Jahren wußten sie wenig oder eigentlich gar nichts voneinander. Und das war vielleicht am besten so. Bent wohnte allein, in einer Zweizimmerwohnung, drei Stockwerke über einem Laden, der rund um die Uhr geöffnet hatte. Es kam vor, daß er gegen Mitternacht, wenn er nicht schlafen konnte, runterging, sich vier Stück Schmalzgebäck bei dem Mädchen kaufte, das meistens dort bediente, Susie hieß sie, das stand auf ihrem Namensschild, und sich ein Video auslieh, mit Mia Farrow. Aber das half selten. Die Filme waren weder einschläfernd noch aufregend genug. Statt dessen nahm er zu, langsam ging er in die Breite, bis ihm die meisten Sachen ziemlich eng wurden. Bent war Krankenträger im Rikshospital. Er hatte noch keinen einzigen Tag gefehlt.

Wenn er an seinem Stubenfenster stand, konnte er auf den Friseursalon hinunterschauen. Oft blieb Frank bis spätabends im Geschäft. Er fegte die Haare vom Boden auf und trug sie in den Hinterraum, er wusch die Kämme in blauem Wasser, reinigte den Rasierapparat, ordnete die alten Zeitschriften, die alle schon seit langem gelesen waren, oder schrieb kleine Schilder, die er am nächsten Tag an die Tür hängen konnte: *Rentnerhaarschnitt zum halben Preis.* Ab und zu blieb Frank mehrere Stunden lang einfach nur im Friseurstuhl sitzen, ohne jede Beschäftigung, fast als schliefe er. Dann sah Bent lieber nicht mehr hin. Dann ging Bent in die Küche, setzte sich und trank Kaffee. Aber er hätte Frank gern dabei zugeschaut, wie er sich selbst die Haare schnitt.

Frank war ein magerer, ordentlicher Mann Mitte Fünfzig. Er hatte den Salon von seinem Vater übernommen, einem früheren Oslomeister seines Fachs, der sich auf der Höhe seines Ruhms zurückgezogen hatte und nur drei Wochen später starb. Aber der Pokal stand immer noch in einer Glasvitrine neben den Spiegeln. Und dem Sohn, Frank, war es gelungen, die ganzen Jahre über durchzuhalten, während neue Friseure, mit Namen wie *Hairport, Agaton Sax* und *Spaghetti* an allen Ecken aus dem Boden schossen und das Viertel fast überschwemmten. Und Frank hatte es geschafft, dank eines kleinen, aber treuen Kundenkreises, der im großen und ganzen aus Männern mittleren Alters bestand, die an die Phantasie nur bescheidene Ansprüche stellten, wenn es um die Frisur ging. Das waren Männer, die sich, wenn sie überhaupt etwas sagten, mit den Worten begnügten: »Wie immer, an den Ohren etwas kürzer.« Und wenn es auf die Sommerferien zuging, konnten sie sich eventuell zu einem ganzen Satz hinreißen lassen: »Ich glaube, diesmal sollten wir es besonders gründlich machen, Frank.« Dann sagte Frank mit seiner leicht verletzten und gleichzeitig überlegenen Stimme, an die sich die wenigsten wirklich gewöhnen konnten, die sie jedoch dennoch in Kauf nahmen, weil sie ja mit ihren schütteren Strähnen und hohen Schläfen nirgendwo besser aufgehoben waren als hier: »Ich weiß schon. Setz dich nur hin.« Wenn man es genau betrachtete, war alles, was sie sagten, in einem Wort zusammengefaßt: *stutzen,* das entscheidende Wort in ihrem Leben.

So waren die Jahre vergangen, und so liefen sie immer weiter, keine jähen Kurven, keine Katastrophen, kein Jubel. Es gab im Leben einige Holperschwellen, und die Zeit war ein blauer Kamm, der jeden Morgen voller Haare war. Sie wurden älter, achteten aber kaum auf sich selbst. Sie suchten sich ihre Spiegel sorgfältig aus, sie entschieden sich für Franks Spiegel. Das einzige, was sich ihrer Meinung nach verändert hatte, war die Stadt, in der sie wohnten. Immer wieder kam es vor, daß sie eines schönen Morgens einen neuen Imbiß entdeckten, und bevor sie ins Bett gingen, gab es noch eine Reklametafel, die mit ihren grünen, abgehackten Buchstaben über der Straßenbahnhaltestelle leuchtete, ganz zu schweigen von den neuen Friseuren mit ihren modernen Namen, die dort einzogen, wo vorher ein Lebensmittelladen, ein Eisenwarenhändler oder ein Kurzwarengeschäft gewesen war. Das verwirrte sie, sie lagen wach und heimatlos da, selbst in ihren Träumen, aber sie konnten bei diesen Veränderungen auch einen jähen Anflug von Glück empfinden, wie ein Lachen im Kopf, denn es wurde ihnen mit einem Mal und mit großer Macht klar, daß sie selbst der einzige sichere Haltepunkt in ihrem Leben waren.

Und wenn der Wecker klingelte, standen sie sofort auf, sie hatten ja doch geschlafen, und vielleicht nahmen sie die Haare aus dem Kamm, denn es kam vor, daß sich einer im Schlaf gekämmt hatte.

Sie sahen einander nie, abgesehen von den Momenten in der Tür zu Franks Salon.

Es war der letzte Freitag im November, in Franks Monat. Alles war naß und matschig, und der Regen konnte jeden Moment in Schnee übergehen. Bent war auf dem Heimweg. Er ging die breite, hell erleuchtete Einkaufsstraße entlang, die vom Zentrum in seinen Stadtteil führte. Es war eine ziemliche Plackerei bei der Arbeit gewesen, nicht schlimmer als sonst, was die Anzahl der Fahrten in den Kühlraum betraf, aber einer der Neuen, ein junger Student, hatte den Flur vollgekotzt, er hatte direkt an die Wand gespuckt, war dann zusammengebrochen und hatte geheult. Sie schoben ein Kind. Bent war all diese Aushilfen leid, die kamen und gingen. Es war nicht so, wie es sein sollte, das war nicht in Ordnung so. Aber er schimpfte nicht, er versuchte stattdessen zu trösten und sagte, daß es früher oder später vorbeigehen würde. Er selbst hatte einmal dagehockt und sich übergeben. Es dauerte eine Weile, sich an einen Zettel um den weißen Fuß eines Kindes zu gewöhnen.

Jetzt wartete Bent, an der Kreuzung bei der Straßenbahnhaltestelle, auf grünes Licht. Er wollte auf die andere Seite. Er wollte in den Windschatten kommen. Der Regen war zu Schneeregen geworden, lag schwer auf Schultern und Händen. Da sah er zu seiner Überraschung, daß er einen Schatten warf, einen scharfen Schatten schräg auf die Straße. Er drehte sich um und wurde von dem starken weißen Licht des *Spaghetti* geblendet, dem neuesten der Friseure im Viertel. Und plötzlich faßte Bent einen Entschluß. Er ging dorthin, ins *Spaghetti.* Hinterher konnte er nicht erklären, warum er das getan hatte. Er tat es einfach. Er lenkte seine Schritte in eine andere Richtung. Er hätte zu den naheliegenden Ausreden Zuflucht suchen können, daß es auf der Arbeit ziemlich hart gewesen war, daß er aus dem Gleichgewicht gekommen war, jedenfalls nicht so recht im Lot war, denn Hand aufs Herz, wer kann sich schon an einen Zettel gewöhnen, der am rechten Fuß eines Kindes hängt, und an den kalten Lufthauch, der so eine Erinnerung unauslöschlich versiegelt? Aber nicht deshalb sah Bent es jetzt seine Jacke hinuntertropfen, sah, daß es auf den gekachelten Boden, der wie ein riesiges Schachbrett wirkte, tröpfelte und daß sich im Laufe der wenigen Sekunden, die er erst hier drinnen stand, ein See um seine Schuhe gebildet hatte.

Da stand er, ein Mann aus dem Schneeregen, in *Spaghettis* scharfem Lichtschein. Die Gerüche waren anders, satt, gefüllt mit einer fremden Schwere, fast wie auf einer Reise. Bent strich sich schnell mit der Hand über die Stirn und schaute sich um. Hier gab es Männer und Frauen, die saßen bunt durcheinander auf ganz normalen Stühlen, vor hohen Spiegeln, die er nicht wiedererkannte. Er hörte Musik, einen monotonen, hämmernden Rhythmus, der ihn an das Aggregat im Keller des Krankenhauses und an schlaflose Nächte denken ließ. Es schien, als würde er plötzlich erwachen. Hier konnte er nicht bleiben. Er mußte wieder hinaus, er mußte weg von hier, es war ein Irrtum, er sollte woanders hin, er mußte gehen. Das Licht draußen wechselte, Bent sah hinter grauen Schneeregenstreifen das grüne Leuchten wie eine kranke Flamme ganz im Inneren eines toten Fernsehbildschirms, wenn der Film, zum Beispiel mit Mia Farrow, schon lange zu Ende ist. Er kehrte um. Er war bereits auf dem Weg. Da kam ein junger Mann, eigentlich ein Junge, in karierter Hose, fast wie der Fußboden, auf ihn zu:

»Hei, wie heißt du?«

»Bent«, sagte Bent.

»Hast du einen Termin?«

»Nein. Tut mir leid. Ich will gerade gehen. Tut mir leid.«

Der Junge musterte ihn langsam, schaute lange auf den See um seine Schuhe, hielt mit einem Lächeln ganz oben beim Haaransatz inne.

»Wir werden dich schon dazwischenschmuggeln, Bent. Viele Absagen, weißt du. Das Wetter. Schreckliches Wetter, um rauszugehen. Nicht wahr?«

»Ich kann ein andermal wiederkommen. Tut mir leid.«

Der Junge faßte ihn beim Arm.

»Dir braucht gar nichts leid zu tun. Setz dich nur, Bent. Ist schon in Ordnung.«

Der Junge half ihm aus der Jacke, und Bent wurde auf einem Stuhl plaziert, einem ganz gewöhnlichen Stuhl, vor dem Spiegel, dessen Blick zu erwidern er sich kaum traute. Auf beiden Seiten von ihm saßen Damen, eigentlich waren es wohl eher Mädchen, Schulmädchen, so sündhaft jung, und ließen sich ihre Frisur fürs Wochenende richten. Das sieht nicht aus wie ein Friseursalon, dachte Bent, das sieht aus wie ein Theater, so muß es im Theater hinter der Bühne sein. Haare wurden verlängert, Haare wurden gesengt, Haare wurden gefärbt. Hier machte man alles mit Haaren, außer sie zu schneiden.

Bent faltete die Hände und schloß die Augen, und eine alte Angst machte sich in ihm breit, wie er sie von seinem ersten Tag in der Stadt kannte. Das war im Juni gewesen, als er im Ostbahn-Bahnhof aus dem Zug gestiegen war, nach zwei Tagen Fahrt, und dastand, allein, auf dem Bahnsteig, in einer anderen Welt, mit einem braunen Koffer, allem, was er besaß, und dem massiven Gewicht der Erwartungen in der anderen Hand, dem Schatten, dem er nicht entkommen konnte; ganz zu schweigen von seiner ersten Schicht, als er einen Ferienjob im Rikshospital bekommen hatte, da lag er auf allen vieren vor dem Kühlraum und schluchzte, pißte sich in die Hose, schiß, kotzte. Dann das Lachen hinterher oben in der Kantine, der bleibt nicht lange, hatten sie gesagt, eine Woche höchstens. Aber Bent blieb am längsten von allen. Er war in die Stadt gekommen, um eine Banklehre zu machen, blieb aber statt dessen im Krankenhaus hängen, in der Tiefe, in den Katakomben und dem Kühlraum. Bent war die Aushilfe, die blieb. Er wohnte in einem Zimmer im Zentrum, verkaufte seine Lehrbücher an ein Antiquariat und hatte es nicht weit bis zu seinem Job. Dann zog er in die Wohnung über dem Laden und ließ sich bei Frank die Haare schneiden. Er fuhr nie wieder nach Hause.

Der Junge legte Bent einen schwarzen Umhang um, stellte sich hinter ihn und hob ein ganz klein wenig seinen Kopf.

»Ist es lange her, seit du beim Friseur warst?«

»Nein, ich habe sie mir schneiden ...«

Der Junge unterbrach ihn.

»Beim Friseur, meine ich. Ist es lange her, seit du bei einem *Friseur* warst?«

»Zwei Monate. Warum?«

»Ach, nur so. Ich habe nur über was nachgedacht, weißt du. Wie willst du es haben, Bent?«

»Normal.«

Jetzt gab es keinen Weg mehr zurück. Jetzt hatte es bereits begonnen. Er sah sich selbst im Spiegel. Er war fetter geworden, als er gedacht hatte. Er mußte aufhören, sich die Filme mit Mia Farrow anzugucken.

»Normal«, wiederholte der Junge. »Normal?«

Die anderen Friseure blickten zu ihnen herüber, die Kunden auch, die Schulmädchen, lachten sie jetzt? Nein, Bent konnte nicht feststellen, ob sie lachten, sie guckten nur, ganz schnell, bevor sie sich wieder ihrem eigenen Blick zuwandten und sich durch die Spiegel als Vermittler miteinander unterhielten.

»Ja«, sagte Bent. »Ich dachte, so wie jetzt, nur ein bißchen kürzer.«

So viel hatte er noch nie zu Frank gesagt, und dieser plötzliche Gedanke an Frank machte ihn unruhig, versetzte ihm fast einen Schock. Jetzt wartete Frank in seinem Salon, hatte schon angefangen, auf die Uhr zu gucken, denn es war schon halb fünf, während Bent hier saß, unter fremden Händen. Was mache ich nur? dachte er. Was habe ich gemacht? Die Finger des Jungen drückten gegen seine Schläfen.

»Jetzt müssen wir aber den Kopf ein bißchen stillhalten. Damit ich Ruhe beim Arbeiten habe.«

»Tut mir leid.«

Der Junge blieb hinter ihm stehen, in Gedanken versunken, wie es aussah, während er einen Finger durch Bents feuchtes Haar gleiten ließ.

»Das hört sich ja richtig langweilig an«, sagte er schließlich. »Normal, meine ich.«

Und da sagte Bent etwas, von dem er nie gedacht hatte, daß er es je sagen würde:

»Mach, was du willst.«

Der Junge hob die Hand und deutete in die Luft, als hätte er nicht ganz verstanden, was er da gehört hatte. Kurz darauf lächelte er und schnipste laut mit den Fingern.

»Das wirst du nicht bereuen, Bent!«

Der Junge drückte Bents Ohren an den Kopf und betrachtete ihn ganz genau.

»Sollen wir die Koteletten stehenlassen oder nicht?«

Bent schaute schnell in den Spiegel. Dorthin sprach man.

»Die Koteletten?«

»Den Backenbart, Bent. Sollen wir den Backenbart stehenlassen oder nicht?«

Der Junge ließ die Ohren wieder zurückschnellen. Er glaubte sicher immer noch nicht, daß er richtig gehört hatte.

»Mach, was du willst«, wiederholte Bent.

Es dauerte nicht so lange wie bei Frank, aber er mußte das Doppelte bezahlen. Der Junge gab ihm auch noch seine Visitenkarte mit, er würde gern die Sache weiterverfolgen, wie er sagte, sowie eine Shampooprobe.

Als Bent nach draußen kam, war es, als hätte er einen neuen Kopf. Die Ampel schaltete auf Rot um. Der Schneeregen fiel weiter. An der nächsten Kreuzung gelang es ihm, ein Taxi zu erwischen, das ihn direkt nach Hause brachte. Als sie an Franks Salon vorbeikamen, mußte er sich die Schnürsenkel zubinden. Er hätte es nicht ertragen, jetzt gesehen zu werden. Glücklicherweise sagte der Fahrer nichts, schaute ihn nur ab und zu im Rückspiegel an. Bent bezahlte und lief in den Laden, legte Milch, Brot, eine Zeitschrift und ein halbes Hähnchen in den Korb und trug diesen zum Tresen.

Susie starrte ihn an, während sie die Waren eintippte.

»Du siehst ja gut aus«, sagte sie.

Bent kratzte sich an der Stirn.

»Findest du?«

»Sonst hätte ich es wohl nicht gesagt, oder?«

»Nein, wahrscheinlich nicht.«

Susie gab ihm die Tüte mit den Waren, und noch einmal starrte sie ihn ganz offen direkt an, nicht in die Augen, sondern ein bißchen höher.

»Wirklich! Ich habe gesagt, daß du gut aussiehst. Viel besser als sonst.«

»Ja, danke. Vielen Dank.«

Bent ging zur Tür. Da rief Susie etwas hinter ihm her. Er drehte sich zu ihr um. Plötzlich sagte sie nichts mehr. Bent wurde nervös.

»Was ist denn?«

»Die Filme. Du hast vergessen, die Filme abzugeben.«

»Ich werde sie runterbringen.«

Susie nahm einen Karamelbonbon aus der Schale auf dem Tresen und schob ihn in den Mund.

»Nicht, daß es Probleme macht. Sonst fragt sowieso niemand nach denen. Aber es wird schließlich teuer.«

»Da brauchst du nicht dran zu denken.«

»Tu ich ja eigentlich auch nicht. Sind die lustig, die Filme?«

Bent zuckte mit den Achseln.

»Jedenfalls schläft man nicht ein bei ihnen.«

Susie lachte.

»Hört sich ja wahnsinnig spannend an.«

Und zum zweiten Mal an diesem Tag sagte Bent etwas, von dem er nie gedacht hatte, daß er es jemals sagen würde:

»Wir können sie uns ja einen Abend mal zusammen angucken. Wenn du willst, meine ich.«

Susie lehnte sich gegen den Tresen und lutschte langsam ihren Bonbon. Es war bis dort, wo Bent stand, zu hören.

»Vielleicht. Wenn sie nicht langweilig sind, meine ich.«

Bent trat in den Hauseingang, keine Post, nur ein Reklamezettel mit dem Weihnachtsangebot vom Schlachter. Er nahm den Fahrstuhl in den zweiten Stock. Eine Nachbarin war am Müllschlucker beschäftigt. Sie schaute Bent kurz an und widmete sich dann wieder ihren Sachen. Es roch irgendwie verdorben, Fisch oder vielleicht eine Dose Katzenfutter. Bent schloß auf, stellte die Tüte mit den Einkäufen in die Küche und ging ins Bad. Dort blieb er stehen, lange, im Halbdunkel, vor dem Spiegel. Es rauschte in den Rohren, die Gedärme des Gebäudes, das Rumoren des Freitags. Sein Gesicht wirkte kleiner, schmaler. Jetzt muß ich aber abnehmen, dachte er. Der Rest des Körpers paßt nicht zum Gesicht. Schluß mit Schmalzgebäck des Nachts. Er legte eine Hand auf den Kopf. Glatt, so fühlte es sich an, ganz glatt. Er roch an seinen Fingern. Das erinnerte ihn an etwas, aber er wußte nicht, an was. Ein Urlaub, den er verpaßt hatte, ein Geschenk, das er nie ausgepackt hatte, ein Stück Obst vielleicht. Er wusch sich die Hände und stellte die kleine Flasche mit dem Shampoo in den Medizinschrank.

Dann schlich er wieder durch die Wohnung, machte das Licht aus und linste durch die Gardinen. Er konnte niemanden dort unten, in Franks Salon, sehen. Das Fenster war dunkel. Es hingen auch keine handgeschriebenen Plakate an der Tür mit Angeboten für die Rentner des Viertels. Bent wurde unruhig. Er aß das Hähnchen kalt, mußte die harte, zähe Haut abziehen und wegwerfen. Solche Dinge waren es, die stinkend liegenblieben, wenn man nicht aufpaßte, die Knochen auch, diese dünnen Hähnchenknochen, der Brustknochen. Das Senfglas war leer. Er spülte es unter kochendem Wasser aus und kratzte das Etikett ab. Er schaute sich die Nachrichten an, konnte sich aber nicht darauf konzentrieren, was er sah, erinnerte sich nicht einmal daran, wie das Wetter werden sollte oder welcher Meteorologe es war. Die Filme lagen auf einem Stapel neben dem Fernseher. Er sortierte sie so, daß der oben lag, den er am liebsten mochte, oder von dem er annahm, daß Susie aus dem Laden ihn am liebsten sehen würde, wenn sie beide den gleichen Geschmack hätten, falls sie ihn nun beim Wort nahm und ihn besuchen kam.

Er mußte wieder ins Badezimmer, drückte seine Ohren an den Kopf, dann wirkte er noch schmaler im Gesicht. Viel schöner als vorher, hatte sie gesagt. Er fuhr sich mit dem Kamm durchs Haar, nach hinten, das war nicht einfach, als würde er die Hand mit gespreizten Fingern durchs Wasser ziehen. Hinterher untersuchte er den Kamm bei besserem Licht. Er konnte nichts sehen. Dann ging er in die Küche, um Kaffee zu kochen. Die Dienstpläne hingen am Kühlschrank, er war morgen dran, acht Uhr. Das störte Bent nicht, die Wochenenddienste, die die Aushilfen um alles in der Welt zu umgehen versuchten, obwohl sie doch extra Geld bedeuteten. Die Wochenenden waren schön. An den Wochenenden gab es meistens ein paar ruhigere Stunden, als arbeite der Tod nur von Montag bis Freitag, als hätte der Tod feste Bürozeiten und Tarifvereinbarungen. »Engelwacht« nannten sie die Wochenenden. Er legte die Visitenkarte des Friseurs in den Korb zu der anderen Reklame und nahm den Kessel vom Herd.

Da klingelte das Telefon.

Er stellte den Kessel hin und lief in die Stube. Niemand rief hier an. Er wartete. Es klingelte weiter. Er riß den Hörer ab.

»Bent? Bist du krank?«

Das war Frank.

Bent mußte sich setzen. Er nahm den Hörer in die andere Hand und atmete so leise er konnte.

»Krank? Nein, ich bin nicht krank.«

Jetzt hatte er es gesagt. Jetzt war diese Lüge schon nicht mehr zu gebrauchen.

»Du bist nicht gekommen«, sagte Frank.

»Bei der Arbeit ist es später geworden. Ich mußte einen zweiten Dienst übernehmen.«

»Ich habe lange auf dich gewartet, Bent.«

»Tut mir leid. Wirklich. Ich hätte Bescheid sagen sollen.«

»Du kannst gern jetzt kommen.«

»Jetzt? Wie meinst du das?«

»Daß du gern jetzt noch kommen kannst. Ich bin hier.«

Bent reckte sich zum Fenster, so weit die Leitung reichte, und schaute hinaus. Unten in Franks Salon schien ein blaues Licht. Er konnte Frank sehen. Er saß im mittleren Friseurstuhl mit dem

Rücken zu ihm, ein drahtloses Telefon am Ohr. Er hatte die weiße Jacke an, mit allen Kämmen und einer glänzenden Schere in der Brusttasche. Er machte eine jähe Bewegung, und der Stuhl drehte sich langsam herum. Bent schob die Gardine an ihren Platz und zog sich zurück. Er konnte Frank leise lachen hören. »Ich dachte, du wärst nicht zu Hause«, sagte er. »Es ist so dunkel bei dir.«

»Ich bin noch nicht dazu gekommen, Licht anzumachen.«

Es wurde wieder still.

»Kommst du?«

»Soll ich nicht lieber nächsten Monat kommen? Vielleicht am Freitag nächsten Monat.«

Bent hörte Franks schweren Atem, etwas fiel zu Boden und ging kaputt. Er traute sich nicht nachzusehen, was es war.

»Nächsten Monat? Im Dezember?«

»Ja. Am letzten Freitag im Dezember. Geht das?«

Frank lachte wieder, ein merkwürdiges Lachen, als hätte er etwas in den Hals bekommen.

»Das kann ja wohl nicht gehen.«

»Warum nicht?«

»Warum nicht? Warum kannst du nicht jetzt kommen? Ich bin hier.«

»Ich bin müde.«

»Bist du ganz sicher, daß du nicht krank bist?«

»Ich bin einfach erschöpft. Der Job. Wir mußten heute ein Kind wegbringen. Zwei Kinder.«

Bent hörte es sich sagen. Er sank auf den Sessel. Zum dritten Mal heute, dachte er, verplappere ich mich. Zwei Dinge, von denen er nie gedacht hatte, daß er sie sagen würde, und eine Sache, die er nie hätte sagen sollen. Er wollte es zurückziehen. Er wollte es dementieren. Nur die Aushilfen sprachen über die Toten.

»Ich bin müde«, wiederholte er. »Das Wetter.«

»Du kannst morgen kommen.«

»Am Samstag? Da hast du doch geschlossen.«

»Ich lasse für dich offen.«

Bent wurde immer kleiner auf dem Sessel.

»Morgen muß ich auch arbeiten. Zwei Schichten.«

»Ach. Gibt's so viel zu tun?«

»Ich weiß nicht, wann ich nach Hause komme. Es gibt immer so viel zu tun.«

Lange Zeit sagte Frank nichts.

»Ich bin jetzt hier«, sagte er schließlich. »Nur daß du das weißt.«

Frank legte auf. Bent blieb mit dem Hörer in der Hand sitzen, dann legte er ihn vorsichtig auf seinen Platz, als hätte er Angst, jemanden zu wecken. Er wagte es nicht, zum Fenster zu gehen. Er wagte es nicht, Licht anzumachen. Statt dessen ging er ins Badezimmer, zog sich aus und duschte, wusch sich die Haare, nicht mit dem neuen Shampoo, das ließ er stehen, sondern mit der alten Seife, die er die ganzen Jahre hindurch benutzt hatte. Er schrubbte seine Kopfhaut, fest, so fest er konnte. Er zitterte unter dem dünnen, ungleichmäßigen Strahl, der zu klein für seinen Körper geworden war, wie ein Scheinwerfer, dem es nicht gelang, den ganzen Mann zu erleuchten, nur jeweils einzelne Partien: die Hände, den Bauch, die Schultern, die Knie. Er sah, wie das Wasser in einem schwarzen Wirbel Haare mit in den Abfluß zog.

Dann versuchte Bent, sich einen Film anzusehen, den untersten im Stapel, konnte der Handlung aber nicht so recht folgen. Es waren zu viele Darsteller, und er verstand nicht, wer was machte und warum sie es machten. Nach einer Viertelstunde gab er auf, kontrollierte, ob die Herdplatte auch abgestellt war, die Tür geschlossen und ging dann ins Bett.

Er konnte nicht einschlafen. Das war ihm schon klar. Das Laken rutschte unter ihm. Der fremde Geruch seines eigenen Kopfs war jetzt noch stärker geworden, als hätte er sich über seinen ganzen Körper verteilt, als er duschte. Es war, als läge er an einem anderen Ort, in einem anderen Bett, in einem Hotelzimmer, in dem gerade eben jemand aufgestanden war und sein fetter Schatten eine Delle in der Matratze hinterlassen hatte. Die Geräusche von der Straße waren deutlich zu hören: Rufe, Musik, Motoren, etwas, das zerbrach, eine Flasche oder ein Fenster. Dann war alles still, fast, es wurde nie ganz still.

Und Bent wachte mit einem Ruck auf. Es hatte geklingelt. Es klingelte noch einmal. Er stürzte ans Telefon. Es war nach Mitternacht. Er streckte die Hand aus. Es hörte nicht auf zu klingeln. Er nahm ab.

»Bent Samuelsen?« fragte eine Stimme, ein Mann.

Das war nicht Frank, das war jemand anders, eine fremde Stimme. Das war sicher nur jemand, der sich verwählt hatte, dachte Bent, ein Besoffener. Aber es konnte kein Irrtum sein, jemand hatte gerade eben seinen Namen gesagt, seinen ganzen Namen. Bestimmt war jemand gestorben, sicher sein Vater, und jemand rief Bent an, um es ihm zu erzählen, der Pfarrer, der zuständige Polizist, ein Nachbar, sicher der Nachbar aus dem weißen Haus hinter dem Bootshaus, wo sie immer am Wasser gespielt hatten.

»Ja«, sagte Bent, fast ungeduldig. »Ja?«

»Wir sind enttäuscht von dir.«

»Was?«

»Wir sind enttäuscht von dir, Bent.«

»Mit wem rede ich?«

»Wir haben einen gemeinsamen Freund. Über den Ohren kurz.«

Und Bent begriff, daß es einer von Franks Kunden war, das mußte einer von Franks Kunden sein, einer von denen, die er vielleicht einmal auf dem Weg hinein oder hinaus getroffen hatte, dem er die Tür offengehalten hatte, ihm zugenickt, ihn gegrüßt, mit dem er aber nie ein Wort gewechselt hatte. Bent schleppte sich zum Fenster. Unten im Salon war es dunkel, nur das schwache blaue Licht über dem Spiegel, wie in einem großen, leeren Aquarium.

»Was willst du?« flüsterte Bent.

»Was willst *du*? Das ist die Frage.«

Bent spürte mit einem Mal, wie er langsam wütend wurde. Er konnte nicht mehr stillstehen. Etwas stieg in ihm auf, eine Wut, eine gewaltige Wut. Das war schon lange nicht mehr vorgekommen. Fast war es ein gutes Gefühl. Er hätte etwas zertrümmern können.

»Du hast mich aufgeweckt!« rief er.

»Du hast die Frage nicht beantwortet.«

»Und du meine nicht! Was willst du von mir?«

Er hörte Atmen am anderen Ende, irgendwo an einem anderen Ort in dieser Stadt, im gleichen Stadtteil, vielleicht in der gleichen Straße. Etwas fiel, ein Glas, eine Tasse, etwas, das auslief.

»Hast du jetzt Angst?« fragte der Fremde.

»Angst? Was meinst du damit?«

Ein leises, dünnes Lachen kam zuerst.

»Findest du dich jetzt irgendwie schön? Hä? Schöner als uns?«

Bent antwortete nicht. Er fror an den Füßen. Es zog am Fußboden, vom Eingang her. Eine Sirene durchschnitt die Stadt, der Unfallwagen, jemand hatte einen anderen kurz vor der Sperrstunde zusammengeschlagen. Ein Hund bellte in einer Wohnung drunter oder drüber.

»Scheißkerl«, sagte Bent. »Verfluchter Scheißkerl!«

Er hörte ein Klicken in der Leitung, einen Piepston, als wäre die Sirene vom Telefonnetz aufgefangen worden und würde sich jetzt in alle Richtungen verteilen. Dann war die Stimme wieder da.

»Wir müssen auf Frank aufpassen. Das ist alles, was ich zu sagen habe. Wir müssen auf Frank aufpassen.«

Die Verbindung wurde unterbrochen. Bent ließ den Hörer fallen, er berührte knapp den Boden. So ließ er ihn hängen. Er trat gegen ihn. Der Hörer schlug gegen die Wand. Aufgeregt ging er hinaus in die Küche. Jetzt kann ich nicht wieder einschlafen, dachte er, jetzt kann ich auf keinen Fall wieder einschlafen. Er durchsuchte die Speisekammer, den Kühlschrank. Aber ich habe es gesagt, Scheißkerl, verfluchter Scheißkerl, er konnte auch stärkere Worte benutzen, jawohl, Worte, die er fast vergessen hatte, ihm war die Zunge nicht eingetrocknet, wenn die Situation einen Kraftausdruck erforderte. Er spuckte ins Spülbecken. Dann fand er endlich, wonach er gesucht hatte, ganz hinten im Brotkasten, ein Stück Schmalzgebäck. Er setzte sich an den Küchentisch und aß es langsam. Das Schmalzgebäck war hart und eingetrocknet. Das machte nichts. Er aß es, es wurde in seinem Mund zu dickem Staub. Er trank ein Glas Wasser, das schmeckte nach Senf, dann ging er wieder ins Bett.

Dort blieb er liegen, wach und ängstlich. Erst jetzt kam die Angst, er spürte sie wie ein schweres Senkblei im Bauch, die Kehrseite der Aufregung und Wut: die Angst. Er war ausgeschert. Er hatte ihn enttäuscht, diesen Kreis stummer Männer, dem er selbst angehörte. Franks treue Kunden. Er hatte sie lächerlich gemacht, an einem Freitag im November, und er hatte es aus einer Eingebung heraus getan, ohne Plan, ohne Ziel. Er hatte sie zum Narren gehalten. Bent zerrte an der Bettdecke. Er brannte. Er preßte das Gesicht ins Kissen. Dann kam er doch noch, der Schlaf, er träumte irgend etwas von Susie, sie wartete auf ihn, während er alle Filme zurückspulte, aber die Bänder stoppten nie, sie drehten sich in einem fort in den Kassetten. Er träumte von den Muscheln am Ufer, die sie nach den Tieren auf dem Hof benannten. Kuh, Schaf, Ziege, die Venusmuschel war die Kuh, die Katze war blau, und er träumte vom schwarzen Auge des Abflusses, das Haare und Haut in sich sog. Der Schlaf war wie eine Kette der Sehkraft, die an einem neuen Morgen festrostete.

Bent wachte in einem anderen Licht auf. Verwundert stand er

auf, in einem anderen Licht. Er zog sich seinen Morgenmantel über und ging ans Fenster, sah hinaus: Winter. Er hätte es gern gesehen, gern genau in dem Moment zugesehen, als der Schneeregen zu Schnee wurde, von Grau in Weiß umschlug, von dem Schweren ins Leichte überging. Aber er hatte nicht einmal mitbekommen, daß der Regen aufgehört hatte, obwohl er mitten in ihm gestanden und das Gewicht der feuchten Kälte auf den Schultern gespürt hatte.

Jetzt konnte er Fußspuren sehen, die über den Gehsteig verliefen, von Franks Salon über die Straße in den Laden. Jemand war schon dort gewesen. Bent drehte sich schnell um. Der Telefonhörer hing zu Boden, schaukelte ganz leicht, wie ein langsames Pendel. Die Uhr zeigte halb acht. Er legte den Hörer auf seinen Platz, nahm ihn gleich wieder auf. Er hörte den Freiton. Er rief im Rikshospital an und sagte, er sei krank, er könne nicht kommen, er sei krank, im Magen, nähere Informationen morgen, er sei krank, ansteckend, wahrscheinlich ansteckend. Er legte auf. Er blieb so stehen, außer Atem, als erwartete er, daß sie sofort zurückrufen und ihn entlarven würden. Jetzt hatte er es gemacht. Jetzt konnte er nicht noch einmal anrufen und sagen, daß er bereits wieder gesund sei und damit die Lüge mit einer halben Wahrheit verdoppeln. Warum gab es nichts, was Notwahrheit hieß? Das war das erste Mal, daß er bei der Arbeit fehlte. Die Toten mußten sich heute mit einer längeren Wartezeit abfinden. Die Toten waren in der Minderheit. Die Toten hatten nichts zu sagen.

Er setzte Kaffee auf und schnitt sich eine Scheibe Brot ab. Er hatte keinen Hunger und ließ sie liegen. Er fegte die Krümel vom Tisch, legte das Messer in die Schublade. Der Winter blendete ihn. Das Weiße zwängte sich überall hinein, der Schnee, das verwitterte Licht, er ging ins Bad und betrachtete sich im Spiegel. Doch, er mußte wirklich abnehmen, das nächtliche Schmalzgebäck war das letzte gewesen. Die Proportionen stimmten nicht, er war ein großes Å mit einem viel zu kleinen

Kreis drauf, einem Punkt nur. Er mußte ein i werden, es war an der Zeit, ein ganz gewöhnliches i zu werden, das nachts schlief und nicht statt dessen Schmalzgebäck aß. Er fuhr sich mit den Fingern durchs Haar. Das war jetzt nicht glatt, sondern trocken, trocken und steif. Er schaute sich seine Hände an, von denen es rieselte.

In dem Moment klingelte es. Jemand klingelte bei Bent Samuelsen. Es war lange her seit dem letzten Mal, und da waren es die Zeugen Jehovas gewesen. Er eilte in den Flur, blieb stehen. Wenn es nun Susie war? Und er in dem häßlichen Morgenmantel, mit nackten Füßen, gerade erst aufgestanden, am ersten Tag des Winters? Wie würde das aussehen. Er konnte nicht anders, er mußte öffnen. Bent öffnete die Tür. Es war nicht Susie. Es war Frank. Frank stand mit zwei vollen Plastiktüten aus dem Laden da und starrte ihn an.

»Willst du mich nicht hereinbitten?«

Bent trat zur Seite und ließ ihn vorbei. Frank stellte die Tüten auf den Boden, zog sich Schuhe und Mantel aus und drehte sich zu ihm um. Frank starrte auf Bents Stirn, versuchte zu lächeln.

»Du kannst ehrlich zu mir sein, Bent.«

»Ja? Was meinst du damit?«

»Kennen wir uns denn nicht schon eine ganze Weile?«

Bent antwortete nicht. Die Tür fiel zu. Franks Blick war überall. Franks Blick ruhte auf ihm.

»Stimmt das nicht? Kennen wir uns nicht schon ziemlich lange?«

»Doch«, nickte Bent.

»Fünfzehn Jahre. Sind es nicht fünfzehn Jahre?«

»Ich glaube schon. Fünfzehn Jahre.«

Frank kam näher. Frank war kurz davor, ihn zu berühren.

»Du bist doch krank. Warum hast du dann gesagt, du wärst nicht krank?«

»Ich bin nicht krank.«

»Ich habe eben bei deiner Arbeit angerufen. Die haben mir gesagt, daß du nicht da bist. Sie haben gesagt, du bist krank.«

Bent wurde angst und bange.

»Hast du im Krankenhaus angerufen? Warum hast du im Krankenhaus angerufen?«

»Ich habe mir Sorgen um dich gemacht, Bent.«

Frank hob die Plastiktüten hoch und lächelte wieder.

»Ich habe ein paar Kleinigkeiten für dich eingekauft. Soll ich sie in die Küche bringen?«

Bent holte tief Luft.

»Ja. In die Küche. Mach das.«

Frank trat einen Schritt zurück und starrte ihn erneut an, schüttelte lange den Kopf, so daß kein Zweifel aufkommen konnte.

»Du siehst wirklich schlecht aus. Das muß ich sagen.«

»Das ist nicht so wichtig.«

»Und ich habe gedacht, du würdest nur blaumachen.«

Frank lachte plötzlich laut auf. Bent schaute empört woanders hin.

»Ich mache nicht blau.«

»Viele tun das. Es gibt viele, die das tun.«

Frank pfiff die Melodie aus einer alten Fernsehserie, während er in die Küche ging und Milch und Aufschnitt in den Kühlschrank stellte, das Brot in den Brotkasten legte und zum Schluß lächelnd eine große Papiertüte auf den Tisch warf.

Bent stand in der Türöffnung.

»Schmalzgebäck«, sagte Frank.

Bent sagte gar nichts.

»Wie ich gehört habe, magst du Schmalzgebäck, oder?«

Bent nickte. Frank nahm ein Stück aus der Tüte und gab es ihm. Es war ganz frisch und noch warm. Dennoch wuchs es im Mund wie ein Pilz. Bent schluckte und schluckte. Franks Blick umkreiste ihn die ganze Zeit. Franks Augen ließen ihn nicht entkommen.

»Willst du mir nicht den Rest der Wohnung zeigen?«

Sie gingen wieder in die Stube. Frank strich mit dem Finger am Bücherregal entlang, schaute sich ein Foto von Bents Eltern an, aufgenommen an dem Tag, bevor er von daheim fortfuhr, hob einige Wochenzeitschriften auf, die neben dem Fernseher auf dem Boden lagen.

»Kann ich die haben, Bent?«

»Ja.«

»Und du bist dir sicher, daß du sie schon gelesen hast?«

»Ja. Ich habe sie gelesen.«

»Ganz sicher? Ich will sie nicht haben, wenn du sie noch nicht fertig gelesen hast.«

»Ich habe sie fertig gelesen. Nimm sie nur.«

Frank stopfte die Zeitschriften in eine der leeren Tüten.

»Früher hatte der Salon ein Abonnement auf die Zeitschriften *Allers, Hjemmet* und auf die *Aftenposten.* Das lohnt sich nicht mehr.«

Frank seufzte und stellte sich ans Fenster, blinzelte zwischen den Gardinen hindurch.

»Eine schöne Aussicht«, sagte er. »Lustig, meinen Salon von hier aus zu sehen. Von oben hineingucken zu können.«

Frank blieb dort stehen, den Rücken Bent zugewandt, ohne zu reden, vor all dem Weiß wie ein schmaler Schatten. Die Gardinen wellten sich leicht zu seinen beiden Seiten.

Jetzt gehe ich, dachte Bent. Jetzt gehe ich und lasse ihn hier stehen, und ich komme erst wieder zurück, wenn er weg ist.

Frank begann zu reden, leise.

»Manchmal habe ich meinen Vater begleitet. Als ich noch ein Junge war. Als der Schnitt drei Kronen kostete und alle Gel und Pomade haben wollten. Ich saß auf einem Hocker in der Ecke und durfte kein Wort sagen. Vater vertrug es nicht, bei der Arbeit gestört zu werden. Aber eines Tages schlief ich ein. Ich schlief ein und fiel vom Hocker. Vater zuckte so zusammen, daß er einem

Kunden das halbe Ohrläppchen abschnitt. Das Blut rann. Meine Güte, wieviel Blut das war. Aber der Kunde kam wieder. Nächsten Monat saß er wieder auf seinem Platz auf dem Stuhl, und das Ohr war verheilt. Hast du jemals Grund gehabt, dich über mich zu beklagen, Bent?«

»Nein.«

»Warst du jemals unzufrieden mit der Art, wie ich meine Arbeit mache?«

»Nie. Niemals, Frank.«

Frank drehte sich Bent zu, der ganze Mann gebeugt.

»Ich schaffe es nicht mehr sehr lange.«

»Was meinst du?«

»Nun ja, wir werden alle nicht jünger mit den Jahren. Bald sind wir alle Rentner und bezahlen nur noch den halben Preis. Es ist sicher das beste, aufzuhören, solange das Spiel noch läuft.«

»Das ist doch nicht dein Ernst?« fragte Bent.

»Ob das mein Ernst ist? Natürlich ist das mein Ernst. Ich habe drei Stühle, benutze aber nur einen. Es wäre doch genauso gut, wenn ihr zu mir nach Hause kämt, dann könnte ich euch, einem nach dem anderen, die Haare in der Küche schneiden.«

»Die Rentner können auch den vollen Preis bezahlen«, sagte Bent. »Wie alle anderen.«

Frank lachte plötzlich und schlug sich gegen die Stirn.

»Hier stehe ich und plage dich mit meinen Problemchen. Als hättest du nicht genug selbst zu bedenken.«

Bent wurde unruhig. Frank wandte den Blick nicht von ihm ab.

»Wieviel bin ich dir schuldig?« fragte Bent. »Für den Einkauf?«

»Darum brauchst du dir keine Gedanken zu machen. Leg dich lieber ins Bett und werde wieder gesund. Soll ich dir einen Tee kochen?«

»Das ist nicht notwendig.«

»Na gut. Ich dachte ja nur.«

»Danke«, murmelte Bent. »Vielen Dank.«

Frank ging zum Fernsehapparat und packte alle Videofilme mit Mia Farrow in die Plastiktüte zu den Zeitschriften. Bent hätte ihn am liebsten zurückgehalten.

»Ich weiß, wovon ich rede«, sagte Frank. »Das kostet ja ein Vermögen, sie auszuleihen, wenn du sie einfach nur so liegen läßt.«

Und Bent ließ ihn machen. Er sah, wie Frank einen Film nach dem anderen in die Plastiktüte legte und sie in den Flur mit hinausnahm. Dort zog er sich Mantel und die Schuhe an, und als er sich wieder aufrichtete, starrte er Bent von neuem an, mit diesem Blick, der ihn gefangennahm.

»Du kannst kommen, wenn es dir paßt. Ich bin sowieso da.«

Frank öffnete die Tür, zögerte, als wäre er kurz davor, es sich doch noch anders zu überlegen und umzukehren.

»Was ich noch sagen wollte«, sagte er. »Gute Besserung.«

Frank ging. Bent eilte zum Fenster, und nach einer Weile sah er Frank in den Laden gehen. Als er wieder herauskam, hatte er nur noch die Zeitschriften in der Hand. Er überquerte schräg die Straße und schloß den Salon auf. Dort knipste er die Deckenbeleuchtung an, verschwand für einige Minuten, offensichtlich im Hinterzimmer, dann war er wieder da, in der weißen Jacke, mit Vaters goldenem Abzeichen am Revers. Er setzte sich in den Frisierstuhl, in den in der Mitte, drehte ihn herum, blieb so sitzen und schaute zu Bents Fenster hinauf.

Bent ließ die Gardine fallen und wich zurück. So blieb er stehen, unbeweglich, bis er anfing zu frieren. So still war es ihm noch nie vorgekommen, der Schnee war ein Schalldämpfer. Er schlich sich in die Küche, aß Schmalzgebäck, so leise er konnte. Aber er kam nicht zur Ruhe. Er zerriß die Visitenkarte von *Spaghetti* und warf sie in den Mülleimer. Er konnte bereits einen leichten Verwesungsgeruch von den Hähnchenresten feststellen.

Er schlug die Schranktür wieder zu und erschrak über seinen eigenen Lärm.

Er mußte wieder ans Fenster. Frank saß dort unten, starrte zu ihm hinauf. Bent hielt es nicht länger aus. Er zog sich an, nahm den Fahrstuhl nach unten, das weiße Licht stach ihm in die Augen, als er nach draußen trat. Er mußte sein Gesicht einige Sekunden mit den Händen schützen. Dann lief er über die Straße und betrat Franks Salon.

Frank stand auf, zupfte seine Jacke ein wenig zurecht, lächelte.

»Ich wußte, daß du kommen würdest«, sagte er.

»Ja. Ich bin doch noch gekommen.«

»Du frierst doch nicht, Bent?«

»Nein, es geht mir schon besser. Wollen wir anfangen?«

»Da ist nur etwas, das ich dir vorher noch zeigen will.«

Bent ging mit Frank ins Hinterzimmer. Dort stand eine Reihe schwarzer Müllsäcke, alle waren voll, an die Wand gelehnt, und auf jeden der Säcke war eine unterschiedliche Jahreszahl geschrieben, die zurück bis 1974 reichte, wie Bent sehen konnte.

»Mein Lebenswerk«, sagte Frank leise.

Bent begriff nicht so recht, was Frank damit meinte. Er wäre am liebsten wieder gegangen.

»Was ist das?«

»Ich konnte es doch nicht einfach wegwerfen, oder?«

Frank kippte einen der Säcke um und leerte ihn auf dem Boden aus. Haare. Es waren Haare, eine Welle von Haaren, die herumwirbelte, bevor sie langsam zur Ruhe kam.

»1982«, sagte Frank. »Erkennst du deine wieder?«

Er begann in den Haaren zu waten, hob einige Büschel auf und betrachtete sie genauer.

»Ich denke, daß wir sie hier haben.«

Frank schaute Bent an.

»Du bist seitdem etwas grauer geworden. Aber sonst hältst du dich gut.«

Frank lachte, klatschte in die Hände, und eine Wolke von Haaren schwebte um ihn herum.

»Nun gut, laß uns jetzt lieber sehen, daß wir anfangen.«

Sie gingen zurück in den Salon. Bent setzte sich auf den mittleren Stuhl. Frank pumpte ihn ein paar Takte hoch, legte ihm den Umhang um und stopfte den Papierkragen an Ort und Stelle. Dann stellte er sich hinter Bent, holte die Schere aus der Brusttasche, schnippte schnell in der Luft und blieb so stehen, die glänzende Schere in der Hand, als wäre ihm etwas in den Sinn gekommen. Er schob sie wieder in die Tasche und holte statt dessen den Rasierapparat. Bent schloß die Augen, hörte das Summen, nahe am Ohr, ganz nahe. Er fühlte es im Nacken ziepen, die Scherblätter, die ein wenig an der Haut rissen. Frank beugte seinen Kopf nach vorn, dann schob er den Rasierapparat, langsam und ruhig, durchs Haar, bis nach vorn zur Stirn.

Bent riß die Augen auf und sah sich selbst im Spiegel, in dem alten, matten Spiegel, der mehr ausradierte, als er zeigte, und er konnte seine Kopfhaut sehen, der dünne, holprige Schädel kam zum Vorschein, die zarte weiße Haut um das, was er war. Frank legte seine Hand darauf, auf den nackten Kopf, während der Rasierapparat in seiner anderen Hand weitersummte.

Bent spürte eine jähe Übelkeit. Er wand sich. Er wollte aufstehen. Aber Frank hielt ihn zurück.

»Sind wir jetzt wieder Freunde?« fragte Frank.

Aus dem Norwegischen
von Christel Hildebrandt

Philippe Delerm

Eigentlich könnten wir sogar draußen essen

Das »eigentlich« ist wichtig und außerdem der Konjunktiv. Erst mal denkst du, das wäre ja verrückt. Es ist gerade erst Anfang März, die ganze Woche nichts als Regen, Wind und Graupelschauer. Und jetzt das. Seit dem Morgen scheint die Sonne, mit milder Intensität, ruhiger Kraft. Das Mittagessen ist fertig, der Tisch gedeckt. Aber sogar drinnen ist alles verändert. Das halb geöffnete Fenster, von draußen Gesumme, etwas Leichtes, Schwebendes.

»Eigentlich könnten wir sogar draußen essen.« Der Satz kommt immer in demselben Moment, genau bevor man sich an den Tisch setzt, als es schon zu spät scheint, die Planung umzustoßen, der Salat steht schon da. Zu spät? Die Zukunft wird sein, was ihr daraus macht. Vielleicht seid ihr ja verrückt genug, einfach hinauszurennen, in rasender Eile den Gartentisch abzuwischen, Pullover herbeizuschaffen, die Hilfe in nützliche Bahnen zu leiten, die jeder mit linkischer Begeisterung leisten will, um dann im Weg zu stehen. Oder ihr begnügt euch doch damit, im Warmen zu essen – die Stühle sind zu naß, das Gras ist so hoch …

Aber egal. Was zählt, ist der Augenblick dieses kurzen Satzes. Eigentlich könnten wir … Das Leben im Konjunktiv: schön, wie früher in den Kinderspielen, »Was wäre, wenn …« Ein erfundenes Leben, das sich zu den Gewißheiten querstellt. Ein ganzes neues Leben in Reichweite, diese Frische. Ein bescheiden spinnerter Einfall, dank dessen die häuslichen Riten versetzt genossen werden können. Ein kleiner Hauch maßvoller Verrücktheit, der alles ändert, ohne etwas zu verändern.

Manchmal sagt man: »Eigentlich hätten wir sogar …« Das ist der traurige Satz der Erwachsenen, deren Büchse der Pandora nur noch rückwärtsgewandte Sehnsüchte bereithält. Doch gibt es Tage, an denen es dir gelingt, den Tag zu pflücken, genau im schwebenden Augenblick der Möglichkeiten, im fragilen Augenblick eines ehrlichen Zögerns, wenn das Zünglein an der Waage nicht schon von vornherein in eine Richtung gestoßen wird. Es gibt Tage, da könnte man eigentlich.

Aus dem Französischen
von Hinrich Schmidt-Henkel

Rebecca Wells

Abhärtung

(Siddalee, 1963)

Was ich bei den Pfadfinderinnen auf den Tod nicht leiden kann, ist diese Uniform. Sie betont meine größten Schwachpunkte – dicke Arme und kurze Beine. Mama tut, was sie kann, um diese triste graugrüne Aufmachung etwas aufzumöbeln, aber ich werde dann höchstens mit einer Mitteilung nach Hause geschickt, dieser glitzernde Modeschmuck, den sie mir angesteckt hat, sei gegen die Vorschriften.

Der einzige Grund, warum ich mich überhaupt den Girl Scouts angeschlossen habe, waren diese Verdienstabzeichen. Ich träumte davon, daß kein anderes Mädchen in ganz Zentrallouisiana mehr von diesen Dingern besitzen sollte als ich. Die Schärpe meiner Uniform sollte so schwer von Abzeichen sein, daß sie mir beim Gehen regelrecht von der Schulter rutschte. Dann würde niemand daran zweifeln können, wie großartig ich war. Wenn ich an den Müttern vorbeiging, die in ihren Kombis vor dem Gemeindesaal warteten, sollten sie vor Bewunderung den Kopf schütteln und sich zuraunen: »Wie um alles in der Welt schafft dieses Kind das! Diese Siddalee Walker ist so eine *außergewöhnlich tüchtige* Pfadfinderin.«

Immer wieder gehe ich die Checklisten im *Handbuch für Girl Scouts* durch, wo aufgeführt ist, was man für welche Leistung bekommt. Ich habe bis jetzt acht Abzeichen. Mehr als M'lain Chauvin, die andauernd versucht, mich in allem zu übertrumpfen. Ich muß dieses Mädchen im Auge behalten. Sie ist eine meiner besten Freundinnen, und wir konkurrieren in allem miteinander, von Musikstunden bis zu Manieren am Telefon.

Ich war gerade so schön dabei, ein Abzeichen nach dem anderen einzuheimsen, als unsere Gruppenführerin ganz unerwartet gleich nach den Weihnachtsferien zurücktrat. Angeblich hielt sie den Streß mit uns nicht mehr aus. Sie sagte uns das nicht einmal persönlich, sondern schickte einfach eine Mitteilung an die obersten Häuptlinge und sagte unsere Gruppentreffen ab, bis sich jemand finden würde, der sich zutraute, es mit uns aufzunehmen.

Aus heiterem Himmel beschlossen Mama und Necie Ogden, die Sache selbst in die Hand zu nehmen und unsere Gruppenführerinnen zu werden. Ich traute meinen Ohren nicht. Seit ihrem fünften Lebensjahr waren Mama und Necie dicke Freundinnen. Zusammen mit Caro und Teensy bilden sie die »Ya-Yas«. Die Ya-Yas trinken Bourbon mit Wasser und gehen zusammen einkaufen. Jeden Donnerstag spielen sie den ganzen Tag lang *Bourrée,* das ist ein mörderisches Louisiana-Poker. Wenn man die richtigen Karten hat, brüllt man ganz laut *»Bourrée!«*, knallt das Blatt auf den Tisch und genehmigt sich einen weiteren Drink. Die Ya-Yas haben alle fast zur gleichen Zeit Kinder bekommen, aber dann hörte Necie mit dem Kinderkriegen nicht mehr auf, bis sie ein paar mehr als die anderen hatte. Ihr gemeinsames Idol ist Tallulah Bankhead, und sie sagen zu allen möglichen Leuten »Schätzchen«, genau wie Tallulah. Ihre Lieblingssängerinnen sind Judy Garland oder Barbra Streisand, je nachdem, wie sie gelaunt sind. Alle Ya-Yas singen gern. Einmal, als sie noch auf der High-School waren, mußten die Ya-Yas sogar vorübergehend ins Gefängnis, weil sie etwas ausgefressen hatten, aber Mama will mir nicht sagen, was es war, weil ich es angeblich noch nicht verstehe.

Necie besorgt sich wenigstens die korrekte Uniform einer Gruppenführerin der Girl Scouts. Mama dagegen läßt nichts an ihre Haut, das nur im entferntesten an eine Pfadfinderinnenuniform erinnert. Sie sagt, diese Dinger würden vom multinationalen Altweiberkonzern hergestellt, und wenn die im Vorstand weiter auf diesen entsetzlichen Uniformen bestehen, dann sollten sie besser nicht mehr von weiblichen Pfadfindern reden, sondern von geschlechtslosen.

Mama hat ein paar Entwürfe für eine neue Girl-Scout-Uniform gezeichnet, die ihrer Ansicht nach *viel kleidsamer* als die alte ist. Aber keiner im Vorstand hat ihr überhaupt zugehört. Und deshalb erscheint sie jetzt zu allen Treffen in ihren berühmten orangenen Stretchhosen und diesen übergroßen Monsterpullovern.

Die erste offizielle Amtshandlung von Mama und Necie ist die vollständige Abschaffung der Verdienstabzeichen, weil wir damit, laut Mama, wie kleine Soldaten aussehen.

Immer wenn ich mich darüber beklage, daß ich gerade in der Phase kaltgestellt wurde, in der ich mein Abzeichen für »Kochen für Fortgeschrittene« bekommen sollte, sagt Mama bloß: »Sei still, Kindchen. Gib nie zu, daß du irgendwas vom Kochen verstehst, sonst wird es später im Leben gegen dich verwendet.«

Bei unseren Gruppentreffen arbeiten wir jetzt nicht mehr an unseren Abzeichen für perfekte Gastlichkeit, Musik und Nähen, nein, wir müssen uns mit Literatur beschäftigen. Wir müssen Gedichte von James Whitcomb Riley und Carl Sandburg auswendig lernen, und Mama bringt uns bei, wie wir sie vortragen sollen. Sie sagt: »Du mußt deutlich sprechen, Schätzchen! Du mußt diese Worte fühlen können! Fühle sie! Bring diese Worte mit Liebe über deine Lippen!«

Alle meine guten Freundinnen schauen mich bedeutungsvoll an, als wollten sie sagen: O Gott, wir haben gar nicht gewußt, daß deine Mutter eine Verrückte ist. Ich lüge dann einfach und erzähle ihnen, daß Mama früher als Schauspielerin am Broadway aufgetreten ist. Dabei trat sie in Wirklichkeit, damals in diesem

Jahr in New York, nur bei Modeschauen für einen Hutsalon auf, bis sie von der Einsamkeit genug hatte, nach Hause zurückfuhr und Daddy heiratete.

Unser alljährliches Pfadfindercamp findet immer kurz nach Ostern statt. Ich fürchte mich schon jetzt davor. Zur Zeit lese ich gerade ein wirklich hervorragendes Buch mit dem Titel *Judy's Journey.* Es handelt von einem Mädchen, das genauso alt ist wie ich. Sie und ihre ganze Familie sind Wanderarbeiter. Sie müssen dauernd herumziehen und leben von der Hand in den Mund. Judy arbeitet auf dem Feld und beklagt sich nie. Sie ist tapfer und arbeitet fleißig und alle anderen Wanderarbeiterkinder mögen sie. Ihr Vater spielt Mundharmonika und ihre Mutter ist sehr lieb und hat so eine ruhige Art. Ungefähr fünfzigmal am Tag habe ich diesen Tagtraum und stelle mir vor, ich wäre sie. Ich würde alles dafür geben, wenn ich einfach in meinem Zimmer bleiben und in Ruhe dieses Buch zu Ende lesen könnte, statt an diesem idiotischen Lager teilzunehmen, aber manche Dinge muß man eben mitmachen, ob man nun will oder nicht. Sonst verbaut man sich ein für allemal sämtliche Gelegenheiten, sich bei den anderen beliebt zu machen.

Wenn man beliebt sein möchte, muß man rechtzeitig anfangen, etwas dafür zu tun. Mama stand während ihrer Schulzeit unglaublich hoch im Kurs. Sie wurde zur beliebtesten Mitschülerin gewählt, war die Anführerin der Cheerleader, Kapitän des Frauentennisteams und stellvertretende Herausgeberin des Schülerjahrbuchs. Alle an der High-School von Thornton kannten sie. Sie sagte *hallo!* zu allen Mitschülern, die ihr über den Weg liefen, obwohl es ihr manchmal zuviel wurde. Sie arbeitete hart für ihre Popularität, aber nur so konnte sie sich ihr gutes Image aufbauen. Mama weiß, welche Spielregeln man beachten muß, um bei den anderen gut anzukommen, und sie verrät sie mir, damit ich nicht eines Tages als Mauerblümchen dastehe.

Ganz früh an einem Samstagmorgen brechen wir zum Camp Mary Alice auf. Es liegt ungefähr zwanzig Meilen von Thornton entfernt, umgeben von Kiefernwäldern. Das Lager wurde nach dieser berühmten Pfadfinderin aus Louisiana benannt, die ihr ganzes Leben den Girl Scouts opferte. Es besteht aus dem Hauptgebäude, einer Blockhütte mit einem riesigen offenen Kamin an der Stirnseite, langen Tischen in der Mitte und einer großen Küche an der gegenüberliegenden Seite. Und ganz in der Nähe, am Waldrand, gibt es eine Hütte mit Moskitonetzen vor den Fenstern und Etagenbetten, in denen wir schlafen.

Gleich nach der Ankunft fährt Necie mit ihrem Country-Squire-Kombi beim Zurücksetzen den Fahnenmast an und knickt ihn um. Ich bin gerade in der Hütte dabei, meinen Schlafsack auseinanderzurollen, da höre ich so einen Krach. Ich stürze hinaus und da – eine Handbreit über dem Boden – flappt doch tatsächlich die Fahne der Girl Scouts träge im Wind! Gleich daneben die Flagge von Louisiana mit der Pelikanmama, die ihre Jungen füttert, und dann auch noch unsere amerikanische Staatsflagge!

Mama liegt am Boden, strampelt mit den Beinen und windet sich in einem Lachanfall. »Tooty!« ruft sie, »hör auf! Ich mach mir in die Hosen!«

»Tooty« ist der Spitzname, den die Ya-Yas Necie gegeben haben. Alle Pfadfinderinnen laufen wie aufgeschreckte Hühner hin und her und kreischen: »Sidda, wieso sagt deine Mutter ›Tooty‹ zu Mrs. Ogden? Wieso macht sich deine Mutter in die Hosen?«

Ich habe ja gleich gewußt, daß etwas passieren würde. Man kann mit Mama nirgendwohin gehen, ohne daß es Scherereien gibt. Und sollte doch einmal wider Erwarten alles glattgehen, dann *denkt sie sich etwas aus,* damit ein bißchen Abwechslung hineinkommt. Manchmal, wenn wir in der Stadt beim Einkaufen sind und alles ganz normal läuft, dann steckt sie plötzlich die Finger in den Mund und läßt den lautesten, durchdringendsten

Pfiff los, den man je gehört hat. Jeder zuckt natürlich erschrocken zusammen und hört abrupt mit dem auf, was er gerade macht, und verrenkt sich den Hals, um zu sehen, wo denn der Lärm herkommt. Und Mama, die bückt sich bloß und tut so, als würde sie gerade ein paar Schuhe anschauen. Dann richtet sie sich auf und schaut ebenso fragend und verwirrt in der Gegend herum wie alle anderen. Aber später, wenn wir wieder im Auto sitzen, biegt sie sich vor Lachen und sagt: »Habt ihr das gesehen, wie ich diese alten Tanten wachgerüttelt hab?«

Und das ist nur einer ihrer vielen Scherze.

Necie sitzt im Wagen und kann sich ebenfalls vor Lachen nicht mehr halten. Mama rappelt sich schließlich hoch und geht rüber zu Necie, und dabei bewegt sie sich wie Red Skelton.

Sie sagt: »Gut gemacht, Schätzchen. Bist eine richtige Ya-Ya!«

Necie sagt: »Vivi, verdammt, seit wann haben denn die hier einen Fahnenmast stehen?« Und dann prusten sie schon wieder los, und Mama zündet für sie beide Zigaretten an.

Ich stehe ein bißchen abseits hinter einer der großen Weihrauchkiefern und hoffe inständig, daß Mama mich nicht entdeckt, aber da ruft sie auch schon: »Sidda, Schätzchen, geh und hol mir meine Nagelfeile aus der Tasche. Mir ist ein Fingernagel abgebrochen.«

Das ist ja großartig, denk ich mir. Das kann ja was werden, ein famoses Lager mit meiner famosen Mutter. Wenn es nach mir ginge, sollte sie wie ein dürres Blatt vom Wind davongeblasen werden. Unmittelbar darauf spreche ich schnell ein kleines Gebet, damit ich wegen dieser sündhaften Gedanken meiner eigenen Mutter gegenüber später nicht in der Hölle schmoren muß. Wenn man beliebt und gleichzeitig ein guter Katholik sein will, kann einem das ganz schön zusetzen. Nie im Leben wird Mama das mit dem Pfadfinderlager schaffen. Sie mag es zwar fertigbringen, sich jeden Mittwochnachmittag bei unseren Gruppentreffen in der Gemeindehalle für eine Stunde lang einigermaßen normal zu benehmen, aber ein ganzes Wochenende lang normal und nüchtern auftreten zu wollen, das sind zweierlei Stiefel.

Also, was machen unsere beiden großen Anführerinnen? Sie spazieren einfach von diesem Kombi und dem umgeknickten Fahnenmast weg, als wäre überhaupt nichts passiert, und gehen mit uns auf diese große Wanderung.

Nun, ich persönlich hasse Wanderungen, weil ich dabei immer so schnaufen muß. Und dann würde ich, ehrlich gesagt, die großartige Natur lieber einfach betrachten, als mich in ihr bewegen. Aber ich trotte dahin, so schnell ich kann, um mit M'lain und Sissy Schritt zu halten, die ihre Ladybughemden in den Hosenbund gesteckt haben. Beide halten hübsche Spazierstöcke in den Händen, die sie unterwegs gefunden haben, und sie tragen ihr Haar zu Schwänzchen hochgebunden, und überhaupt wirkt alles an ihnen sehr adrett.

Man muß die soziale Struktur von Trupp 55 kennen. Da gibt es:

1. Die beliebten Mädchen. Das sind M'lain und Sissy, und vielleicht Mimi Plauché. Und ich auch, wenn ich einen guten Tag habe und nichts falsch mache.
2. Die beinahe beliebten Mädchen. Sie geben sich wirklich alle Mühe, aber sie schaffen es nie ganz. Ihre Anführerin zum Beispiel ist Rena Litz, deren Vater der Geschäftsführer des ersten K-Mart-Kaufhauses in Zentrallouisiana ist. Sie trägt immer die allerneuesten Kleider, aber die sind so was von billig, und sie redet wie die Leute in Ohio, als ob ihre Nase ständig verstopft sei.
3. Die unbeliebten Mädchen. Immerhin kommen die gut miteinander aus. Und
4. Edythe Spevey.

Edythe Spevey ist eine Klasse für sich. Sie hat so eine Art Krähengesicht und einen Mordsrüssel, garniert mit Pickeln, und ihre Haare sind so fettig, daß man den Fußboden mit ihrem Kopf wachsen könnte, sagt M'lain. (Fettige Haare sind das Schlimmste, was man an der katholischen Privatschule von Our Lady of Divine Compassion haben kann. Wenn man fettige Haare hat, dann legt man sich am besten gleich hin und stirbt, damit man es hinter sich hat.) Und – um dem noch eins draufzugeben – Edythe trägt eine billige, spitz zulaufende Brille und Schuhe, bei denen das Leder schon ganz faltig ist. Sie sieht wie ein Waisenkind aus, obwohl sie, wie wir wissen, eine Mutter hat, die fett ist und Näharbeiten annimmt. Letztes Jahr zu Weihnachten zum Beispiel hatte ihre Mutter ein besonderes festliches Kleid für Edythe geschneidert, aus grünem Filz, das wie ein Christbaum aussehen sollte. Sie trug es bei der Weihnachtsfeier der katholischen Jugend, und an das Ding waren tatsächlich so kleine Kugeln angenäht, die ständig abfielen, und jedesmal, wenn sie sich bückte, um eine aufzuheben, sah man ihre Unterhosen. Sicher sollte ein wahrer Katholik sich bemühen, freundlich zu Edythe zu sein, aber das kann ich einfach nicht. Das ist zu gefährlich. Wie leicht wird man da in einen Topf mit ihr geworfen, und am Ende wird man vielleicht sogar so wie sie und muß den Rest seines Lebens in einem Wohnwagen verbringen und *Dialing for Dollars* im Fernsehen angucken.

Na ja, jedenfalls trotten wir dahin wie kleine Wanderratten, und Mama hat ihren weißen Sonnenhut auf und ihre Sonnenbrille, und sie hält ihre Super-8-Kamera, als wäre sie in Hollywood und drehte gerade einen Film. Sie liebt diese Super 8, und niemand außer ihr darf sie anfassen. Sie filmt uns, wie wir so durch die Kiefernwälder marschieren, und ruft uns zu: »*Tut* doch irgendwas! Das ist eine Filmkamera!«

Man riecht den Duft der Kiefernnadeln, wenn die Sonne auf sie scheint, und zu unseren Füßen wachsen kleine Pilze. Wenn man aufhört, sich über alles und jeden Gedanken zu machen, dann ist es hier auf einmal ganz ruhig und friedlich, wie wenn man mit offenen Augen unter Wasser schwimmt. Ich bleibe kurz stehen und berühre die Baumrinde, die sich von einer Kiefer abgelöst hat, so als würde der Baum sich häuten. Dann blicke ich hoch, und plötzlich wird mir klar, daß Edythe mich fast eingeholt hat.

Sie sagt: »Siddalee, hast du den Monarchfalter gesehen?«

Ich hätte nichts dagegen, einem Monarchfalter zu begegnen, aber die Vorstellung, mit Edythe zurückgelassen zu werden, löst Panik bei mir aus. Ich tue so, als hätte ich sie nicht gehört, und laufe nach vorne, an den Anfang unserer Gruppe, wo meine beliebten Freundinnen sind. Vom schnellen Laufen bin ich ganz außer Atem, ich täusche Husten vor und nehme dabei verstohlen mein Asthmaspray, damit das Pfeifen in der Brust aufhört.

Ich bete: Lieber Gott, bitte laß mich nicht mit Edythe zurück, und bitte mach, daß M'lain nicht sieht, daß ich dieses Spray nehmen muß wie Daddy.

Dann sagt Mama: »Okay, und jetzt singen wir alle!« Sie stimmt eines ihrer alten Lagerfeuerlieder an, von denen nur die Ya-Yas und deren Kinder den Text können. Ich wollte, ich könnte einfach davonkriechen und mich vor ihrer Stimme verstecken und vor ihren Beinen, mit denen sie dahermarschiert, als wäre sie ein Dreisternegeneral. Sie singt:

I go with the garbage man's daughter
Slop! Slop!
She lives down by the swill
She is as sweet as garbage itself
And her breath is sweeter still
Slop! Slop!

Mein Liebchen sammelt Lumpen
Schlabberdischlapp!
Und schläft beim Schweinetrog

Sie riecht so fein wie ihre Lumpen daheim
Und aus dem Mund riecht sie süßer noch
Schlabberdischlapp!

Wenn ich Mama so ansehe, wird mir ganz schlecht. Für wen hält die sich eigentlich, für Mitch Miller? Ich gebe M'lain und Sissy ein Zeichen, daß meine Mutter mich zum Wahnsinn treibt. Ich muß ihnen zu verstehen geben, daß ich nicht so bin wie sie. Aber die anderen singen plötzlich mit! Irgendwie mogeln sie sich durch den Text und tun so, als hätten sie es schon hundertmal gesungen, dabei haben sie das Lied noch nie im Leben gehört. Mama ist die große Vorsängerin, und wir marschieren durch den Wald wie die in dem Film *Die Brücke am Kwai.* Schließlich fange auch ich zu singen an, ganz laut und aus voller Kehle. Wie sagt doch Mama immer: »Wenn du nicht gut singen kannst, Siddalee, dann sing wenigstens laut.«

Als wir endlich Rast machen, um unser Essen zuzubereiten, ist mir von all dem Wandern und Singen ganz schwindlig. Wir müssen kleine Gruben in die Erde graben und glühende Kohlen hineinschichten und dann legen wir unsere Alu-Päckchen mit Kartoffeln, Gemüse und Hackfleisch hinein und lassen sie in der Glut liegen, bis alles gar ist. Das dauert ewig, und man kriegt dabei ganz schmutzige Finger und mir gefällt das alles sowieso nicht. Mama führt sich auf wie eine indianische Prinzessin in der grandiosen Wildnis. Aber ich sehe, daß sie ein paar Päckchen mit Erdnußbutterkeksen dabeihat, die sie aufreißt und ißt, und eine Cola, die sie aus ihrem Rucksack hervorkramt und hinunterstürzt. Meine Kehle ist ganz trocken von all dem Staub hier. Es ist mir ein Rätsel, wie mein Daddy das aushält, den ganzen Tag auf dem Feld zu arbeiten.

Als wir endlich mit dem Essen fertig sind und zum Lager zurückwandern, flüstert M'lain Sissy, Mimi und mir zu: »Schaut mal Edythe an. Schaut mal, wie die sich bewegt.«

Wir drehen uns um und starren Edythe an, die ganz am Ende der Gruppe marschiert. Sie geht richtig gebeugt, als ob unsichtbare Hände ihre Schultern zusammenpressen würden. Ihr Anblick ist mir geradezu peinlich. Ich würde am liebsten zu ihr hingehen und ihr einen Klaps zwischen die Schulterblätter geben und sagen: »Edythe, halte dich gerade! Hör auf, so ein Ach-was-weiß-ich zu sein!«

Als wir wieder am Lager Mary Alice sind, holen Mama und Necie die Hershey-Riegel, Marshmallows und Graham-Cracker heraus, und wir machen uns süße Sandwiches. Meine Marshmallows müssen auf allen Seiten gleichmäßig hellbraun geröstet sein, sonst esse ich sie nicht. Nie im Leben könnte ich eines hinunterkriegen, das verbrannt ist. Wenn mein Marshmallow gerade richtig ist, nehme ich es von dem Drahtkleiderbügel und lasse es auf den Hershey-Riegel gleiten. Ich beiße in den knusprigen Cracker hinein und genieße den köstlichen Geschmack von Marshmallow und Schokolade bis hinunter zu meinen Zehenspitzen.

Mama sagt, wir sollen die Marshmallows ganz gleichmäßig über der Glut drehen, dann werden sie auch schön gleichmäßig braun. Wenn eine von uns ihr Marshmallow auf die Erde fallen läßt, dann lacht Mama nur und gibt ihr ein anderes – selbst Edythe. Das muß man Mama lassen: Mit Essen ist sie nie knauserig.

Dies ist der Teil, der Spaß macht. Die Flammen unseres Lagerfeuers lodern zum dunklen Nachthimmel empor, und man sieht die Sterne so schön. Und dann macht Mama das, was sie am besten kann – sie erzählt Geschichten.

Gestenreich erzählt sie Gruselgeschichten, zum Beispiel die eine von den alten unverheirateten Schwestern in dem großen Haus an der Evangeline Street mitten in Thornton, die von Riesenameisen aufgefressen wurden. Die haben ihnen die ganze Haut abgenagt und nur die Knochen und Schuhe übriggelassen.

Mama behauptet: »Ich habe das mit eigenen Augen gesehen, als ich etwa in eurem Alter war. Stimmt's, Necie?«

Necie nickt und sagt: »Das ist die reine Wahrheit.«

M'lain flüstert mir zu: »Das merkt man gleich, daß deine Mama Schauspielerin in New York war.«

Das ist das beste, was ich den ganzen Tag gehört habe. Ich gehe an Mamas Seite zurück zu unserer Hütte und halte einen Augenblick lang ihre Hand.

Mama und Necie hängen rings um ihr Stockbett Bettlaken auf, um etwas Privatsphäre zu haben. Wir machen Katzenwäsche und ziehen unsere Nachthemden an und dann sollen wir schlafen gehen. M'lain und Sissy und Mimi und ich haben die Haare aufgedreht, damit unsere Frisur am Morgen in Ordnung ist, weil man nie weiß, was der nächste Tag so alles bringen wird. Meine Beine sind so müde, daß sie zucken, aber in dieser Hütte hier mit all den anderen Mädchen und dem Geruch der Kiefern und den Schatten auf den Bettlaken – also, selbst für eine Million Dollar könnte man nicht gleich einschlafen! Das Licht ist aus, bis auf ein Nachtlicht, das Mama an unserer Seite der Hütte angesteckt hat, und ein kleines Lämpchen, das Mama und Necie hinter den Bettlaken anleuchtet, als wären sie Scherenschnittmarionetten. Das Mondlicht sickert durch die Bäume, man hört die Frösche quaken, und zehntausend Grillen hüpfen um unsere Blockhütte herum wie mexikanische Springbohnen.

Ich lege den Kopf auf das Kissen und schließe die Augen – aber dann bin ich plötzlich wieder hellwach und ich muß kichern und will was anstellen. M'lain wirft mit ihrem Kissen nach mir und schon bin ich aus dem Bett und knall ihr meins auf den Kopf, und Sissy macht auch mit, und wir hauen uns gegenseitig die Kissen um die Ohren und lachen und toben und hüpfen auf den Betten herum.

Dann fange ich an, Sissy zu kitzeln, das bringt sie immer auf Trab, und sie brüllt: »Hör auf, bitte! Im Ernst, bitte hör auf!«

Genau wie ich, wenn mein kleiner Bruder Little Shep oder Daddy mich kitzeln.

Aus Mamas und Necies Verschlag steigt Zigarettenrauch in die Luft, aus Mamas Transistorradio hört man gedämpft die Stimme von Fats Domino im Nachtprogramm eines texanischen Senders.

Mimi sagt: »Ich weiß einen unanständigen Witz. Wer will ihn hören?«

Der Witz handelt von einem Mann, dem sein Ding in einem Loch im Fußboden steckenbleibt, und ich lache und kann gar nicht mehr damit aufhören, obwohl ich den Witz eigentlich gar nicht so komisch finde. Ich habe die Dinger von meinen beiden Brüdern schon gesehen, und für mich sieht so was aus wie ein Truthahnhals. Wenn man nicht aufpaßt, kann es passieren, daß man es in der Tür einklemmt, und dann fällt es ab. Das ist einer der Gründe, weswegen ich froh bin, ein Mädchen zu sein, wo alles schön innen verstaut ist und nicht so leicht was passieren kann.

Die beinahe beliebten Mädchen spielen Schwarzer Peter mit unseren Girl-Scout-Spielkarten, die unbeliebten Mädchen lesen die Bücher, die sie mitgebracht haben, und einen Moment lang wünsche ich, ich wäre eine von ihnen, dann könnte ich wenigstens in Ruhe mein *Judy's Journey* zu Ende lesen.

Edythe sitzt einfach auf dem Bett, die Hände im Schoß gefaltet, und starrt mich an. Ich traue meinen Augen nicht: Sie trägt einen Morgenmantel und Pantoffeln, wie so ein altes Muttchen, und ein richtiges Haarnetz, wie die Serviererinnen in einer Cafeteria. Wieso glotzt sie mich so an? Ich bin doch nicht die Anführerin in der Gruppe der beliebten Mädchen. Ich bin doch selbst nicht richtig dabei. Wenn sie doch endlich ihre Knopfaugen abwenden und jemand anderen angaffen würde!

M'lain und Mimi spielen Fadenabheben, und ich und Sissy tun so, als wenn wir Gidget im Schlafsaal auf dem College wären, wie in der Fernsehserie. Und stellt euch vor, was passiert? Edythe steht auf und kommt tatsächlich zu uns herüber an M'lains Bett und bleibt einfach davor stehen. Ich sehe die blauen Adern auf ihren Handrücken. Ihr Gesicht ist voll roter Flecken, als hätte sie daran herumgedrückt. Wieso sagt sie kein Wort? Sie steht einfach da und fixiert mich, als warte sie auf etwas.

Schließlich sage ich: »Edythe, was willst du?«

Ich denke mir: O Gott, was passiert, wenn sie nun darum bittet, sich aufs Bett setzen und mit uns spielen zu dürfen?

Aber sie sagt: »Jetzt ist Schlafenszeit. Der Zapfenstreich ist schon längst vorbei. Ihr verstoßt gegen die Regeln der amerikanischen Girl Scouts.«

Wir prusten los vor Lachen, und M'lain sagt: »Mensch, Edythe, warum gehst du nicht einfach in dein Bett zurück und drückst deine Pickel aus?«

Und Mimi fügt hinzu: »Ja, aber nicht in unsere Richtung!«

Edythe schaut mich an, als wäre ich für all das verantwortlich. Dann dreht sie sich um, tappt zu ihrem Bett zurück und glotzt mich weiter an. Wenn sie nicht bald damit aufhört, dreh ich entweder durch oder ich muß aufstehen und ihr eins auf die Rübe geben!

Dann singen wir »Ein Mops kam in die Küche« ... Ich halte dieses Lied für ziemlich idiotisch, aber so geht es nun mal zu in einer Gruppe. Als wir bei der zweiunddreißigsten Strophe angekommen sind, rückt Edythe wieder an. Und wieder wendet sie sich an mich, als wäre ich die Kontaktperson für die beliebten Mädchen (was ich ganz und gar nicht bin).

Sie sagt: »Siddalee, ich geb euch eine letzte Chance. Wenn ihr jetzt nicht augenblicklich schlaft, dann sag ich's deiner Mutter.«

Mein Gott, wieso läßt sie mich nicht in Ruhe? Edythe Spevey läuft mir seit der ersten Klasse hinterher. Nur weil ich sie ein einziges Mal am Trinkwasserspender angelächelt habe, versucht sie, sich an mich zu hängen wie eine Klette. Für wen hält die sich eigentlich, für meinen Schatten oder was? Glaubt sie, daß wir deswegen Blutsschwestern auf Lebenszeit sind?

Am liebsten würde ich sie am Ärmel dieses entsetzlichen Bademantels berühren und sagen: »Ganz ruhig, Edie, es ist alles gut.« Damit sie weiß, daß sie gar nicht so aussätzig ist, wie wir sie behandeln.

Aber M'lain und Sissy beobachten mich und warten auf meine Reaktion. Ich weiß, sie werden mich auf ewig verstoßen, wenn ich jetzt nett zu Edythe bin. Ich weiß, ich bin nahe daran, aus der Gruppe der beliebten Mädchen für immer ausgeschlossen zu werden. Ich habe viel Zeit investiert, um mir ein gutes Image aufzubauen, und ich lasse mir das jetzt von Edythe nicht kaputtmachen.

Schließlich sage ich: »He, Edythe, leg dich doch einfach wieder in deine Koje und iß deine Rotzpopel, so als kleinen Mitternachtsimbiß, wie du das immer zu Hause machst.«

Diese Bemerkung haut meine Freundin vom Sockel, und ich bin die Heldin des Tages. Aber dann sehe ich Edythes Gesicht. Es sieht aus, als ob etwas draufgefallen wäre und es eingedrückt hat. Irgendwie kommt sie mir so vertraut vor, ich spüre förmlich ihre Knochen in meinem eigenen Körper. Und plötzlich ist mir ganz schlecht.

Sie dreht sich um und geht, und M'lain sagt: »Volltreffer, Sidda, das war ein Volltreffer.«

»Ach, halt den Mund, M'lain«, erwidere ich. Aber dann lache ich sofort wieder, als hätte ich es nicht so gemeint.

Edythe geht durch den ganzen Raum zu dem Verschlag, hinter dem sich Mama und Necie aufhalten. Sie meint es ernst. Sie will uns verpetzen. Wenn sie Mama erzählt, was ich zu ihr gesagt habe, kugelt mir Mama auf der Stelle den Arm aus. Mutter kann böswilliges Verletzen auf den Tod nicht ausstehen. Deswegen bekam ich auch letztes Thanksgiving Schläge mit dem Ledergürtel und konnte zwei Wochen lang nicht in meine Tanzstunde gehen, wegen der Striemen an meinen Beinen.

Auf Zehenspitzen schleiche ich mich zu dem Verschlag. Meine

Füße spüren die Kälte des Holzfußbodens. An den Armen habe ich eine Gänsehaut. Ich schiebe eines der Laken ein klein wenig beiseite. Sie sitzen auf dem oberen Bett und rauchen. Mama lackiert sich die Zehennägel. Auf dem Fläschchen steht »Rich Girl Red« …

Edythe sieht nach oben zu meiner Mutter. Sie sagt: »Mrs. Walker, der Zapfenstreich um neun Uhr ist eine landesweite Regel der Girl Scouts. Jetzt ist es fast Mitternacht. Sie sollten für Bettruhe sorgen und selber auch das Licht ausmachen.«

Die blaue Thermosflasche mit Wodka und Grapefruitsaft steht auf der Bettdecke zwischen Mama und Necie. Ich rieche den Nagellack in der kühlen sauberen Nachtluft. Sobald Mama den Mund aufmacht, wird mir klar, daß sie mindestens vier Drinks intus hat. Ihre Stimme klingt gelöst und voll und zufrieden und amüsiert und sie antwortet: »Edythe, sag mir ja nicht noch einmal, was ich tun oder lassen soll. Und jetzt schieb deinen unschuldigen Zwetschgenpopo zurück in dein Bett, ehe ich dich so verprügle, daß du dich nicht mehr kennst.«

Dann fängt Mama zu lachen an. Sie schiebt sich einen Strang Watte zwischen die Zehen, damit der Lack nicht verschmiert. Edythe rührt sich nicht von der Stelle.

»Ehrlich, Edythe«, sagt Mama, als würde sie ihr einen ganz wichtigen Rat geben, »wenn du dich weiter so verhältst, wirst du dein ganzes Leben lang *unbeliebt* bleiben.«

Ich wollte, ich könnte ganz schnell von hier verschwinden, irgendwohin, weit weg von Zentrallouisiana. Aber ich gehe einfach zurück zu M'lains Bett und erzähle den anderen, was los ist. Sie lachen wie die Hyänen.

Mimi sagt: »Mann, deine Mutter ist echt stark, Siddalee.«

Wortlos geht Edythe zu ihrem Bett zurück und steigt hinein. Als die Ärmel ihres Altweiberbademantels zurückrutschen, sieht man die austernfarbige Haut ihrer Unterarme. Ich überlege, ob ich nicht zu ihr hingehen, etwas sagen oder tun soll, zu ihr ins

Bett steigen und einfach mit ihr atmen soll. Fast tue ich es. Fast tröste ich Edythe. Aber der Anblick ihres Haarnetzes lähmt mich.

Das ganze restliche Wochenende gibt Edythe keinen Laut mehr von sich. Am Sonntag regnet es den ganzen Tag, und selbst als die unbeliebten Mädchen Edythe auffordern, mit ihnen in den Aufenthaltsraum zu gehen, lehnt sie ab. Sie sitzt einfach am Fenster und starrt in den Wald hinaus, als ob da draußen gleich etwas wirklich Interessantes passieren könnte. Beim nächsten Treffen überreichen die Mädchen von Trupp 55 Mama und Necie als Dank eine Collage. Mama überläßt sie Necie mit den Worten: »Ganz sicher hast du einen besseren Ehrenplatz bei dir zu Hause für dieses Kunstwerk als ich.«

Am Ende des Schuljahres erklärten sich beide bereit, unseren Trupp für ein weiteres Jahr zu übernehmen. Aber der Vorstand der Girl Scouts von Zentrallouisiana gibt ihnen zu verstehen, daß man bereits jemand anderen mit mehr Erfahrung an der Hand habe. Ihrer Meinung nach seien Mama und Necie zu weit vom Programm der Girl Scouts abgewichen, außerdem hätten sie durch das Umknicken des Fahnenmastes uns Mädchen ein schlechtes Beispiel gegeben, und eigentlich grenze diese Tat fast schon an Landesverrat.

Eines Tages, als ich von der Schule heimkomme, finde ich Mama im Wohnzimmer vor. Sie sitzt auf dem Platz in der Fensternische und starrt auf den Bayou hinaus – sie nennt das »Meditieren«. Ohne daß sie mich darum bittet, bringe ich ihr eine Cola mit zerstoßenem Eis, und sie tätschelt meine Wange und läßt dann die Hand dort liegen, wie früher, als ich klein war.

Ich sage: »Mama, nächstes Jahr mach ich nicht mehr bei den Girl Scouts mit. Die sind nur neidisch auf dich. Deshalb haben sie dich auch nicht gebeten, weiterzumachen. Du bist für die Girl Scouts von Amerika viel zu schade.«

Mama spielt mit meinen Haaren, dreht sie zusammen und

schlägt sie nach oben ein. Sie mustert mich, dann läßt sie meine Haare wieder fallen und wendet sich ab.

»Ach, ich weiß nicht, Schätzchen«, seufzt sie, »manchmal ist es schwer zu sagen, wofür ich berufen bin. Manchmal ist das wirklich nicht leicht zu erkennen.«

Einmal, während des Sommers, sehe ich im Traum Edythe und mich. Wir sitzen auf der Schaukel, die an unserem Pekanbaum im Garten hängt. Während wir schaukeln ist mir, als befände sich Edythes Körper in meinem drinnen. Ihre Beine strecken sich in meinem Beinen in die Luft, und ihr Kopf reckt sich in meinem vor. Wenn ich meine Arme ausstrecke, wachsen ihre aus meinen heraus. Wir schaukeln gleichmäßig, nicht zu schnell, nicht zu langsam. Wir schwingen hoch in die Luft, höher, viel höher als im richtigen Leben. Weit unten erkenne ich die Dinge aus unserem Alltag – unser Backsteinhaus, die Veranda, den Geräteschuppen, die Fenster zum Garten, das zum Grill umfunktionierte Benzinfaß, die Wäscheleine, den Zedrachbaum. Aber alles scheint von innen heraus zu leuchten, alle diese banalen Dinge sprühen plötzlich göttliche Funken, und wenn die anderen Leute diese Funken nur sehen könnten, würden sie vor ihnen auf die Knie fallen und beten, und sie hätten ein gutes Gefühl. Irgendwie sieht die Welt aus, als wären an allen Ecken und Enden kleine Altäre aufgebaut. Und jedesmal, wenn Edythe und ich hoch in die Luft fliegen und dann tief zur Erde hinabtauchen, verneigen wir uns gleichsam vor all diesen Altären, und unser Schaukeln ist Spiel und Gebet zugleich. Wir schwingen unablässig hin und her, und in meinem Traum schaukeln wir genau im Herzen des beliebtesten Fleckchens Erde, das es im ganzen Universum gibt.

Aus dem Amerikanischen
von Renate Reinhold

Javier Marías

Während die Frauen schlafen

Für Daniella Pittarello –
mit ihren vielen praktischen Kenntnissen

Drei Wochen lang sah ich sie jeden Tag, und jetzt weiß ich nicht, was aus ihnen geworden ist. Wahrscheinlich werde ich sie nicht mehr wiedersehen, zumindest sie nicht, denke ich, ganz selbstverständlich nimmt man an, daß Unterhaltungen und sogar vertrauliche Mitteilungen während der Sommerzeit keinerlei Bedeutung haben müssen. Niemand hat etwas gegen diese Annahme, nicht einmal ich selbst, jetzt, da ich an sie denke, oder sie gar ein wenig vermisse. Vage vermisse, wie alles, was verschwindet.

Fast immer sah ich sie am Strand, wo es prinzipiell schwierig ist, daß einem nicht jemand auffällt. Ganz besonders mir, obwohl ich kurzsichtig bin und lieber verschwommen sehe, als aufgrund mangelhafter Bräune im Gesicht mit einer Art weißen Maske vor den Augen nach Madrid zurückzukehren, und die Linsen nehme ich nie mit in den Sand und ans Wasser, wo sie für immer verlorengehen könnten. Trotzdem spürte ich vom ersten Augenblick an die Versuchung, die Brille, die meine Frau Luisa in einem Etui in ihrer Tasche aufbewahrte, zu suchen und herauszunehmen, und diese Versuchung ging in Wahrheit von ihr aus, die, um es so zu sagen, die eigenartigsten Bewegungen der eigenartigsten Strandbesucher in unserer Umgebung bis zu mir aussandte.

»Ja, ich sehe es, aber verschwommen, ich kann die Gesichter

nicht unterscheiden«, sagte ich, wenn sie mich, mit leiser Stimme, was wegen dem Lärm am Strand gar nicht nötig gewesen wäre, belustigt auf irgendeine Person aufmerksam machte. Ich zwinkerte ein-, zweimal mit den Augen, und beim Gedanken daran, meine Brille zu suchen, um sie gleich darauf, wenn meine Neugier gestillt wäre, wieder an ihren geheimen Platz zu legen, spürte ich eine faule Müdigkeit. Bis mir Luisa, die die sonderbarsten und ausgefallensten Dinge weiß und mich mit ihren praktischen Kenntnissen immer wieder überrascht, ihren Hut aus geflochtenem Stroh reichte – schneller zur Hand als die versteckten Augengläser, weil auf ihrem Kopf – und mir den Rat gab, durch die winzigen Zwischenräume zu schauen. Durch sie hindurch, stellte ich tatsächlich fest, sah ich fast so gut, als hätte ich die Brille auf, schärfer, obwohl mit eingeschränktem Blickfeld. Vom Zeitpunkt dieser Entdeckung an muß ich selbst mich in einen der eigenartigsten oder verschrobensten Strandbesucher verwandelt haben, denn man stelle sich vor, daß ich ständig einen Frauenhut mit Bändern vor meinem Gesicht hatte, den ich mit meiner rechten Hand hielt und durch den ich den ganzen Strand bei Fornells, wo wir wohnten, entlangspähte.

Luisa mußte sich einen anderen Hut, der ihr weniger gut gefiel, kaufen, was sie ohne Murren oder Anzeichen von Mißbilligung tat, denn der ihre, mit dem sie sich ihr Gesicht schützen mußte – ihr schönes weißes, noch faltenloses Gesicht –, wurde ausschließlich von mir verwendet, nie auf dem Kopf, sondern vor den Augen getragen, mein Sehhut.

Einen Tag lang hatten wir unseren Spaß daran, die Heldentaten eines kleinen italienischen Matrosen zu verfolgen, ein schlimmer Junge, der kaum ein Jahr alt war und mit ganzem Stolz eine Seemannsmütze trug und der, so nahmen wir an, die Sandburgen seiner Brüder und älteren Cousins, und wahrscheinlich auch die dicksten Freundschaften seiner Erzeuger, mit der gleichen Selbstverständlichkeit ruinierte, wie er bei der geringsten Unaufmerksamkeit der ihn begleitenden Familienmitglieder Salzwasser trank (ich glaube, er soff es literweise). Die Mütze verlor er andauernd und lag dann, ganz nackt und hingeworfen, wie ein verzauberter Liebesgott, am Ufer. An einem anderen Tag verfolgten wir die sonderbaren Bemerkungen und lahmen Unternehmungen eines Engländers in den besten Jahren, der ununterbrochen Kommentare über Temperatur, Sand, Wind und Wellen so pathetisch und geschwollen von sich gab, als würde er jedes Mal eine tiefgründige Maxime oder einen sorgfältig bedachten Aphorismus aussprechen. Jener Mann hatte die selten gewordene Gabe zu glauben, daß alles, was von einem selbst kommt, wichtig ist, das heißt, er verfügte über die Gabe, sich einzigartig zu fühlen. Sein träges Wesen konnte man an der Stellung seiner Beine ablesen – stets asymmetrisch ausgestreckt – sowie an der Tatsache, daß er sein grünes Leibchen, mit dem er seinen rundlichen Brustkorb vor der Sonne schützte, nicht einmal dann auszog, wenn er ins Wasser ging. Er schwamm natürlich nicht, und wenn er ein Stück hineinging, im Meer spazierte, dann nur, um einen weiteren Sproß seiner Rasse zu verfolgen und in Aktion zu fotografieren, aus einer besseren Perspektive oder aus größerer Nähe. Danach ging er, mit benetztem grünen Bauch, aber die Brust noch trocken, ans Ufer zurück, unvergeßliche Erkenntnisse vor sich hinmurmelnd, die der Wind davontrug, während er, wohl nicht ganz sicher, ob seine Kamera nicht doch einen Spritzer abbekommen hatte, sie ans Ohr legte, als wäre sie ein Radio, ich nehme an, um mit dieser primitiven Methode festzustellen, daß sie nicht beschädigt worden war. Vielleicht aber, dachten wir, handelte es sich gar um ein Fotoradio.

Eines Tages sahen wir sie, ich möchte damit sagen, unsere Aufmerksamkeit fiel auf sie, in Wahrheit zuerst die von Luisa, dann, durch meinen Sehhut, auch die meine. Von diesem Moment an verwandelten sie sich in unsere Favoriten, und, ohne daß wir es uns eingestanden, suchte unser Blick sie jeden Morgen, bevor wir unseren Platz auswählten, und wir wählten stets einen in ihrer Nähe. Nur einmal waren wir vor ihnen am Strand, aber bald erblickten wir sie, wie sie auf einer gigantischen Harley-Davidson vorfuhren, er hinter der Lenkstange mit seinem schwarzen Helm (aber nicht zugebunden), sie mit im Wind flatternder Mähne, an seinen Rücken geklammert. Ich glaube, was uns dazu veranlaßte, ihre Nachbarschaft zu suchen, war die Tatsache, daß sie uns etwas boten, was man selten zu sehen bekommt und wovon man, wenn sich die Gelegenheit bietet, den Blick nur schwer losreißen kann, nämlich die Inszenierung der Anbetung. Wie es die alte, nicht obligatorische Regel vorschreibt, war er es, der Mann, der anbetete, und sie, die Frau, die Angebetete, als solche teilnahmslos (vielleicht auch gelangweilt, vom Wunsch nach irgendeiner Art von Mißhandlung beseelt). Sie war schön, matt, untätig, von bewegungsunwilliger Natur. Während der drei Stunden, die wir am Strand verbrachten (sie blieben länger, hielten dort vielleicht ihre Siesta und wer weiß, vielleicht blieben sie bis zum Sonnenuntergang), bewegte sie sich kaum, und selbstverständlich tat sie nichts, was nicht ihrer eigenen Verschönerung und Pflege diente. Stets lag sie im Halbschlaf, mit geschlossenen Augen, auf dem Rücken, auf dem Bauch, auf einer Seite, auf der anderen Seite, mit Cremes eingerieben, glänzend, Arme und Beine immer ausgestreckt, damit weder Falten in der Haut noch die Achseln, nicht einmal die Leistenbeugen (und natürlich die Hinterbacken) von der Bräunung verschont blieben, denn ihr Höschen war winzig und ließ sie unbedeckt, ohne daß seitlich auch nur die geringste Spur von Haar zu sehen war, was zur Vermutung Anlaß gab (oder mich vermuten ließ), daß das Schamhaar frisch abrasiert worden war. Manchmal richtete oder setzte sie sich auf, und dann verweilte sie lange mit angewinkelten Beinen, während sie sich die Nägel lackierte oder polierte oder, mit einem kleinen Spiegel in der Hand, ihr Gesicht und ihre Schultern nach Hautunreinheiten oder einer Spur von unerwünschtem Haarwuchs absuchte. Es war sehenswert, wie sie mit dem Spiegel die unwahrscheinlichsten Körperteile erforschte (sicher ein Vergrößerungsspiegel), nicht nur die Schultern, sondern auch die Ellenbogen, die Waden, die Hüften, die Brüste, die Innenseite der Schenkel, sogar den Nabel. In diesen Nabel, da bin ich mir sicher, hätte sich nie auch nur der kleinste Fremdkörper verirrt, und vielleicht hätte seine Herrin nichts lieber getan, als ihn sich auszudrücken. Außer ihrem winzigen Badeanzug trug sie Armbänder und mehrere Ringe, von diesen nie weniger als acht auf vier Finger verteilt, nur selten sah ich sie ins Wasser gehen. Ihre Schönheit hätte man mit konventionell beschreiben können, aber das wäre einer unzulänglichen, einer zu weitläufigen oder zu vagen Definition gleichgekommen. Vielmehr handelte es sich um eine unwirkliche Schönheit, was in diesem Fall so viel wie ideal heißt. Es war die Art von Schönheit, an die Kinder denken, also fast immer (außer die, die schon von der Norm abweichen) eine makellose Schönheit, ohne Unebenheiten, ruhig, sanft, bewegungslos, mit sehr weißer Haut und sehr großen Brüsten, runden Augen – zumindest nicht geschlitzt – und identischen Lippen – ich meine damit Ober- und Unterlippe beide identisch, als wären beide Unterlippen –: eine Trickfilmschönheit oder, wenn man so will, eine Reklameschönheit, aber nicht aus irgendeiner Reklame, sondern aus einer von denen, die man in Apotheken zu sehen bekommt, absichtlich ohne einen Anflug von Sinnlichkeit, um weder Frauen noch ältere Menschen, die häufigsten Besucher von Apotheken, zu verwirren. Irgendwie jungfräulich war sie, eine milchige Schönheit, obwohl ich es so nicht ausdrücken möchte, sahnig jedenfalls, die schwer einen gebräunten Teint annehmen würde (ihre Haut war glänzend, aber nicht getönt), wie Luisa bereits einen besaß; sie war eine glatte Schönheit, die dennoch den Tastsinn nicht anregte (angezogen vielleicht eher), als würde sie sich beim geringsten Druck, bei der leichtesten Berührung in Luft auflösen, als ob sogar eine Zärtlichkeit oder ein sanfter Kuß bei ihr zu Gewalt und Mißbrauch würden.

Diesen Eindruck mußte sie auch auf ihren Begleiter, den Mann, zumindest während der Stunden des Tages, gemacht haben. Er war das, was man einen Dicken nennt, einen unsympathischen Dicken, oder auch einen Fettwanst, und er war bestimmt nicht weniger als dreißig Jahre älter als das Mädchen. Wie so viele Glatzköpfe, glaubte er, seinen Makel mit einer Römerfrisur, nach vorne gekämmt (hoffnungslos, paßt nie), und einen buschigen und gepflegten Schnurrbart ausgleichen und sein vorgerücktes Alter, in dieser Umgebung, mit einer zweiteiligen Badehose kaschieren zu können, einer zweifarbigen, meine ich, das rechte Hosenbein an diesem ersten Tag limonengrün, das linke maulbeerfarben, denn sowohl er als auch sie trugen jeden Tag etwas anderes. Nie machten die beiden Farben (das Modell war immer das gleiche, es waren die Farben, die sich änderten) auf mich einen gut kombinierten Eindruck, obwohl es sich um originelle Farben handelte: persischblau und aprikose, pfirsich und malven, ultramarinblau und nilgrün. Die Badehose war so klein, wie es der Umfang seines Körpers zuließ, was bewirkte, daß seine Bewegungen etwas steif waren, der Stoff schien jeden Moment reißen zu können, von Shorts konnte man nicht sprechen. Und dann war er pausenlos in Bewegung, überaus flink und mit einer Videokamera in den Händen. Während seine Begleiterin stundenlang vollkommen unbeweglich oder reglos verweilte, hörte er nicht auf damit, sie zu umkreisen und unermüdlich zu filmen, er richtete sich steil auf, beugte sich hinunter, legte sich nieder, auf den Bauch, auf den Rücken, Totale, Halbtotale, Großaufnahme, bewegte und Rundum-Aufnahme, Zoom-ins, Zoom-outs, er filmte sie von vorne, von der Seite und von hinten (von beiden Seiten), er filmte ihr bewegungsloses Gesicht, die abgerundeten Schultern, die großen Brüste, die ziemlich breiten Hüften, die sehr festen Schenkel, die nicht kleinen Füße, mit den ebenfalls lackierten Nägeln, die Fußsohlen, die Waden, die Leistenbeugen und die vollkommen glattrasierten Achselhöhlen. Er filmte ihre Schweißperlen, die die Sonne an die Oberfläche trieb, sogar ihre Poren, obwohl gerade diese ebene und glatte Haut keine Poren zu haben schien, keine Falten, keine Narben, und es gab nicht einen einzigen Streifen auf ihren Hinterbacken. Der Dicke filmte jeden Tag, stundenlang, mit kurzen Unterbrechungen, und er filmte immer den gleichen Anblick, die Ruhe und die Langeweile der unwirklichen Schönheit, die ihn begleitete. Ihn interessierten weder der Sand noch das Wasser, die ihre Farbe mit dem Vergehen des Tages änderten, noch die Bäume, oder die Felsen in der Ferne, ein Drachen im Flug, ein Schiff weit draußen, die anderen Frauen, das italienische Seemännlein, der sonderbare Engländer oder Luisa. Von dem Mädchen verlangte er nichts, keine Spiele, Fertigkeiten, Posen, ihm schien es zu genügen, den statuenhaften und nackten Körper, das ruhende und gefügige Fleisch, das ausdruckslose Gesicht und die geschlossenen und ängstlichen Augen, ein Knie, das sich abbog, oder eine Brust, die sich zur Seite neigte, oder einen Zeigefinger, der sich langsam einen Fremdkörper von der Wange strich, Tag für Tag aufs neue zu filmen. Für ihn war dieser monotone Anblick ohne jeden Zweifel immer und in jedem Augenblick Wunderwerk und Neuigkeit. Dort wo Luisa oder ich, oder wer auch immer, nur Wiederholung und Langeweile sahen, muß er in jedem Moment ein ungewöhnliches Schauspiel erblickt haben, vielgestaltig, abwechslungsreich, fesselnd, wie ein Bild, wenn der Betrachter vergißt, daß ihn auf seinem Weg noch andere erwarten, und das Gefühl für die Zeit verliert, und deshalb auch die Gewohnheit zu schauen, die ersetzt wird oder verdrängt – oder vielleicht aufgehoben – von der Fähigkeit zu ›sehen‹, was wir fast nie tun, weil es im Gegensatz zum Zeitlichen steht. Dann geschieht es, daß er alles ›sieht‹, die Figuren und den Hintergrund, das Licht, die Komposition und die Schatten, das Körperhafte und die Fläche, den Farbkörper und die Linie, und jeden Pinselstrich. Das heißt, er sieht das Bild und auch das Sinnbild, und er ist dann imstande, mit seinem Blick das Bild noch einmal zu malen.

Sie sprachen wenig, von Zeit zu Zeit kurze Sätze, die sich nicht zu einer Unterhaltung, einem Gespräch zusammenfügen ließen, jedes Anzeichen dafür erstarb auf natürliche Weise, unterbrochen von der Aufmerksamkeit der Frau für ihren Körper, in den sie sich versenkte, oder von der – indirekten – Aufmerksamkeit, die ihm auch der stets über seine Kamera gebeugte Mann widmete. In Wahrheit erinnere ich mich nicht, daß er jemals aufgestanden wäre, um sie direkt zu bewundern, mit eigenen Augen, ohne etwas davor. Darin war er wie ich, der ich meinerseits die beiden durch den Schleier meiner Kurzsichtigkeit oder durch meinen Vergrößerungshut sah. Luisa war die einzige von uns vieren, die alles ohne Beschränkung und ohne Hilfsmittel sah, denn ich glaube nicht, daß die Frau jemanden sah oder irgend jemanden anschaute, und was sie selbst betraf, so verwendete sie meist ihren Spiegel, um sich peinlich genau zu untersuchen und zu inspizieren, und oft setzte sie sich futuristische Sonnenbrillen auf.

»Wie die Sonne heute brennt, findest du nicht? Du solltest dir etwas mehr Creme auftragen, paß auf, daß du keinen Sonnenbrand bekommst«, sagte der Dicke während einer der Pausen zwischen seinen Dreharbeiten rund um den Körper seiner Angebeteten; und wenn er nicht sofort eine Antwort bekam, rief er sie beim Namen, so wie Mütter ihre Kinder: Inés. Inés.

»Ja, mehr als gestern, aber ich habe mich schon mit Faktor zehn eingecremt, ich bekomme schon keinen Sonnenbrand«, antwortete der Körper Inés unwillig und mit kaum hörbarer Stimme, während sie sich mit einer Pinzette ein winziges Härchen vom Kinn zupfte.

Eine Fortsetzung gab es nicht.

Eines Tages sagte Luisa, mit der ich sehr wohl Gespräche führte:

»Ehrlich, ich weiß nicht, ob ich mich gerne so filmen lassen würde wie die arme Inés. Ich würde nervös dabei, obwohl ich mich, so wie der Dicke die Sache betreibt, am Ende wahrscheinlich daran gewöhnen würde. Vielleicht würde ich mich ja auch so pflegen wie sie, vielleicht tut sie es gerade deshalb, weil sie dauernd gefilmt wird, sie pflegt sich, weil sie sich später wiedersieht, oder für die Nachwelt.«

Luisa suchte in ihrer Tasche, zog einen kleinen Spiegel hervor und betrachtete aufmerksam ihre Augen, die in der Sonne die Farbe von Pflaumen hatten und schillerten. »Obwohl ich nicht weiß, welche Nachwelt ihre Zeit damit verbringen soll, sich diese langweiligen Videos anzusehen. Ich frage mich, ob er sie auch die restliche Zeit des Tages filmt.«

»Das ist anzunehmen«, sagte ich. »Aus welchem Grund sollte er sich nur auf den Strand beschränken? Ich glaube nicht, daß er diesen Vorwand braucht, um sie nackt zu sehen.«

»Ich glaube, er filmt sie nicht nur, weil sie nackt ist, sondern bei jeder Gelegenheit, wer weiß, vielleicht sogar wenn sie schläft. Es ist rührend, man sieht, daß er nur an sie denkt. Aber ich weiß nicht, ob mir das gefallen würde. Arme Inés. Ihr scheint es nichts auszumachen.«

An diesem Abend, als wir uns in das Doppelbett in unserem Hotelzimmer legten, beide gleichzeitig, jeder auf einer Seite, erinnerte ich mich an die Sätze, die wir gesprochen hatten und an die ich mich jetzt wieder beim Schreiben erinnert habe, und das hinderte mich daran einzuschlafen, und ich beobachtete lange, wie Luisa schlief, ohne ein Licht, außer den Mond, im Dunkeln. Arme Inés, hatte sie gesagt. Ihre Atmung war ruhig, obwohl man sie in der Stille des Zimmers und des Hotels und der Insel hören konnte, und ihr Körper war reglos, mit Ausnahme der Augenlider, hinter denen es zweifellos die Augen waren, die sich in Wirklichkeit bewegten, als könnten sie sich während der Nacht nicht daran gewöhnen, mit dem aufzuhören, was sie tagsüber taten. Der Dicke, dachte ich, ist vielleicht auch wach und filmt die ruhigen Augenlider von Inés, der Schönheit, oder vielleicht zog er ihr die Laken weg und rückte ihren Körper mit großer Behutsamkeit in verschiedene Positionen, um sie schlafend zu filmen. Mit hochgeschobenem Nachthemd vielleicht, zum Beispiel, oder mit gespreizten Beinen, falls sie weder Nachthemd noch Pyjama trug. Luisa trug weder Nachthemd noch Pyjama, im Sommer, aber sie wickelte sich in die Laken, als wären sie eine Toga, sie zog sie mit beiden Händen um ihren Hals herum und ließ dennoch manchmal eine Schulter und den Rücken entblößt. Ich deckte sie ihr zu, wenn ich es bemerkte, und ich mußte auch ein wenig kämpfen, um mich auf meiner Seite zudecken zu können. Das passierte uns nur im Sommer.

Ich stand auf und ging hinaus auf den Balkon, um mir die Zeit zu vertreiben, bis ich einschlafen konnte, und von dort, auf das Geländer gestützt, schaute ich zuerst empor zum Himmel und dann nach unten und glaubte auf einmal den Dicken zu erkennen, allein neben dem Schwimmbecken sitzend, es war schon dunkel, im Wasser spiegelte sich nichts als die Sterne. Ich erkannte ihn nicht sofort, denn es fehlte ihm der Schnurrbart, mit dem ich ihn täglich gesehen hatte, heute morgen noch, und weil sich das Auge an den bekleideten Anblick eines Menschen, der einem bisher immer unbekleidet begegnet war, erst gewöhnen muß. Seine Kleider waren genauso häßlich und schlecht zusammenpassend wie seine zweifarbigen Badehosen. Er trug ein weites Hemd, von meiner Terrasse aus schwarz (aus der Ferne), aber sicherlich gemustert, und helle Hosen, die sehr hellblau aussahen, vielleicht ein unmerklicher Farbeffekt, hervorgerufen durch das Wasser in der Nähe. Es war tatsächlich so nahe, daß er angespritzt worden wäre, hätte es Wellen gegeben. An den Füßen trug er rote Mokassins, und die Socken (Socken, hier auf der Insel) schienen von gleicher Farbe wie die Hosen, aber vielleicht war es wirklich das Mondlicht im Wasser. Er hatte den Kopf in eine Hand gelegt und den dazugehörigen Ellenbogen auf die Armlehne eines geblümten Liegestuhls gestützt, nicht eines gestreiften, die beiden Ausführungen, die es am Beckenrand gab.

Die Kamera hatte er nicht dabei. Ich wußte nicht, daß sie im selben Hotel wohnten wie wir; außerhalb des benachbarten Strands, bei Fornells, im Norden, am Morgen, waren wir uns nie begegnet. Er war allein, regungslos, als wäre er Inés, obwohl er von Zeit zu Zeit die sorglos dösende Haltung des Kopfes und des Ellenbogens veränderte und eine andere, die den gegenteiligen Eindruck machte, annahm: das Gesicht in beide Hände vergraben, die Füße angezogen, als wäre er niedergeschlagen oder angespannt, oder aber er lachte allein mit sich selbst. In einem bestimmten Moment zog er sich einen Schuh aus, oder er verlor zufällig den Mokassin, auf jeden Fall streckte er das Bein nicht aus, um ihn wiederzubekommen, sondern er blieb so, den Fuß in Socken auf dem Gras, was ihm, von meinem Balkon im vierten Stock aus, in meinen Augen sofort einen Nimbus von Hilflosigkeit verlieh. Luisa schlief, und Inés gewiß auch, ohne Zweifel benötigte sie zur Bewahrung ihrer stets gleichbleibenden Schönheit ein Minimum von zehn Stunden Schlaf. Ich zog mich im Dunkeln an, ohne den geringsten Lärm zu machen, und vergewisserte mich, daß Luisa gut in ihre Laken-Toga eingewickelt war. Obwohl sie nicht wußte, daß ich nicht im Bett war, hatte sie es in ihrem Schlaf gespürt, denn sie hatte sich quer gelegt, und ihre Beine waren auf meinem Platz. Ich fuhr mit dem Lift hinunter. Wie spät es war, wußte ich nicht, ich hatte nicht nachgeschaut. Der Nachtportier schlief mit dem Kopf auf seiner Theke, in der unbequemen Haltung eines Menschen, der gleich geköpft wird; ich hatte die Uhr oben gelassen, alles war ruhig, meine schwarzen Mokassins, ohne Socken, machten ein kleines Geräusch. Ich öffnete die Glastüre, die zum Schwimmbecken führte, trat hinaus auf den Rasen und machte sie leise wieder zu. Der Dicke hob den Blick und schaute herüber; sofort bemerkte er meine Anwesenheit, obwohl er mich in der Dunkelheit eigentlich unmöglich erkennen oder identifizieren konnte. Da er mich aber sofort bemerkt hatte, redete ich gleich los, während ich zu ihm hinging, und die Reflexe des Mondlichts im Wasser begannen, mein Bild zu entwickeln und meine Farben zu bleichen, je näher ich kam.

»Sie haben sich den Schnurrbart abrasiert«, sagte ich und strich mir mit dem Zeigefinger über die Stelle, wo der Schnurrbart ist, ohne sicher zu sein, ob ich mir eine derartige Bemerkung erlauben durfte. Bevor er antwortete, war ich schon herangekommen und hatte auf einem anderen Liegestuhl, neben dem seinen, Platz genommen, meiner war gestreift. Er hatte sich aufgerichtet, die Hände auf den Armlehnen seines Liegestuhls, und sah mich ein wenig verwirrt an, aber ohne Mißtrauen, so als würde ihn mein Erscheinen an diesem Ort, wessen Erscheinen auch immer, nicht wundern. Ich glaube, daß ich zum ersten Mal sein Gesicht von vorne sah, ohne Kamera vor seinen oder Hut vor meinen Augen, einfach aus der Nähe; meine Augen hatten sich bereits an das spärliche Licht gewöhnt, während ich vom Balkon herabgeschaut hatte. Er hatte ein freundliches Gesicht mit klugen Augen, seine Züge waren nicht häßlich, nur dick, ein gutaussehender Glatzkopf, fand ich, wie der Schauspieler Piccoli oder der Pianist Richter. Ohne Schnurrbart wirkte er jünger, oder machten das die roten Mokassins, von denen einer umgedreht im Gras lag? Er war nicht jünger als fünfzig.

»Ah. Sie sind das. Ich habe Sie nicht gleich erkannt, so angezogen, wir sehen uns immer in der Badehose.«

Er hatte ausgesprochen, was ich vorher, als ich noch oben war, gedacht hatte. Seit fast drei Wochen sahen wir uns, es war unmöglich, daß sein wie auch immer beschäftigter Blick trotz allem kein einziges Mal bei uns hängengeblieben war, bei mir und Luisa. »Schlafen Sie nicht?«

»Nein«, sagte ich. »Die Klimaanlage im Zimmer hilft nicht immer. Hier unten ist es angenehmer, scheint mir. Haben Sie etwas dagegen, wenn ich ein Weilchen bleibe?«

»Nein, natürlich nicht. Ich heiße Alberto Viana«, und er

streckte mir seine Hand entgegen. »Ich bin aus Barcelona«, sagte er.

»Ich bin aus Madrid«, und ich nannte ihm meinen Namen. Dann war es still, und ich war mir nicht sicher, ob ich eine nebensächliche Bemerkung über die Insel und den Urlaub machen sollte, oder besser irgendeine andere, fast genauso nebensächlich, über seine Gewohnheiten, die ich am Strand beobachtet hatte. Es war nämlich die Neugierde für diese, die mich zum Schwimmbecken getrieben hatte, an seine Seite, vielleicht noch meine Schlaflosigkeit, aber die hätte ich auch oben besiegen können, ich hätte sogar Luisa aufwecken können, ich hatte es nicht getan. Ich sprach mit gedämpfter Stimme. Es war unwahrscheinlich, daß uns jemand hörte, aber der Anblick der schlafenden Luisa und danach der des schlafenden Nachtportiers gaben mir das Gefühl, ich könnte sie aufwecken, wenn ich lauter spräche, und mein ruhiger Tonfall hatte den von Viana sofort angesteckt oder verursacht.

»Sie haben eine große Leidenschaft für Videofilme, habe ich gesehen«, sagte ich nach einer Pause und einem Zögern.

»Für Videofilme?« sagte er leicht überrascht, oder um Zeit zu gewinnen. »Ah, jetzt verstehe ich. Nein, glauben Sie das nicht, ich bin kein Sammler. In Wahrheit ist es nicht das Video, das mich interessiert, so viel ich es auch verwende, sondern meine Freundin, Sie haben sie gesehen. Nur sie filme ich mit dem Video, alles übrige interessiert mich nicht, ich mach keine Abzüge davon. Ich glaube, daß man das merkt, Sie haben es bemerkt«, und er lachte ein wenig, eine Mischung aus Amüsement und Verlegenheit.

»Ja, natürlich, meine Frau und ich haben es bemerkt, ich weiß nicht, ob es sie nicht ein wenig eifersüchtig macht, die ganze Aufmerksamkeit, die Sie Ihrer Freundin schenken. Das fällt auf. Ich habe nicht einmal einen Photoapparat. Wir sind schon eine Zeitlang verheiratet.«

»Sie haben keine Kamera? Macht es Ihnen keine Freude, sich

an die Dinge zu erinnern?« Viana hatte mich das mit echter Verwunderung gefragt. Auf seinem Hemd waren tatsächlich bunte Abbildungen von Palmen und Ankern, Delphinen und Bugwellen, aber dennoch überwog der schwarze Farbton, den ich aus der Ferne wahrgenommen hatte; die Hosen und die Socken sahen noch immer hellblau aus, blauer als meine weißen Hosen, die jetzt, wie die seinen, nicht nur dem Mondlicht ausgesetzt waren, sondern auch seinem schwachen Reflex im Wasser.

»Doch, natürlich macht mir das Spaß, aber man erinnert sich an die Dinge doch sowieso, nicht wahr? Man trägt die eigene Kamera in der Erinnerung, es ist nur so, daß man sich weder immer an das erinnert, was man möchte, noch das vergißt, was man will.«

»Blödsinn«, sagte Viana. Ein geradliniger Mann, gar nicht vorsichtig, und er konnte, was er gesagt hatte, vorbringen, ohne daß sein Gesprächspartner deshalb gekränkt gewesen wäre. Er lachte kurz. »Wie können Sie das, an das man sich erinnert, mit dem, was man sieht, vergleichen, mit dem, das man wiedersehen kann, so wie es war. Mit dem, das man ein ums andere Mal wiedersehen kann, unendlich oft, das man sogar anhalten kann, was man nicht tun konnte, als man es wirklich gesehen hat? Was für ein ungeheurer Blödsinn«, wiederholte er.

»Ja, da haben Sie recht«, gab ich zu. »Aber Sie werden mir doch nicht sagen wollen, daß Sie die ganze Zeit über Ihre Freundin filmen, um sich an sie zu erinnern, wenn Sie sie wieder auf der Leinwand sehen. Oder ist sie vielleicht Schauspielerin? Dafür bleibt ihr sicher keine Zeit, Sie filmen sie ja täglich, soviel ich gesehen habe. Und wenn Sie sie täglich filmen, bleibt keine Zeit, damit das Gefilmte beginnt, in Vergessenheit zu geraten, und Sie irgendwann die Notwendigkeit verspüren, es so naturgetreu wiederzusehen, indem Sie es noch einmal sehen. Es sei denn, daß Sie unbegrenzt Material sammeln, damit Sie, wenn Sie alt sind und wenn Sie es dann wollen, Stunde für Stunde eines jeden Tages Ihres Aufenthalts auf Menorca wiedererleben können.«

»Oh, ich sammle nicht, glauben Sie nicht, daß ich mehr als nur ganz kurze Fragmente sammle, sagen wir, alles in allem, eine Kassette alle drei oder vier Monate. Aber die sind alle in Barcelona archiviert. Sie ist keine Schauspielerin, sie ist noch sehr jung. Was ich hier mache (also gut, und dort) ist, die Kassette von einem Tag nicht zu löschen, ehe der nächste vergangen ist, ich weiß nicht, ob Sie mich verstehen. Während dieser ganzen Zeit habe ich nicht mehr als zwei Kassetten verwendet, immer dieselben. Ich nehme heute eine auf, hebe sie auf, nehme morgen eine andere auf, hebe sie auf, und dann nehme ich die erste wieder übermorgen auf und lösche sie bei dieser Gelegenheit. Und so, nach und nach, ich weiß nicht, ob Sie mich verstehen. Obwohl das nur so gesagt ist, ich weiß nicht, ob ich morgen viel werde aufnehmen können, wir fahren nach Barcelona zurück, mein Urlaub ist zu Ende.«

»Ja, verstehe. Aber dann, wenn Sie einmal dort sind. Was machen Sie damit, schneiden Sie das ganze gefilmte Material? Ich weiß nicht, ob ich Sie verstehe.«

»Nein, Sie verstehen mich nicht. Eine Sache sind die künstlerischen Bänder, die mit der Absicht, aufbewahrt, archiviert zu werden, hergestellt werden. Die sind eine Sache, eine, ungefähr alle vier Monate. Eine andere Sache sind die täglichen Aufnahmen. Die werden gelöscht, sobald wieder ein Tag vergangen ist.«

Vielleicht hatte ich wegen der späten Stunde (aber ich hatte die Uhr oben gelassen) das Gefühl, daß ich noch immer nicht alles genau verstand, besonders den zweiten Teil dessen, was er mir zuletzt erklärt hatte. Außerdem interessierte mich der Verlauf, den das Gespräch genommen hatte, nicht sehr, über künstlerische Kassetten (so hatte er gesagt, das hatte ich gehört) und Kassetten, die täglich gelöscht wurden. Ich war mir nicht sicher, ob ich mich verabschieden und zurück aufs Zimmer gehen sollte, obwohl ich bemerkte, daß ich noch immer nicht schläfrig war, und ich dachte, wenn ich jetzt hinaufginge, dann, damit alles enden würde, indem ich Luisa aufweckte, damit sie sich mit mir unterhielt. Das kam mir ungerecht vor, und so fand ich, es sei besser, wenn sich jemand mit mir unterhielt, der bereits wach war.

»Aber«, gelang es mir zu sagen, »warum filmen Sie sie dann jeden Tag, wenn Sie es dann gleich wieder löschen?«

»Ich filme sie, weil sie sterben wird«, sagte Viana. Er hatte seinen Fuß, den ohne Schuh, ausgestreckt und die große Zehe seines Sockens im Wasser befeuchtet, langsam bewegte er es mit seiner Zehe hin und her, langsam, den Fuß ganz durchgestreckt, fast konnte er es nicht erreichen, berührte er das Wasser. Ich schwieg einige Sekunden lang, dann fragte ich und beobachtete, wie sich das Wasser sanft bewegte:

»Ist sie krank?«

Viana schürzte die Lippen und fuhr sich mit einer Hand über die Glatze, als hätte er Haare und würde sie glattstreichen, eine Geste aus seiner Vergangenheit. Er dachte nach. Ich ließ ihn weiter nachdenken, aber er ließ sich übermäßig lange Zeit. Ich ließ ihn nachdenken. Schließlich sprach er weiter, aber er antwortete nicht auf meine Frage, sondern noch auf die von vorher.

»Ich filme sie jeden Tag, weil sie sterben wird und ich ihren letzten Tag aufbewahren möchte, auf jeden Fall den letzten, um mich an ihn wirklich erinnern zu können, um ihn in der Zukunft wiedersehen zu können, so oft ich will, gemeinsam mit den künstlerischen Kassetten, wenn sie schon gestorben ist. Ich mag es, mich an die Dinge zu erinnern.«

»Ist sie krank?« insistierte ich.

»Nein, sie ist nicht krank«, sagte er jetzt ohne das geringste Zögern. »Zumindest nicht, daß ich wüßte. Aber sie wird sterben, an irgendeinem Tag. Sie wissen es, jeder weiß es, jeder wird sterben, Sie und ich, und ich möchte ihr Bild bewahren. Der letzte Tag im Leben eines Menschen ist wichtig.«

»Natürlich«, sagte ich und schaute auf den Fuß. »Sie sind vorsichtig, denken Sie an irgendeinen Unfall?« und ich dachte (aber kurz), daß, wenn Luisa bei einem Unfall sterben würde, ich ihr

Bild nicht hätte, um mich an sie, wie sie in Wirklichkeit ist, zu erinnern, fast überhaupt kein Bild. Es gab das eine oder andere Foto zu Hause, Gelegenheitsfotos, daher auch keine künstlerischen, und nur wenige. Und ich hatte kein Bild von ihr, auf dem sie sich bewegte. Unfreiwillig hob ich den Blick und schaute hinauf zum Balkon, von dem aus ich Viana beobachtet hatte, unserem Balkon. Die Lichter in allen Zimmern waren gelöscht. Also auch die von Inés und Viana. Ich war nicht mehr dort, auf unserem Balkon, niemand war dort. Viana war wieder in sein langes Nachdenken versunken, obwohl er den Socken jetzt aus dem Wasser genommen hatte und ihn wieder, naß und dunkler an der Spitze, auf das Gras gestellt hatte. Mir kam der Gedanke, daß ihm die Richtung, die die Unterhaltung genommen hatte, nicht gefallen könnte, und wieder überlegte ich, ob ich mich verabschieden und aufs Zimmer gehen sollte; plötzlich wollte ich aufs Zimmer gehen und das Bild von Luisa wiedersehen, schlafend – nicht tot –, eingehüllt in ihre Laken, vielleicht war ihre Schulter entblößt. Aber einmal begonnene Unterhaltungen kann man nicht einfach so beenden, abbrechen, indem man eine Zerstreutheit oder ein Schweigen ausnützt, es sei denn, einer der beiden Gesprächspartner ist verärgert. Viana machte keinen verärgerten Eindruck, obwohl seine lebhaften Augen noch lebhafter und intensiver erschienen, es war schwierig, ihre Farbe bei Mondlicht im Wasser zu erkennen: Ich glaube, sie waren kastanienbraun. Er wirkte nur etwas geistesabwesend. Irgend etwas murmelte er jetzt, nicht mehr mit gedämpfter Stimme, sondern zwischen den Zähnen.

»Entschuldigen Sie, ich verstehe Sie nicht«, sagte ich deshalb.

»Nein, ich denke nicht an einen Unfall«, antwortete er, plötzlich mit viel zu lauter Stimme, als hätte er den Unterschied der Lautstärke von jemandem, der mit sich selbst spricht, zu jemandem, der ein Gespräch führt, nicht einkalkuliert.

»Sprechen Sie leiser«, sagte ich erschrocken, obwohl es in

Wahrheit überhaupt keinen Grund zum Erschrecken gab, es war unwahrscheinlich, daß uns jemand hörte. Ich blickte wieder zu den Balkonen, alles war dunkel, niemand war aufgewacht.

Meine Aufforderung hatte Viana erschreckt, und er sprach augenblicklich leiser, aber er war nicht erschrocken genug, um nicht mit dem fortzufahren, was er so laut begonnen hatte.

»Ich will sagen, ich denke nicht an einen Unfall. Sie wird früher als ich sterben, wenn Sie verstehen, was ich meine.«

Ich schaute Viana ins Gesicht, aber er schaute nicht mich an, er schaute zum Himmel hinauf, zum Mond, er kümmerte sich nicht um meinen Blick. Wir waren auf einer Insel.

»Warum sind Sie da so sicher, wenn sie nicht krank ist? Sie sind viel älter als sie. Normal wäre im Gegenteil, daß Sie vor ihr sterben.«

Viana lachte wieder und streckte erneut das Bein aus, diesmal tauchte er den ganzen Fuß mit dem Socken in das Wasser und bewegte es wieder langsam, schwerfälliger als vorhin, denn jetzt handelte es sich um den ganzen Fuß – den schweren und fetten Fuß –, der eingetaucht war.

»Normal, normal«, sagte er und lachte wieder leise.

»Normal«, wiederholte er. »Nichts zwischen ihr und mir ist normal. Oder besser gesagt, nichts von mir zu ihr ist normal, ist es nie gewesen. Im Gegenteil, alles war immer außergewöhnlich. Ich kenne sie, seit sie ein Kind war. Ich bete sie an, verstehen Sie nicht?«

»Doch, ich verstehe, und außerdem springt es einem ins Auge, daß Sie sie anbeten. Ich bete meine Frau Luisa auch an«, fügte ich hinzu, um den außergewöhnlichen Charakter, den er seiner Anbetung zuschrieb, abzuschwächen. »Aber wir sind fast gleich alt, daher ist es schwer zu sagen, wer als erster sterben wird.«

»Sie beten sie an? Daß ich nicht lache. Sie haben ja nicht einmal eine Kamera. Sie wollen sich nicht an sie erinnern, wie sie wirklich war, wenn Sie sie verlieren. Sie wollen sie nicht wiedersehen, wenn es eines Tages nicht mehr möglich sein sollte, sie zu sehen.«

Dieses Mal ärgerte mich die Bemerkung des dicken Viana schon ein wenig, ich empfand sie als impertinent. Ich merkte es, weil mein plötzliches Schweigen etwas Verletztes, Unfreiwilliges hatte, auch etwas Verschrecktes, als wagte ich es mit einem Mal nicht mehr, ihn weiter auszufragen, und hätte jetzt keine andere Wahl mehr, als mich darauf zu beschränken, einzig dem zuzuhören, was er mir erzählen wollte. Es war, als hätte er, mit jener taktlosen, schroffen Bemerkung, die Unterhaltung ganz an sich gerissen. Und mir fiel auf, daß meine Angst mit seiner Verwendung der Vergangenheit einherging. Er hatte gesagt ›so wie sie war‹, als er von Luisa sprach, er hätte ›so wie sie ist‹ sagen müssen. Ich beschloß, aufzustehen, und aufs Zimmer zu gehen. Ich wollte Luisa sehen und neben ihr schlafen, mich niederlegen, meinen Platz im Ehebett zurückgewinnen, das sicher so war wie jenes, das Inés und Viana teilten, in modernen Hotels wiederholen sich die Zimmer. Ich konnte die Unterhaltung beenden, leicht verärgert, wie ich war. Aber das Schweigen dauerte nur ein paar Sekunden, denn Viana sprach weiter, ohne die Pause zu machen, die ich beim Schreiben gemacht habe, zu spät, um ihm nicht zuzuhören.

»Und Sie haben eine große Wahrheit ausgesprochen, Sie haben es auf den Punkt gebracht. Wie soll man wissen, wer als erster sterben wird? Sie erheben auf nichts Geringeres Anspruch, als darauf, die Reihenfolge des Todes zu kennen. Um diese Reihenfolge zu kennen, muß man ein Teil von ihr werden, ich weiß nicht, ob Sie mich verstehen. Sie zu unterbrechen, nein, das geht nicht, aber ein Teil von ihr zu werden, das ja. Hören Sie, wenn ich sage, daß ich Inés anbete, meine ich das wörtlich. Dabei handelt es sich nicht um irgendeine Redewendung, irgendeinen gewöhnlichen Ausdruck ohne Bedeutung, die wir, Sie und ich zum Beispiel, teilen könnten. Was Sie anbeten nennen, hat mit dem, was ich genauso nenne, nicht das geringste zu tun, wir teilen die Vokabel, weil es keine andere gibt, nicht aber die Sache. Ich bete sie an, und ich habe sie angebetet, seit ich sie kennengelernt habe, und ich weiß, daß ich sie noch viele Jahre lang anbeten werde. Deshalb kann es jetzt nicht mehr lange dauern, weil alles schon zu viele Jahre lang in meinem Inneren gleich ist, ohne sich zu verändern, ohne schwächer zu werden. Von mir aus wird es nicht dazu kommen, es wird unerträglich werden, ist es bereits, und weil für mich alles unerträglich werden wird, wird sie vor mir sterben müssen, eines Tages, wenn ich meine Anbetung nicht mehr ertragen kann. Eines Tages werde ich sie umbringen müssen, ich weiß nicht, ob Sie mich verstehen.«

Nachdem er das gesagt hatte, zog Viana den Fuß aus dem Wasser, tropfend stellte er ihn behutsam und vorsichtig ins Gras. Die nasse Seide auf dem Trockenen.

»Sie werden sich erkälten«, sagte ich. »Ziehen Sie sich den Socken lieber aus.«

Viana gehorchte und zog sich den nassen Socken auf der Stelle mit einer mechanischen Geste aus, ohne der Sache größere Bedeutung beizumessen. Er hielt ihn einige Sekunden angeekelt zwischen zwei Fingern und hängte ihn dann über die Rückenlehne seines Liegestuhls, wo er zu tropfen begann (der Geruch des nassen Stoffes). Jetzt hatte er einen nackten Fuß und den anderen mit seinem hellblauen Socken und seinem grellroten Mokassin. Der nackte Fuß war naß, der Fuß mit dem Schuh ganz trocken. Nur mit Mühe konnte ich meinen Blick losreißen, aber ich glaube, mein unverwandtes Starren bot die Möglichkeit, das Gehör zu täuschen, so zu tun, als wären das Wichtige die Füße von Viana und jener triefend nasse Socken, und nicht, daß er gesagt hatte, er werde Inés eines Tages umbringen müssen. Mir wäre es lieber gewesen, er hätte es nicht gesagt.

»Was reden Sie denn da? Sind Sie verrückt?« Ich wollte die Unterhaltung nicht fortsetzen, aber ich hatte gerade das entgegnet, was dazu zwang, sie fortzusetzen.

»Verrückt? Was ich Ihnen gleich sagen werde, hat in meinen Augen eine strenge Logik«, antwortete Viana, und er strich sich sein nicht vorhandenes Haar glatt. »Ich kenne Inés, seit sie ein Kind war, seit sie sieben Jahre alt war. Jetzt ist sie dreiundzwanzig. Sie ist die Tochter von Leuten, die bis vor fünf Jahren enge Freunde von mir waren, jetzt nicht mehr, Eltern werden böse, wenn ein achtzehnjähriges Mädchen mit einem ihrer Freunde, von dem sie die beste Meinung hatten, zusammenlebt, das gilt als nicht normal, jetzt wollen sie nichts mehr von mir wissen, und von ihr auch nicht mehr viel. Ich besuchte meine Freunde sehr oft zu Hause, sah das Mädchen und betete es an. Sie betete mich auch an, anders natürlich. Sie konnte noch nicht wissen, ich aber wußte es sofort, und ich beschloß, mich vorzubereiten, elf Jahre zu warten, bis sie volljährig wäre, bis es soweit war, keinesfalls wollte ich etwas überstürzen und damit alles verderben, während der letzten Monate mußte ich sie im Zaum halten. Das pflegen die Leute Fixierung zu nennen; ich, im Unterschied dazu, nenne es Anbetung. Glauben Sie, es war nicht leicht, von zwölf oder dreizehn Jahren an gibt es Buben, die ihnen den Hof machen, blödsinnige Buben, die schon sehr früh den Erwachsenen spielen wollen. Sie können sich nicht beherrschen, sie können ihnen wehtun. Wenn sie achtzehn wäre, so rechnete ich mir aus, wäre ich fast fünfzig, und ich gab auf mich acht, ich gab sehr auf mich acht, für sie, bis auf die Korpulenz, das konnte ich nicht verhindern, der Stoffwechsel verändert sich, und auch die Kahlköpfigkeit – es wurde bisher nichts Zufriedenstellendes erfunden, und Sie werden verstehen, daß ein Haarteil unmöglich wäre, ausgeschlossen. Aber ich ging elf Jahre lang in Fitneßstudios, ernährte mich gesund und ließ alle drei Monate ärztliche Untersuchungen vornehmen, die Chirurgie machte mir Angst; ich machte einen Bogen um Frauen, ich vermied Ansteckungen; und dann, natürlich, die geistige Vorbereitung: ich hörte die Platten, die sie hörte, lernte Spiele, sah viel Fernsehen, Nachmittagsprogramme und die ganze Werbung aus all den Jahren, ich kenne die Lieder. Meine Lektüre können Sie sich vorstellen, zuerst las ich Bilderbücher, dann Abenteuerbücher, Liebesromane, das eine oder andere aus der spanischen Literatur, was in der Schule dran war, katalanische Literatur, Manelic, Llop, auch jetzt lese ich immer noch, was sie liest, amerikanische Romanciers, es gibt Hunderte. Ich habe viel Tennis gespielt, auch Squash, etwas Ski, an vielen Wochenenden mußte ich nach Madrid oder San Sebastian fahren, damit sie auf die Rennbahn gehen konnte, hier sind wir von einer Fiesta zur anderen gezogen, auf jedes Dorffest, um die Reiter zu sehen. Vielleicht haben Sie mich auf dem Motorrad gesehen. Notfalls wußte ich sogar Namen und Größe von sämtlichen Basketballspielern, jetzt ist ihr das vergangen. Sie sehen ja, wie ich mich anziehe, obwohl sich im Sommer alles als viel tragbarer herausstellt«, und Viana machte mit seiner rechten Hand eine vielsagende Bewegung, als würde er in alten Kleidern wühlen. »Ich weiß nicht, ob Sie mich verstehen, ich habe während all dieser Jahre parallel zu meinem Leben ein Kinderleben geführt (ich bin Rechtsanwalt, wissen Sie? Schwerpunkt Scheidungen), dann das Leben eines Jugendlichen, ich war der König der Videospiele, und wenn ich sie nicht begleiten konnte, ging ich und sah mir alleine alle diese Filme mit Jugendlichen, Halbstarken und Außerirdischen an. Ich habe eine Parallelexistenz geführt, die, nebenbei, nicht von Dauer war, es ist überaus schwierig auf dem letzten Stand dieser Altersgruppen zu sein, die Interessen passen nie ganz zusammen. Davon können Sie nichts wissen, Sie meinten vorhin, Ihre Frau sei fast genauso alt wie Sie, also werden Ihre Berührungspunkte die gleichen oder ganz ähnliche sein. Sie werden dieselben Lieder zur selben Zeit gehört haben, Sie werden dieselben Filme gesehen, dieselben Bücher gelesen, die gleichen Moden mitgemacht haben, Sie werden sich an dieselben Vorfälle, die Sie mit der gleichen Intensität erlebt haben, und an dieselben Jahre erinnern. Für Sie ist es leicht. Können Sie sich vorstellen, daß dem nicht so wäre, die endlosen Pausen, die sich in Ihren Unterhaltungen breitmachen würden? Und das Schlimmste, die Notwendigkeit, alles zu erklären, jeden Bezug, jede Anspielung, jeden Scherz, der sich auf die eigene Vergangenheit oder die eigene Epoche, die eigene Zeit, bezieht. Besser verdrängen. Ich habe lange warten müssen, und außerdem habe ich meine Vergangenheit ablegen und mir eine andere erschaffen müssen, die mit ihrer, mit der, die die ihre sein wird, nach Möglichkeit übereinstimmt.«

Viana unterbrach sich einen Moment, eine sehr kurze Unterbrechung, als hätte ihn eine Fliege berührt. Es war Nacht, die Augen hatten sich an die Dunkelheit und an das Licht des Wassers gewöhnt. Wir waren auf einer Insel, ich hatte keine Uhr. Luisa schlief, und auch Inés schlief wohl, jede in ihrem Zimmer, in Ehebetten, querliegend, da weder Viana noch ich an ihrer Seite waren. Vielleicht vermißten sie uns im Schlaf. Oder vielleicht nicht und waren erleichtert.

»Aber diese ganze Mühe ist vorbei und ist auch nicht das Schlimme. Das Schlimme ist die Anbetung, meine stets gleichbleibende Anbetung. Die seit sechzehn Jahren unverändert geblieben ist, so unverändert, daß ich nicht damit rechne, daß sich in nächster Zukunft etwas ändern wird. Und wehe, wenn sich etwas ändern würde. Ich habe zu lange ganz auf sie konzentriert gelebt, ihr Heranwachsen, ihre Heranbildung, ich könnte gar nicht anders. Aber für sie ist es anders. Für sie ist ein Traum in Erfüllung gegangen, auf den sie schon als Kind fixiert war, vor fünf Jahren war sie genauso glücklich, wenn nicht glücklicher als ich, als sie bei mir einzog, mein Haus war vorbereitet, sie aufzunehmen, es fehlt ihr dort an nichts. Aber ihr Charakter ist noch nicht ganz ausgereift, sie ist noch von Neuem abhängig, das Außen zieht sie an, sie ist fasziniert von dem, was es gibt und was nach mir auf sie wartet, ich glaube, sie ist ein wenig müde. Nicht nur meiner müde, auch unserer sonderbaren und außergewöhnlichen Situation, ihr fehlt das Alltägliche, die gute Beziehung zu ihren Eltern. Glauben Sie nicht, daß ich das nicht verstehe, mehr noch, ich sehe es voraus. Aber Verstehen hilft gar nichts. Jeder hat sein eigenes Leben, und wir haben nur eines, niemand ist bereit mit anzusehen, daß es sich nicht wunschgemäß erfüllt, mit Ausnahme derer, die keine Wünsche haben, die Mehrheit also.

Die Leute reden so daher und sprechen von Opferbereitschaft, Verzicht, Großzügigkeit, Nachgiebigkeit und Selbstlosigkeit, aber das alles ist falsch, normal ist, daß die Leute glauben, sich das, was ihnen ohnehin passiert, was ihnen zustößt, was sie erreichen oder was ihnen in den Schoß fällt, zu wünschen, ohne daß vorher in Wahrheit überhaupt Wünsche bestanden hätten. Aber ob vorher oder gar nicht, jeder interessiert sich für sein eigenes Leben, das der anderen ist nur in dem Maße wichtig, wie es mit dem eigenen verwoben und Teil von ihm ist, in dem Maße, wie rücksichtsloses, skrupelloses Verfügen darüber das eigene beeinflussen kann, es gibt Gesetze, es kann Bestrafung geben. Meine Anbetung ist exzessiv, aber deshalb ist es Anbetung. Exzessiv war auch mein Warten. Und ich warte immer noch, nur daß sich das Wesen dieses Wartens umgekehrt hat. Früher wartete ich auf den Erfolg, jetzt warte ich auf die Auflösung. Früher wartete ich auf das Geschenk, jetzt warte ich auf den Verlust. Früher wartete ich auf das Wachsen, jetzt warte ich auf das Vergehen. Nicht nur auf meines, verstehen Sie mich, auch auf ihres, und darauf bin ich nicht vorbereitet. Sie denken, daß ich die Dinge zu sehr als Tatsachen hinnehme, daß nichts restlos vorhersehbar ist, so wie es die Reihenfolge des Todes nicht ist, das habe ich Ihnen vorhin gesagt. Ebensowenig die des Lebens, denken Sie jetzt, und Sie denken, daß Inés vielleicht meiner gar nicht müde werden wird, mich nie verlassen will. Sie denken, ich irre mich vielleicht, wenn ich der Zeit mißtraue, daß sie und ich vielleicht gemeinsam alt werden, wie Sie vorhin andeuteten und wie es für Sie und Ihre Frau vorgesehen ist, ich habe Ihre Worte gehört, mir ist von dem, was

Sie gesagt haben, nichts entgangen. Aber wäre es so, lägen vor uns so viele gemeinsame Jahre, meine Anbetung liefe auf dasselbe hinaus, in diesem Fall. Oder glauben Sie, ich könnte mir, so, wie die Dinge liegen, das Ende meiner Anbetung erlauben? Glauben Sie, ich könnte ihr Vergehen, ihren Verfall mit ansehen, ohne das einzige Mittel anzuwenden, das es dagegen gibt, daß sie vor mir stirbt? Glauben Sie, daß ich, der ich sie kennengelernt habe, als sie sieben Jahre alt war (sieben Jahre), es ertragen könnte, Inés als Vierzigjährige zu sehen, ja, als Fünfzigjährige, ohne eine Spur ihrer Kindheit? Machen Sie sich nicht lächerlich. Ebenso könnten Sie von einem alten Vater verlangen, daß er das Alter seiner eigenen Kinder erträgt und ehrt. Eltern weigern sich zu sehen, wie sich ihre Kinder in alte Leute verwandeln, sie treffen sich nicht mehr mit ihnen, sie können sie nicht ausstehen, sie überspringen sie, sehen nur noch ihre Enkelkinder, wenn sie welche haben. Die Zeit ist immer gegen das, was sie erschaffen hat. Gegen das, was ist.«

Viana vergrub das Gesicht in seinen Händen, wie ich es ihn von oben vom Balkon aus hatte tun sehen, hier unten am Becken bisher noch nicht. Ich sah, daß die Geste nicht mit einem unterdrückten Lachen einherging, sondern mit einem Zustand der Bedrückung, was ihn freilich seine Gelassenheit nicht verlieren ließ. Vielleicht war eben diese Geste nötig, damit er sie nicht verlor. Ich schaute noch einmal hinauf zu meinem Balkon und zu den anderen, alles blieb ruhig, dunkel und leer, als wäre hinter ihnen, auch hinter den Scheiben und Stores, im Innneren der einander wiederholenden und identischen Zimmer niemand, als schliefe dort weder Luisa noch Inés, noch irgend jemand. Aber ich wußte, daß sie schliefen und daß die Welt schlief, ihr schwaches Rad stillstand. Viana und ich waren das Produkt ihrer Trägheit, zumindest solange wir uns unterhielten. Ohne daß er mir wieder das Gesicht zuwandte, sprach er weiter:

»Also gibt es keine Lösung, nicht in der Zeit«, sagte er. »Bevor ich mir selbst gestehen müßte, daß ich sie nicht länger anbete, würde ich sie umbringen, ich weiß nicht, ob Sie sehen, worum es geht; bevor ich erlauben würde, daß sie mich eines Tages verläßt, bevor ich es zulassen würde, daß ich sie weiterhin anbete, daß mir aber das Objekt dazu fehlt, würde ich sie ebenfalls umbringen. Alles hat, meiner Meinung nach, eine strenge Logik. Deshalb weiß ich, was ich eines Tages zu tun haben werde, eines fernen Tages, vielleicht, ich kann ihn so lange wie möglich hinauszögern, alles ist eine Frage der Zeit. Aber für alle Fälle filme ich sie täglich, ich weiß nicht, ob Sie mich verstehen.«

»Haben Sie nie in Erwägung gezogen, sich selbst umzubringen?« sagte ich plötzlich, ohne daß ich es sagen wollte. Schon seit einer ganzen Weile hörte ich zu, weil ich den Eindruck hatte, daß ich es nicht verhindern konnte, nicht weil ich es wollte, und die beste Art und Weise, nicht am Gespräch teilzunehmen, war, nichts zu sagen, mich rein als Zuhörer seiner vertraulichen Mitteilungen zu verhalten, ohne Einwände zu machen, ohne Ratschläge zu erteilen, ohne Behauptungen zu widerlegen oder ihnen beizupflichten, oder mich aufzuregen. Es schien mir immer weniger möglich, die Unterhaltung zu beenden, der Verlauf, den sie genommen hatte, war endlos, so kam es mir vor. Mir brannten die Augen. Ich wünschte, daß Luisa sich bloßstrampelte und aufwachte, daß sie meine Abwesenheit bemerkte und vom Balkon herabschaute, wie ich herabgeschaut hatte. Daß sie mich erblickte, unten, am Becken, im matten Licht des Mondes, das sich im Wasser reflektierte, und mich hinaufkommen hieß, indem sie nach mir rief, daß sie meinen Namen rief und mich so aus der Unterhaltung mit Viana befreite, es genügte, mich zu rufen. Von nun an werde ich die Zeitungen aufmerksam lesen müssen, hatte ich gedacht, während ich ihm zuhörte, jedes Mal, wenn in einer Schlagzeile steht, daß eine Frau von einem Mann umgebracht wurde, werde ich die ganze Nachricht lesen müssen, bis ich auf die Namen stoße, zu dumm, ich werde von jetzt an stets befürchten, daß es sich um Inés, die Tote, und Viana, den Mörder, handeln könnte. Obwohl alles eine Lüge sein konnte, hier, auf dieser Insel, während die Frauen schlafen.

»Ich mich umbringen? Das paßt nicht zu mir«, antwortete Viana und ließ das Gesicht zwischen den Händen zum Vorschein kommen. Er sah mich mit einem mehr belustigten als überraschten Ausdruck an, die Winkel seiner Augenlider lächelten, oder fast, so kam es mir vor in der Nacht.

»Noch weniger würde es zu Ihnen passen, sie umzubringen, um die Anbetung der Toten auf einer Kassette zu bewahren, wenn ich Sie recht verstanden habe.«

»Nein, Sie verstehen mich nicht, es paßt durchaus zu mir, sie für das, was ich Ihnen erklärt habe, umzubringen, niemand verzichtet auf die Form des eigenen Lebens, wenn er eine ziemlich klare Vorstellung hat, wie er es leben will, und ich habe eine, was nicht oft vorkommt. Und, wie soll ich es Ihnen sagen?, Mord ist eine höchst männliche Domäne, wie die Hinrichtung, nicht aber der Selbstmord, der Männern und Frauen im gleichen Maße entgegenkommt. Vorhin habe ich Ihnen gesagt, daß sie mit dem spekuliert, was nach mir kommt, aber ausschlaggebend ist, daß es in Wahrheit nach mir nichts gibt. Für sie nichts gibt; möglich, daß sie sich dessen nicht bewußt ist, sie sollte sich dessen bewußt sein. Brächte ich mich um, würde sich das nicht erfüllen, nach mir darf es nichts geben, ich weiß nicht, ob Sie mich verstehen.«

Der Fuß von Viana schien bereits trocken zu sein, aber der Socken, der auf der Lehne seines Liegestuhls hing, tropfte noch immer mit einem schnellen Rhythmus ins Gras. Ich meinte, seine Feuchtigkeit auf meinen Füßen in den Schuhen zu spüren, ich stellte mir vor, was für ein Gefühl es wäre, sich diesen nassen Socken anzuziehen. Ich zog mir den linken Schuh aus, um mir die Sohle an der Spitze meines schwarzen Mokassins, des rechten, zu kratzen.

»Warum erzählen Sie mir das alles? Haben Sie keine Angst,

daß ich Sie anzeigen könnte? Oder daß ich morgen mit Inés spreche?«

Viana kreuzte seine Hände hinter dem Nacken, lehnte sich wieder im Liegestuhl zurück und berührte dabei mit der Glatze den aufgehängten Socken. Er reagierte sofort und richtete seinen Körper auf, wie wenn man von einer Fliege gestreift wird. Er zog sich den roten Mokassin an, den er sich schon lange vorher ausgezogen hatte, als ich noch auf dem Balkon war, und das nahm ihm jene Aura von Verlassenheit; mir schien plötzlich, die Unterhaltung könnte gleich zu Ende gehen.

»Absichten zeigt man nicht an«, sagte er. »Morgen schon fahren wir nach Barcelona, wir werden uns nicht wiedersehen, wir brechen früh auf, gehen nicht mehr zum Strand. Morgen werden Sie das alles vergessen haben, Sie werden sich nicht daran erinnern wollen, Sie werden das Ganze weder ernst nehmen, noch werden Sie sich an mich oder diese Stunde erinnern, und Sie werden auch nicht versuchen, irgend etwas herauszufinden. Sie werden sich nicht im Hotel nach uns erkundigen, ob wir zusammen abgereist sind, ob wir die Rechnung bezahlt haben, ob in dieser Nacht nichts vorgefallen ist, in der Sie, der einzige, der wach gewesen ist, sich mit mir unterhalten haben. Sie werden nicht einmal Ihrer Frau erzählen, was wir miteinander gesprochen haben, warum sie beunruhigen, im Grunde genommen wollen Sie mir nicht glauben, und es wird Ihnen gelingen, seien Sie unbesorgt.« Viana zögerte einen Moment, fuhr aber gleich darauf fort. »Und bedenken Sie, falls Sie Inés warnen sollten, würden Sie den Ablauf nur beschleunigen, ich müßte sie morgen umbringen, ich weiß nicht, ob Sie den Grund sehen.«

Er zögerte neuerlich, machte eine Pause, sah zum Himmel, zum Mond, dann zum Wasser, dann machte er wieder seine bedrückte Geste, »das ist es«, er vergrub sein Gesicht und sprach in dieser Haltung weiter. »Und wer sagt Ihnen, daß Sie morgen mit ihr sprechen können, wer sagt Ihnen, daß ich es nicht schon getan habe, heute nacht, vor einer Weile und bevor ich hier heruntergekommen bin, wer sagt Ihnen, daß sie nicht schon tot ist und daß ich deswegen mit Ihnen spreche, jeder kann jeden Augenblick sterben, das haben wir in der Schule gelernt, das wissen wir alle, seit Kindesbeinen, dafür genügt es, ein Teil in der Reihenfolge des Todes zu werden. Sie selbst haben Ihre schlafende Frau allein gelassen, aber wer versichert Ihnen, daß sie nicht gestorben ist, während Sie mit mir sprachen, vielleicht ringt sie gerade in diesem Moment mit dem Tod, Sie hätten nicht mehr genug Zeit hinaufzukommen, auch wenn Sie laufen würden. Wer sagt Ihnen, daß es nicht Inés ist, die von mir umgebracht worden ist, und daß ich mir deshalb den Schnurrbart abrasiert habe, vor einer Weile schon, bevor Sie heruntergekommen sind, bevor ich heruntergekommen bin. Oder beide. Wer sagt Ihnen, daß nicht beide gestorben sind, während sie schliefen.«

Ich glaubte ihm nicht. Inés, die makellose Schönheit, schlief sicherlich, ihre acht Ringe auf dem Nachtkästchen, ihre großen Brüste gut auf die Laken gebettet, ihre Atmung ruhig, die gleichförmigen Lippen halb geöffnet, wie bei einem Kind, ihr glattrasierter Venushügel machte einen kleinen Fleck, diese eigenartige nächtliche Absonderung der Frauen. Luisa schlief, ich habe sie gesehen, ihr schönes und weißes und noch faltenloses Gesicht, ihre unruhigen Augen, die sich hinter den Lidern bewegten, als könnten sie sich während der Nacht nicht daran gewöhnen, mit dem aufzuhören, was sie tagsüber taten, im Gegensatz dazu die von Inés, die jetzt wahrscheinlich bewegungslos waren, während des Schlafes, den sie zur Konservierung ihrer makellosen Schönheit brauchten. Beide schliefen, deshalb wachten sie nicht auf, und schauten auch nicht herunter, Luisa war während meiner Abwesenheit nicht gestorben, ich hatte nicht auf die Uhr geschaut, wie lange es gedauert hatte. Instinktiv blickte ich hinauf, zu den Zimmern, zu meinem Balkon und zu den anderen, und auf einem von ihnen sah ich eine Gestalt erscheinen, eingewickelt in eine Toga aus Laken, die zweimal nach mir rief, sie rief mich beim Namen, so wie Mütter, die ihre Kinder rufen. Ich stand auf. Auf dem Balkon von Inés jedoch, welcher immer es auch war, erschien niemand.

Aus dem Spanischen
von Renata Zuniga

Olga Tokarczuk

Hotel Capital

Im Hotel

»Capital« übernachten nur reiche Leute. Für sie sind die Portiers in ihren Livreen da, die schlankbeinigen, befrackten Kellner mit dem spanischen Akzent, für sie gibt es die geräuschlosen, innen verspiegelten Aufzüge, für sie sind die Türklinken aus Messing, die kein Recht darauf haben, Fingerabdrücke zurückzubehalten und deshalb zweimal täglich von einer Jugoslawin poliert werden, für sie sind die Treppen mit Teppichen ausgelegt, für sie sind die riesigen Diwane, die schweren Steppdecken, das Frühstück im Bett, die Klimaanlage, die Handtücher, weißer als der Schnee, die Seifen, das duftende Shampoo, Klosettbrillen aus Eichenholz, die druckfrischen Zeitungen, für sie gibt es Angelo von der Schmutzigen Wäsche und Zapata für Sonderwünsche, für sie schwirren die Zimmermädchen in ihren weiß-rosa Uniformen durch die Gänge, darunter ich. Aber vielleicht ist »ich« bereits zuviel gesagt. Es bleibt nicht viel von mir übrig, wenn ich mir im Personalraum am Ende des Korridors die gestreifte Schürze anziehe. Schließlich verabschiede ich mich dann von meinen eigenen Farben, meinen sicheren Gerüchen, meinen Lieblingsohrringen, meinem unerschrockenen Make-up und meinen hochhackigen Schuhen. Ich lege auch meine Sprache ab, meinen ungewöhnlichen Vornamen, meinen Humor, meine Mimik, meine Vorliebe für ausgefallene Speisen, die Erinnerung an alltägliche Begebenheiten – und so stehe ich nackt in dieser weiß-rosa Uniform da, als würde ich plötzlich in der Brandung des Meeres stehen. Und ab diesem Moment kann ich behaupten

Mein ist der ganze zweite Stock

und zwar an jedem Wochenende. Ich komme um acht und ich muß mich nicht beeilen, denn um acht Uhr schlafen alle reichen Leute noch. Das Hotel drückt sie an sein Herz, wiegt sie in Sicherheit, als wäre es eine riesige Muschel im Zentrum der Welt, und sie lägen darin wie kostbare Perlen. Irgendwo weit weg baut man Autos, und der Zug versetzt die Grasbüschel in leichte Schwingung. Auf dem Vorhof des Hotels liegt noch kühler Schatten.

Ich trete durch die Tür vom Vorhof ein, und sofort steigt mir der seltsame Geruch in die Nase: der Geruch einer Mixtur aus Reinigungsmitteln, frischer Wäsche und der Mauern, die durch den schnellen Wechsel der Gäste ins Schwitzen gekommen sind. Der Aufzug, ein halber Quadratmeter, bleibt vor mir stehen, dienstbereit. Ich drücke den Knopf für den vierten Stock und fahre zu meiner Vorgesetzten Miß Lang, um mich zum Dienst zu melden. Zwischen dem zweiten und dritten Stock streift etwas Panikähnliches mein Gesicht: der Lift könnte stehenbleiben und ich wäre für immer, wie ein Virus, im Körper des Hotels »Capital« gefangen. Doch der Aufzug erbarmt sich und läßt mich hinaus.

Miß Lang sitzt hinter ihrem Schreibtisch, ihre Brille hält sich auf der Nasenspitze. So sollte die Königin aller Zimmermädchen aussehen, die Präsidentin der acht Stockwerke, die Verwalterin von Hunderten von Leintüchern und Kissenbezügen, die Aufseherin über Teppiche und Aufzüge, die Hüterin der Besen und Staubsauger. Sie blickt mich über ihren Brillenrand hinweg an und sucht eine Karteikarte heraus, die nur für mich bestimmt ist. Darauf sind verschiedene Rubriken und Spalten zu sehen, die Diagnose des ganzen zweiten Stocks, der Zustand eines jeden Zimmers. Miß Lang nimmt die Gäste des Hotels gar nicht wahr.

Vielleicht sind diese nur für das noch höhere Personal wichtig, obwohl man sich nur schwer vorstellen kann, daß es jemanden geben könnte, der wichtiger und distinguierter wäre als Miß Lang.

Für sie besteht das Hotel gewiß nur aus einer perfekten Struktur, es ist für sie ein autonomes Wesen, durch das die Menschen sorglos hindurchfliegen, hindurchschwimmen, in dem sie einen Platz im Bett anwärmen, Wasser aus seinen Messingzitzen trinken. Aber sie gehen vorüber, gehen wieder fort. Wir und das Hotel, wir bleiben. Deshalb beschreibt mir Miß Lang die Zimmer, als ob es Orte der Heimsuchung wären – immer im Passiv: besetzt, beschmutzt, geräumt, seit einigen Tagen frei. Dabei blickt sie unwillig auf meine zivile Montur, auf die Spuren eiligen Schminkens. Doch ich gehe bereits den Korridor entlang, die Karteikarte, beschrieben mit der wunderschönen, beinahe viktorianischen Handschrift von Miß Lang in der Hand, überlege mir eine Strategie, teile meine Kräfte ein.

Dabei gelange ich unwillkürlich vom Wirtschafts- in den Gästebereich. Das bemerke ich am Geruch, ich muß den Kopf heben, um ihn genau zu erkennen. Manchmal gelingt es mir: Es riecht nach Armani oder Lagerfeld for men oder verführerisch nach elegantem Boucheron, ich kenne diese Gerüche von den Gratisproben aus dem »Vogue«-Magazin, ich weiß wie die Flakons aussehen. Es riecht auch nach Puder, Antifaltencreme, Seide, Krokoleder, nach auf dem Leintuch verschüttetem Campari, nach Zigaretten der Marke »Caprice« für dunkelhaarige, raffinierte Frauen. Genau das ist der spezifische Geruch des zweiten Stocks. Ich erkenne ihn wie einen alten Bekannten auf dem Weg zu meiner Kammer, wo meine

Verwandlung

erfolgt. In meiner rosa-weißen Uniform sehe ich den Korridor bereits ganz anders. Ich suche keine Gerüche, mein Spiegelbild in den Messingarmaturen lockt mich nicht, ich höre nicht auf meine eigenen Schritte. Mich interessieren jetzt nur noch die numerierten Rechtecke an den Türen. Hinter jedem der acht Rechtecke ist ein Zimmer, ein quadratischer käuflicher Raum, der sich alle paar Tage jemand anderem hingibt. Die Fenster von vier Zimmern gehen auf die Straße hinaus. Dort steht immer ein bärtiger Typ in schottischer Tracht und spielt auf einem Dudelsack. Ich habe den Verdacht, daß es sich um einen falschen Schotten handelt. Sein Enthusiasmus ist nicht echt. Neben ihm ein Hut mit Münzen, die weitere Münzen anziehen sollen.

Die nächsten vier Zimmer mit Fenster auf den Hof sind nicht so sonnig, sie sind immer in Dämmerlicht getaucht.

Meine Augen sehen erst die Türklinken. An einigen von ihnen hängt eine Karte »Don't disturb«. Darüber freue ich mich, denn ich bin ja keinesfalls daran interessiert zu stören, weder die Leute noch ihren Frieden, ich möchte auch nicht, daß sie mich in meiner Kontemplation darüber, daß der ganze zweite Stock mein Eigentum ist, stören. Manchmal signalisiert mir eine Karte: »The room is ready to be serviced«. Diese Aufschrift versetzt mich in Bereitschaft. Und dann gibt es noch eine dritte Art von Information: keine Information. Das versetzt mich in Unruhe und weckt meine um diese Zeit noch schlafende Zimmermädchenintelligenz. Manchmal, wenn die Stille hinter einer solchen Tür allzu deutlich ist, lege ich das Ohr an die Tür und lausche angespannt oder schaue sogar durchs Schlüsselloch. Das ist mir lieber, als wenn ich mich plötzlich mit einem Arm voll Handtücher im Zimmer befinden würde, einem erschrockenen Gast gegenüber, der seine Blöße hastig bedeckt. Noch schlimmer wäre es, einen Gast in hilflosem Schlaf zu erblicken, einem Schlaf so tief, daß es scheint, als gäbe es gar keinen Gast.

Daher vertraue ich den Karten an der Tür. Sie sind das Visum, das Eintritt in eine Miniaturwelt,

Die Welt der Nummern,

gewährt. Zimmer 200 ist leer, das Bett zerwühlt, ein paar Abfälle liegen herum, es herrscht der herbe Geruch von Hektik, Sichherumwälzen im Bett, fieberhaftem Einpacken. Dieser Jemand hatte frühmorgens abreisen müssen, sicher hatte er es eilig gehabt, zum Flughafen oder vielleicht zum Bahnhof zu kommen. Es ist meine Aufgabe, die Spuren seiner Anwesenheit zu entfernen, aus dem Bett, vom Teppich, aus den Schränken, den Kästchen, aus dem Badezimmer, von den Tapeten, aus den Aschenbechern, aus der Luft. Das ist gar nicht leicht. Der Rest Persönlichkeit des letzten Gastes muß mit der eigenen Unpersönlichkeit beseitigt werden. Dafür war die *Verwandlung* nötig. Die Reste der Spiegelbilder jener Gesichter muß ich nicht nur mit dem Lappen wegwischen, sondern ich muß den Spiegel auch mit meiner rosa-weißen Gesichtslosigkeit anfüllen. Diesen Geruch, der aus Zerstreutheit oder Hektik zurückgeblieben ist, muß ich mit meiner Geruchlosigkeit übertönen.

Am schwierigsten ist es mit den Frauen. Frauen hinterlassen mehr Spuren, und das nicht nur, weil sie Kleinigkeiten liegenlassen. Sie versuchen aus den Hotelzimmern einen Ersatz für ihr Zuhause zu machen. Sie schlagen Wurzeln, wo immer es nur geht, wie Samenkörner, die der Wind bringt. In den Schränken hängen noch flammende Sehnsüchte; in den Badezimmern hinterlassen sie, schamlos, ihre Begierden und ihre Einsamkeit. Auf Gläsern und Zigarettenstummeln lassen sie leichtsinnig die Abdrücke ihrer Lippen zurück und in der Badewanne ihr Haar. Auf dem Fußboden verschütteter Puder, in dem sich verräterisch ihre geheimnisvollen Fußspuren abzeichnen. Manche legen sich schlafen, ohne ihr Make-up entfernt zu haben, dann zeigt mir der Kopfkissenbezug den Abdruck ihres Gesichts. Allerdings hinterlassen sie kein Trinkgeld. Dafür braucht man die Selbstsicherheit eines Mannes. Sie wollen für alles bezahlen. Nur dann sind sie frei, wenn sie bezahlen.

Das nächste ist

Nummer 224,
wo ein Paar aus Japan wohnt

Sie sind schon ziemlich lange hier, und ich bin mit ihrem Zimmer vertraut. Sie stehen früh auf, sicher, um unendlich viele Museen, Galerien und Geschäfte zu besichtigen, die Stadt fotografisch zu vervielfältigen, leise und höflich durch die Straßen zu huschen und um ihren Platz in der U-Bahn anderen zu überlassen.

Es ist ein elegantes Doppelzimmer, allerdings sieht es so aus, als sei es in keinerlei Hinsicht bewohnt. Hier gibt es nichts, was zufällig auf dem Frisiertisch unter dem Spiegel liegengeblieben ist. Sie benutzen weder den Fernsehapparat noch das Radio – es sind keine Fingerabdrücke auf der Messingplatte mit den Knöpfen. Es gibt auch keine Wassertropfen in der Wanne oder auf dem Spiegel, keine Krümel auf dem Teppich. Auf dem Kopfkissen kein Abdruck ihrer Köpfe. Kein einziges verlorenes schwarzes Haar bleibt an meiner Uniform haften. Und, was bereits unheimlich ist: es gibt keinerlei Gerüche von ihnen. Hier riecht es nur nach Hotel »Capital«.

Beim Bett sehe ich zwei Paar Sandaletten, sauber und adrett, akkurat für die einen Moment lang vom Dienst befreiten Füße bereitgestellt. Eines ist größer, das andere kleiner. Auf dem Nachtkästchen liegt ein Reiseführer, die Bibel jedes Touristen, und im Badezimmer liegen die Toilettenartikel – funktionell, diskret. Also beziehe ich nur das Bett frisch, wobei ich soviel Unordnung produziere, wie sie in einem ganzen Monat.

Während ich hier Ordnung mache, bin ich gerührt und auch erstaunt, daß man auf eine Weise existieren kann, als gäbe es einen nicht. Ich setze mich auf die Bettkante und sauge diese Nichtgegenwart in mich ein. Es rührt mich auch, daß die Japaner immer ein kleines Trinkgeld hinterlassen – ordentlich auf dem Kopfkissen plazierte Münzen. Das ist eine Art Brief, Information. Unsere Korrespondenz sieht so aus: Sie geben mir das Trinkgeld, fast wie eine Entschuldigung dafür, daß sie mich so wenig in Anspruch nehmen. Dieses kleine Trinkgeld ist der Ausdruck ihrer Dankbarkeit dafür, daß ich ihnen erlaube so zu sein, wie sie sein können, wie sie sein wollen. Ihre Art und Weise, mir zu begegnen, versuche ich meinerseits zu honorieren – ich mache ihr Bett mit Liebe. Ich glätte die Kissen, streichle die Decken. Obwohl sie gar nicht imstande scheinen, diese zu zerknittern – als seien ihre kleinen Körper weniger materiell als diejenigen anderer.

Das tue ich aus freien Stücken, mit Andacht, dabei fühle ich, daß auch ich etwas gebe. Ich liebkose ihr Zimmer, berühre die Gegenstände zärtlich. Sicher fühlen sie das auf ihrer Haut, jetzt, wo sie in der U-Bahn sitzen und das nächste Museum ansteuern, die nächste Expedition in die Stadt machen. Vor ihren Augen ersteht für einen Moment das Bild des Hotelzimmers, eine unklare Sehnsucht erwacht, das plötzliche Verlangen danach umzukehren. Doch ich komme in diesem Bild nicht vor. Meine Liebe hat kein Gesicht, hat keinen Körper in der weiß-rosa Uniform. Das Trinkgeld hinterlassen sie also nicht mir, sondern dem Zimmer, für seine schweigende Präsenz in den vielen Dimensionen der Welt, für seine Beständigkeit in der mit nichts erklärten Unbeständigkeit. Zwei auf dem Kopfkissen hinterlassene Münzen halten bis zum Abend die Illusion aufrecht, daß es solche Zimmer auch dann noch geben wird, wenn man sie nicht sieht. Zwei Münzen zerstreuen die einzige relevante Angst – die Angst, daß die Welt nur dadurch existiert, daß man sie ansieht, und daß es darüber hinaus nichts gibt.

So sitze ich und atme die Kühle und Leere dieses Zimmers, voller Respekt für das japanische Paar, das ich nur aus der Form ihrer Füße in den zurückgelassenen Sandaletten kenne.

Gleich muß ich jedoch diesen kleinen Tempel verlassen. Das tue ich so leise, wie wenn ich seufzen würde.

Und nun warten

Die restlichen Zimmer

auf mich.

226 sieht aus, als sei es gerade frisch bezogen worden. Die Koffer noch nicht ausgepackt, die Zeitung unberührt. Der Mann (im Badezimmer liegen männliche Kosmetika) ist sicher ein Araber (arabische Aufschriften auf dem Koffer, arabisches Buch). Doch sofort denke ich: was geht es mich an, woher ein weiterer Gast im Hotel kommt und was er hier macht. Ich begegne nur seinen Sachen.

Im Zimmer gibt es nicht viel zu tun. Der Gast war wahrscheinlich in der Nacht angekommen, er hatte sich nicht einmal mehr ins Bett gelegt. Jetzt ist er wahrscheinlich geschäftlich unterwegs, auspacken wird er, wenn er zurückkommt. Im Badezimmer bemerke ich, daß er sich nicht gewaschen hat, und anstelle von Toilettenpapier hat er Gesichtstüchlein benutzt.

Wahrscheinlich war er nervös oder unaufmerksam, er war sich wohl auf einmal fremd vorgekommen, als das Taxi ihn mitten in der Nacht vom Flughafen hierhergebracht hatte. In einer solchen Situation wird man von einer plötzlichen Lust auf Sex befallen. Nichts macht einen wieder so mit der Welt vertraut wie Sex. Sicher hat er sich rasch wieder hinausgeschlichen, sich auf die Suche nach weiblichen oder männlichen Körpern gemacht, diese schwankenden Boote, die einen schmerzlos durch jede Unruhe, durch jedes Gefühl der Angst hindurchtragen.

Zimmer 227 ist ganz gleich wie Zimmer 226, ein Einzelzimmer. Nur daß hier schon seit längerer Zeit ein Gast wohnt. Ich würde mich nicht daran erinnern, aber ich erkenne denselben Geruch von Zigaretten, Alkohol und Schlamperei. Dasselbe

Schlachtfeld, vor dem mir graut. Überall stehen halbvolle Gläser herum, Zigarettenasche, verschütteter Saft, der Abfalleimer voll mit leeren Wodka-, Tonic- und Cognacflaschen. Ein Geruch von Ausweglosigkeit und ein Geruch der Hoffnungslosigkeit. Ich öffne das Fenster, schalte die Klimaanlage ein, aber dadurch wird diese Atmosphäre noch verstärkt. Außerdem verdeutlicht das den Kontrast zwischen dem Gesunden und Frischen und dem Modrigen und Kranken. Dieser Kerl (Dutzende von Krawatten hat er über die offene Schranktür gehängt) ist anders als die anderen Gäste. Nicht nur weil er trinkt und Unordnung macht, sondern weil er sich vergißt. Er weiß nicht, wo die Grenze dessen, was man von sich preisgeben kann, und dessen, was seine Dinge über ihn verraten, zu ziehen ist. Er wahrt nicht den Schein. Er schüttet sein ganzes inneres Chaos aus und übergibt es den Händen von jemandem wie mir. Ich komme mir vor wie eine Krankenschwester, und das gefällt mir sogar. Ich mache dem von nächtlicher Schlaflosigkeit verwundeten Bett einen Verband, wasche die Wunden auf der Tischplatte, die vom Saft herrühren, ziehe die Flaschen aus dem Körper des Zimmers, so wie ich Dornen herausziehen würde. Sogar das Staubsaugen ist wie das Reinigen von Wunden. Auf dem Sessel arrangiere ich die nagelneuen und teuren Spielsachen, die er sicher gestern gekauft hat – plüschgewordener Ausdruck quälender Schuldgefühle. Dieser Kerl ist sicher lange vor dem Spiegel gestanden und hat Krawatten anprobiert. Vielleicht hat er sogar einen anderen Anzug angezogen, aber jede seiner Varianten ist ihm gleich abscheulich vorgekommen. Dann ist er ins Bad gegangen – auf dem Waschbecken steht noch ein halbvolles Glas. Er ist unbeholfen und tolpatschig, das Shampoo, das er auf dem Fußboden verschüttet hat, hat er versucht mit dem weißen Handtuch wieder aufzuwischen. Ich verzeihe ihm das. Ich mache seine Fehltritte wieder gut. Ich ordne seine Kosmetika. Und ich weiß, daß er sich vor dem Altern fürchtet. Hier die Antifaltencreme, der Puder, das beste Eau de

Cologne. Es gibt sogar Rouge und einen Kajalstift für die Augen. Jeden Morgen, wenn er von neuem bestürzt über die Fremdheit seines Gesichtes vor dem Spiegel steht, muß er mit zitternden Händen sein früheres Aussehen wiederherstellen. Er schwankt, sieht nicht genau, rückt näher zum Spiegel, wobei er mit seinen Fingern verschmierte Abdrücke darauf hinterläßt. Er verschüttet das Shampoo, flucht, will es aufwischen, schließlich sagt er auf englisch, französisch oder deutsch: »Scheiß drauf.« Schon will er der Welt, so wie er ist, gegenübertreten, doch als er sich erneut im Spiegel sieht, kapituliert er, kommt zurück und beendet sein Make-up. Ein Fluid bedeckt die Enttäuschungsfalten, die sich um seinen Mund gebildet haben, die dunklen Schatten unter seinen Augen, die davon zeugen, daß er nachts nicht schläft, und die noch dunkleren Flecken an seinem Kinn, den Beweis, daß er Medikamente nimmt. Die Linie des Kajalstiftes korrigiert das Rot der Bindehaut. Endlich schafft er es hinauszugehen, und wenn er zurückkehrt, sollte er das Badezimmer ohne eine Spur seines Debakels wieder vorfinden. Und ich bin dazu da, um ihm zu verzeihen. Manchmal schießt mir der Gedanke durch den Kopf, daß ich ihm einen Zettel hinterlassen könnte, auf den ich die Worte schreiben würde: »Ich verzeihe Dir«, dann würde er diese Worte entgegennehmen, als seien sie von der Göttlichen Vorsehung gesandt worden. Er würde dorthin zurückkehren, wo die Kinder auf die Plüschtiere warten, wo die Krawatten ihren festen Platz im Schrank haben, wo er mit vom Trinken gedunsenem Gesicht und einem Drink in der Hand auf die Terrasse treten und der Welt lauthals entgegenschreien könnte: »Ich scheiß auf dich!«

Aber die Realität ist die Göttliche Vorsehung, und wenn es so geschieht, wie es geschieht, dann hat es sicher einen tieferen Sinn. Ich hinterlasse das Zimmer bereitet zum Empfang seines immer nur temporären Bewohners.

Auf dem Korridor gehe ich an Angelo vorbei, er trägt Säcke

mit schmutziger Wäsche. Wir lächeln uns zu. Ich öffne die Tür zu Zimmer 223, und auf den ersten Blick kann man erkennen, daß in diesem Zimmer

Junge Amerikaner

wohnen. Keine von uns mag nämlich gerne ein Zimmer putzen, das von jungen Amerikanern bewohnt wird. Das sind keine Vorurteile. Wir haben nichts gegen Amerika, wir bewundern es sogar und haben Sehnsucht danach, obwohl viele von uns es noch nie gesehen haben. Aber die jungen Amerikaner, die im Hotel »Capital« wohnen, hinterlassen ein gedankenloses, dummes Chaos, in dem kein Sinn, keine echte Bedeutung auszumachen ist. Es ist ein betrügerisches Chaos, denn man ist nicht wirklich zufrieden, wenn man es beseitigt hat. Man kann es eigentlich gar nicht beseitigen, selbst wenn man alles fein säuberlich in Reih und Glied nebeneinanderstellt, wenn man die Flecken und die Schmutzspuren wegputzt, wenn man alle Falten in den Kissen und der Tagesdecke glattstreicht, wenn man die hier miteinander verflochtenen Gerüche auslüftet, selbst dann bringt man das Chaos nur für einen kurzen Moment zum Verschwinden. Es ist eher so, daß sich das Chaos unter allem versteckt hält und dort darauf wartet, bis seine Eigentümer wieder zurückkommen. Es wird vom Geräusch des Schlüssels im Schloß wieder aufgeweckt, und sofort breitet es sich wieder über das Zimmer aus.

So ein Chaos können nur Kinder verursachen: eine halbgeschälte Orange zwischen den Leintüchern, Zahnputzbecher voller Saft, eine zertretene Zahnpastatube auf dem Teppich, Papierschnipsel, ausgebreitet wie eine Sammlung, Markenetiketten von Kleidungsstücken aus den feinsten Geschäften, in den Schrank gestopfte Kopfkissen, ein Hotelbleistift, mittendurch gebrochen, ein Koffer, dessen Inhalt in den Sessel geleert wurde, adressierte Postkarten ohne Grußworte darauf, der Fernsehapparat eingeschaltet, zusammengeknüllte Gardinen, Socken und Unterhosen, die auf dem Heizkörper trocknen, verstreute Zigaretten, die Aschenbecher voll mit Wassermelonenkernen.

Ein Zimmer, in dem Amerikaner wohnen, ist lächerlich gemacht und aus seinem Ernst gerissen worden, und das auf gönnerhafte Weise. Ausgerechnet das hübsche rosa-beige Zimmer 223 ist derartig profaniert worden. Es sieht aus wie ein ernster, älterer Gentleman, den man als Hanswurst verkleidet hat.

Das schmerzt mich, wenn ich das Zimmer betrete. Einen Moment stehe ich unbeweglich da und versuche das Ausmaß des Fiaskos einzuschätzen. Diese teuren seidenen Kleider, nachlässig über die Sessellehne geworfen, der Geruch von luxuriösen Parfums, Sorglosigkeit, Reichtum, physischer Leistungsfähigkeit, der Geruch von Einsachtundneunzig, von der Mißachtung der Ordnung, die doch Bestandteil der Dinge ist. Diese ganze nervöse Betriebsamkeit, das Außerachtlassen der Gegenwart und der Mangel an Verständnis dafür, daß diese doch die Keimzelle der Zukunft ist, das macht mir Angst.

Langsam und systematisch mache ich mich daran, die Dinge in Ordnung zu bringen, aber die privaten Gegenstände rühre ich nicht an. Vielleicht sind sie es ja schon gewohnt, nicht an ihrem Platz zu sein.

Die Zeit verfliegt hier schnell, ich werde immer hektischer. Der Fernsehapparat flimmert, der Sender CNN überhäuft mich mit Nachrichten aus der Welt, und die Welt versichert dem CNN, daß sie irgendwo dort draußen existiert, immer voll mit jungen Amerikanern. Meine Unruhe wächst, die Gesten werden energischer und erschöpfen mich, ich beginne mich zu beeilen, beginne auf die Uhr zu schauen, beginne aus dem »Jetzt« zu treten und schon mit einem Bein im »Danach« zu stehen. Ich fluche vor mich hin: »Shit!« Und ich singe: »Yankee Doodle went to town …« Den nassen Putzlappen habe ich auf die hölzerne Oberfläche des Tischchens gelegt. Das ist eine furchtbare Achtlosigkeit, denn das Holz verfärbt sich von der Feuchtigkeit. Ich bin wohl schon angesteckt worden, besser ich flüchte mich ins Badezimmer, denn dort kann man dieses Tohuwabohu nicht mehr spüren. Und wenn es mir langsam gelingt, die verstreuten Handtücher, Schwämme, Seifenstücke und Flakons zu ordnen, wenn ich endlich die Tür des Badezimmers schließen und mich auf die Einzelheiten konzentrieren kann, dann wird es ganz still.

Ein Bad ist wie der Futterstoff eines Zimmers, wie die Unterseite des Lebens. In der Wanne bleiben nach dem Bad die Haare, der von der Haut gewaschene Schmutz setzt sich an den Wannenrändern ab. Der Papierkorb ist voll gebrauchter Tampons, Papiertaschentücher und Wattebäusche. Hier der Rasierapparat für die Beine, dort der Spiegel für das Ausdrücken von Pickeln und für das Auflegen von Schminke, die alle Unentschlossenheiten abdeckt. Hier der Puder gegen Fußschweiß, dort das Klistier und das Schminktäschchen mit den Präservativen. Im Badezimmer kommt die Kehrseite des Lebens zutage. Ich putze hier nur das Gröbste weg, denn vielleicht fürchte ich mich sogar, daß ich diese Beweise der Vergänglichkeit der Menschen, die hier wohnen, zerstöre. Vielleicht muß man es ihnen zu verstehen geben. Vielleicht haben sie nur noch keine Gelegenheit gehabt, es im Fernsehen zu sehen, es in den Tageszeitungen zu lesen, dort, wo alles mit allem gemischt wird, wo eins auf das andere gelegt wird, wie in einem Hamburger, vielleicht haben sie es nicht in der Schule gelernt, vielleicht gab es das nicht in den Filmen, hat Armstrong es nicht auf dem Mond gefunden: Daß wir mit jedem Moment ein bißchen mehr vergehen. Lebend sterben wir. Sie genauso wie ich.

Das bringt mich ihnen näher, diesen reichen, energischen Amerikanern, deren äußeres Leben so anders ist als meines. Schließlich haben sie ihr unvorstellbares Land, einen anderen Rhythmus, Orangensaft zu jedem Frühstück und eine Sprache, in der die ganze Welt spricht. Vor zweitausend Jahren wären sie Römer gewesen, wohingegen ich in der Provinz gewohnt hätte, in irgendeinem weit entfernten Grenzgebiet des Imperiums, in irgendeinem Gallien, Palästina. Aber sie und ich, wir haben einen Körper, der aus demselben Stoff ist und vielleicht aus demselben Staub, einen Körper, dem die Haare ausgehen, der alt und faltig wird und der an den glatten Wänden der Badewanne einen Schmutzrand hinterläßt. Wenn ich saubere Handtücher hinlege und neue Bademäntel aufhänge, habe ich ein plötzliches Gefühl der Zusammengehörigkeit in unserem gemeinsamen Elend, so daß ich innehalte. Dasselbe passiert mir, wenn ich zum Beispiel im Bett einer reichen und selbstsicheren Frau, die zu einem wichtigen wissenschaftlichen Kongreß angereist ist, einen abgewetzten, alten, in Babysachen gekleideten Teddybär vorfinde. Oder wenn in der Suite eines großen Erfolgsmenschen die Bettwäsche schweißnaß ist. Das ist die Angst – diese knochige Magd, sie richtet ihm das Bett. Gott sei Dank gibt es sie. Ohne sie wären diese Menschen wie die alten Götter – mächtig, selbstherrlich, hochmütig und dumm. Doch jetzt, wenn sie so in ihren Betten liegen – nach einem Tag voller Business, Geld, Ausflüge, Einkäufe und wichtiger Treffen – und nicht einschlafen können, wenn sie das komplizierte Tapetenmuster an der Wand anstarren, dann beginnen ihre müden Augen in dem rhythmischen Muster Risse, Löcher, Inkonsequenzen zu erkennen. Sie beginnen dort Kratzer und Verfärbungen zu sehen, diesen Staub, den man nicht wegwischen kann, diesen Schmutz, der nicht zu entfernen ist. In solchen Momenten fallen den Teppichen die Haaare aus wie kranken Frauen, und in der Perfektion der Tüllgardinen erscheint ein von einer Zigarette eingebranntes Loch. Der Atlasstoff der Kissen geht an den Nähten auf, der Rost befällt plötzlich die Klinken und Beschläge. Die Möbelkanten sind nun angeschlagen, die Fransen an den Tagesdecken verheddert. Dann verliert auch die Bettdecke ihre Straffheit, sie wird schlaff und alt. Ich weiß sogar, was diese Menschen dann tun. Sie stehen auf, schütteln den Kopf, trinken etwas Starkes oder nehmen eine Schlaftablette. Sie liegen mit geschlossenen Augen da, zählen Schafe, bis der Schlaf ihre gefährdeten Gedanken erlöst. Am nächsten Morgen scheint ihnen dieser Moment der Nacht irreal, sie können ihn nicht von quälenden Träumen unterscheiden.

Ich stehe an die Badezimmertür gelehnt. Mit der Arbeit bin ich fertig. Jetzt würde ich gerne rauchen.

Noch zwei Zimmer habe ich zur Auswahl: 228 und 229. Ich entscheide mich für 229, dessen Quersumme

Dreizehn

ergibt. Das ist laut Kabbala die Zahl des Übermaßes und des Betruges, und so ist auch das Zimmer, denn es ist ein Zimmer mit Eigenschaften. Es zieht an, verspricht, birgt Überraschungen. Für sich betrachtet ist es fast genauso wie die anderen Zimmer: rechts ein Bad, ein kurzer Gang, das Bett mit einer braunen Wolldecke, die geblümten Vorhänge, die Kommode und der Spiegel. Und doch kommt es mir vor, als sei es leerer als alle anderen Zimmer. Hier höre ich meinen eigenen Atem, sehe meine vom Wasser aufgequollenen Hände – schon weniger zufällig bemerke ich mein Bild in den Spiegeln. Immer wenn ich in dieses Zimmer komme, werde ich vor Anspannung ganz starr. Letzte Woche hat hier ein Liebespaar gewohnt, vielleicht waren sie frisch verheiratet. Sie hatten das Bett zerwühlt, die Handtücher im Zimmer herumliegen lassen, Champagner vergossen. Auf der Bettwäsche waren gelbliche Flecken. Und einen riesigen Kübel mit Blumen, Zeugnis ihrer Liebesschwüre, hatten sie im Zimmer gelassen. Ihn wegzuwerfen hatte mir sehr leid getan. Bei diesem Zimmer ist es schwieriger als bei den anderen, es in einen Zustand plötzlicher Bereitschaft zu bringen, denn es hat sein eigenes Gesicht. Hier wohnen Leute, die den Kopf voller Ideen haben. Ich habe den Verdacht, daß sie nach der ersten hier verbrachten Nacht in die Fänge des Zimmers geraten. Es bringt Unruhe in ihre Träume, hält sie länger hier, als sie es vorgehabt hatten, weckt Sehnsüchte und wirft ihre Pläne um. Vor zwei Wochen hatten seine Bewohner vergessen, den Wasserhahn zuzudrehen. Das Wasser war bis in den Korridor geflossen, hatte die flauschigen Teppiche überschwemmt, die gold-ornamentierten Tapeten unterspült. Die erschrockenen Gäste standen in ihr Bettzeug eingewickelt da, und das Personal eilte mit den Putzlappen herbei.

»Nichts passiert! Nichts passiert!« hatte Zapata unablässig wiederholt, während er die Lappen auswrang, doch sein Gesicht sagte etwas anderes – daß etwas Schreckliches passiert war – daß dumme, gedankenlose Menschen die Hand gegen das Hotel »Capital« erhoben hatten.

Solche Dinge passieren immer in Zimmer 229.

Dieses Zimmer ist anders, das ist sicher. Ich denke, daß man an der Rezeption davon weiß, weil es öfter leer gelassen wird als andere Zimmer. Sie lenken den ganzen Betrieb in die Zimmer mit niedrigeren Nummern, die am Beginn des Korridors liegen, von wo es näher zum Aufzug, näher zur Treppe, näher zur Welt ist.

Wenn das Zimmer leer steht, dann muß ich nur nachsehen, ob in ihm alles in Ordnung ist, ob sich kein Staub auf den Möbeln angesammelt hat, ob die Klimaanlage funktioniert. Das mache ich immer besonders gewissenhaft. Ich glätte die Wolldecke, kontrolliere den Rand der Holzvertäfelung, lüfte, und dann setze ich mich ein Weilchen in den Sessel und höre auf meinen eigenen Atem. Das Zimmer hüllt mich ein, nimmt mich in seine Arme. Das ist die zärtlichste, nicht fühlbare Liebkosung, die es gibt, so kann nur ein geschlossener Raum liebkosen. In solchen Momenten fühle ich deutlich, daß mein Körper existiert und bis in den letzten Winkel eine rosa-weiße Uniform ausfüllt. Ich fühle den Kragen an einem Hals und die Kälte des Reißverschlusses zwischen meinen Brüsten. Ich fühle, wie die Schürzenbänder meine Taille eng umschließen. Ich fühle meine Haut, wie sie lebt und ihren eigenen Geruch ausströmt, und ich fühle meine Haare, wie sie meine Ohren berühren. Dann stehe ich gerne auf und sehe mich im Spiegel an, und nie ist es so, daß ich mich nicht wundere. Das bin ich? Das bin ich? Ich berühre mit den Fingern mein Gesicht, kneife in meine Wangen, blinzle mit den Augen, ziehe das Gummiband in meinen Haaren straffer. So träumt man von sich – immer im Spiegel, immer mit einem anderen Gesicht.

Da stehe ich und träume davon, daß ich in der steril sauberen Wanne ein Bad nehme, mich mit weißen, warmen Handtüchern abtrockne, mich dann auf der braunen Decke ausstrecke und in Ruhe zuhöre, wie wir atmen – ich und das Zimmer, das Zimmer und ich.

Aber heute ist 229 bewohnt, und an der Türklinke hängt die Karte, daß das Zimmer saubergemacht werden soll. Ich schließe die Tür auf und gehe hinein, die Kiste mit meinen Putzsachen bugsiere ich vor mir her. Und dann bleibe ich völlig überrascht stehen, denn das Zimmer ist nicht leer. Am Schreibtisch sitzt jemand, die Tastatur seines Notebooks vor sich. Sobald meine Stimme wieder da ist, entschuldige ich mich und will schon wieder hinausgehen. Ich habe geglaubt, das sei ein Irrtum, er habe die Karte versehentlich hinausgehängt. Da entschuldigt er sich jedoch, sagt, ich solle nur hereinkommen. Er bittet darum, daß ich mich um ihn nicht kümmere.

So etwas kommt manchmal vor. Ich mag das überhaupt nicht. Es heißt, daß ich mich beeilen und vor den Augen des Gastes meine Arbeit tun muß. Jetzt wird der Gast zum Gastgeber und ich zum Gast. Die ewige Ordnung ist auf den Kopf gestellt. Ich muß schnell und geschickt das riesige Doppelbett frisch beziehen, dazu muß ich es von der Wand wegschieben. Hier ist wenig Platz. Der Typ hinter dem Computer stört den geübten Ablauf des Bettenmachens merklich. Ich weiß bereits, daß ich ihn nicht mag. Er ist unangenehm lebendig.

Zuerst ziehe ich die alten Leintücher und die vier Kissenbezüge ab. Als ich das erste frische Leintuch aufziehe, muß ich um das von der Wand abgerückte Bett gehen. Ich fühle, wie der Mann mich beobachtet. Selber habe ich nicht den Mut ihn anzusehen, um seinem Blick nicht zu begegnen. Dann hätte ich lächeln müssen, er hätte irgend etwas gefragt, ich hätte etwas antworten müssen. Ich bemühe mich leise zu sein, nicht zu rascheln. Jetzt ziehe ich das zweite Leintuch auf, schiebe mich zwischen den Möbeln durch, um es an den Kanten der Matratze einzuschlagen. Wenn ich an den ausgestreckten Beinen des Mannes vorbeigehe, muß ich eine Verrenkung machen, damit ich seine Beine nicht berühre, und ich beeile mich, ich beeile mich sehr. Der Kerl sieht mich jetzt offen an. Seine ausgestreckten Beine sind eine Provokation, sie sind mir im Weg, und sie schüchtern mich ein. Vor lauter Hast und Eifer wird mir heiß. Die angespannten Wadenmuskeln schmerzen, wenn ich die schwere Matratze anhebe. Jetzt sind die Kopfkissen dran. Als ich den sauberen Bezug überstreifen will, gebe ich nicht acht und das Kissen rutscht mir aus der Hand, fällt auf den Boden. Ich stolpere darüber, verliere das Gleichgewicht, sinke direkt in seinen neugierig gewordenen Blick.

»Bist du Spanierin?« fragt er.

»Ach nein, nein.«

»Jüdin?«

Ich verneine.

»Woher kommst du dann?«

Meine Antwort scheint ihn zu enttäuschen. Ich nehme mir die Wolldecke vor. Er sieht interessiert zu, wie ich mich mit dem schweren Bettüberwurf abmühe. Schon wieder bin ich ganz in seiner Nähe. Mit dem Rücken zu ihm. Als ich die Kissen richte, spüre ich seinen Blick auf meinen Waden. Ich verstecke meine Beine hinter dem Bett. Plötzlich schäme ich mich meiner schwarzen, flachen Schuhe, unwillkürlich stelle ich mich auf die Zehenspitzen. Gleich bereue ich es auch noch, daß ich in dieser scheußlichen Uniform mit der Schürze stecke, mit dem am Gürtel klimpernden Schlüsselbund – und nicht in einem von diesen eleganten Kleidern, die ich bei den Amerikanern gesehen habe. Ich fühle mich unsauber, schweißnaß, müde. Ich weiß, daß der Mann hinter dem Computer mich jetzt geradezu unverschämt anschaut. Sein Blick berührt mich irgendwo in der Gegend des Kragens, des Reißverschlusses, ich bin aber schon auf der anderen Seite des Bettes. Noch einmal muß ich an ihm vorbei, um die kleinen Kissen zu plazieren, aber dann müßte ich ihm und seinem Raubtierblick einmal mehr den Rücken zukehren. Also werfe ich die kleinen Kissen einfach aufs Bett. Als ich mich bücke, um die schmutzige Bettwäsche, die Bettwäsche dieses Kerls aufzuheben, kann ich fühlen, daß mein Körper angeschwollen ist, ich möchte mir die Uniform vom Leib reißen. Wie hätte ich ihm das je erklären können? Und in welchem Ton, in welcher Sprache, warum? Ich ziehe mich mit gesenktem Blick in Richtung Tür zurück, sammle meine Putzmittel und Schwämme in die Kiste, schon bin ich bei der Tür.

»Vielen Dank«, sage ich, und ich weiß genau, daß nicht ich es bin, die sich für irgend etwas zu bedanken hat. Er sollte sich charmant verbeugen und mir die Hand küssen. Dann würde ich einen Knicks machen oder so etwas Ähnliches.

Ich sehe noch, wie er nachsichtig mit dem Kopf nickt, und in seinem kaum merklichen Lächeln ist etwas, was mich erleichtert nach der Klinke greifen läßt.

»Auf Wiedersehen«, sagt er, aber ich möchte ihn nie mehr wiedersehen.

Schon bin ich draußen.

Eine Weile stehe ich noch so da und horche. Ich bin ganz erhitzt, meine Beine schmerzen, die Muskeln zittern vor Anstrengung. Ich habe mich so beeilt, daß ich eine Menge Zeit eingespart habe. Jetzt wäre es gut, mich ein wenig zu erholen.

Ich lasse also meine Kiste an der Wand stehen und gehe in den dritten Stock, dorthin, wo dieser kleine Durchgang zum *squar* ist, zu dem man über ein geschwungenes, abseits gelegenes Treppenhaus kommt und wo

Der geheimnisvolle Teil des Hotels

für die Dauergäste beginnt. Ich steige einige Stufen hinunter, komme an der einen und der anderen Tür vorbei und stehe endlich vor der Sperre zu dem drei Stockwerke tiefen Treppenhaus. Ich schaue nach unten und sehe von hier aus das Parterre. Und – wie üblich – keinen Menschen.

Nur Halbdunkel und Ruhe. So kann man am besten ausruhen, wenn man nach unten schaut, dorthin, wo alles immer kleiner und ferner wird, weniger deutlich und trügerisch.

Der *squar*, das ist wirklich der geheimnisvollste Teil des Hotels. Man muß sehr aufpassen, um sich hier nicht zu verirren. Nichts als Treppchen, Durchgänge, Zwischenetagen und Abzweigungen. Es ist eine Art Turm mit Anbauten, drei Stockwerke mit je zwei Zimmern, deren Nummern mit sieben beginnen. Ich weiß, daß es dort insgesamt acht Zimmer gibt, aber ich kann mir nicht vorstellen, in welchen Winkeln die beiden überzähligen Zimmer sein sollen. Vielleicht werden sie von Misanthropen bewohnt oder von unbequem gewordenen Ehefrauen, von gefährlichen Zwillingsbrüdern, düsteren Liebhabern. Vielleicht werden sie von der Mafia für illegale Transaktionen angemietet oder von Staatsoberhäuptern, damit sie hier in der Abgeschlossenheit einmal ganz gewöhnliche Menschen sein können.

Im *squar* sehen die Zimmer anders aus, eigentlich sind es Appartements. Vielleicht sind sie nicht so elegant – oder vielleicht sind sie doch elegant, aber in einem anderen Stil. Die Schränke sind in die Wände eingelassen, es gibt Veranden, wunderliche Möbel, unechte Bücher. Die ganzen Regale sind voll unechter Bücher: Shakespeare, Dante, Donne, Walter Scott. Wenn man ein solches Buch zur Hand nimmt, stellt sich heraus, daß es ein leerer Pappkarton ist, der vorgibt, ein Bucheinband zu sein. Eine Bibliothek der Leere.

Wenn man hinunter zur Toilette für das Personal geht, muß man achtgeben, daß man sich nicht verirrt. Zu Beginn ist mir das einmal passiert. Ich hatte eine mir bekannte Tür geöffnet, aber die hatte nicht dorthin geführt, wohin sie hätte führen sollen. Also habe ich meine Kiste mit den Putzutensilien auf irgendeinem Treppenabsatz abgestellt und sie später nicht mehr finden können. Ich habe die an der Wand hängenden Reproduktionen von Stilleben bewundert, und dann war es mir so vorgekommen, als ob ich es nur geträumt hätte. Hier geschieht etwas Merkwürdiges mit dem Raum. Kein Raum mag spiralförmige Treppen, Kamine und Brunnen. Er bekommt damit die fatale Tendenz, ein Labyrinth zu werden. Am besten, man hält sich einfach am Geländer des Treppenhauses fest, so wie ich gerade.

Plötzlich dringt ein Geräusch an mein Ohr, irgendwo da unten passiert etwas, verdächtig rhythmisch klingt es – puff, puff, und dann ein Quietschen. Ich gehe auf Zehenspitzen ein Stockwerk tiefer, spannungsgeladen, wie eine Katze. Stöhnen, Quietschen, Stöhnen, Quietschen. Was ist das? Ich nähere mich der Tür, die aussieht wie alle Türen im Hotel. Durch den Türspalt kann ich Metallklemmen sehen und deutlich höre ich diese merkwürdigen Geräusche – dazu noch ein Keuchen. Vorsichtig lege ich ein Ohr an die Tür, das Keuchen wird jetzt deutlich schneller, heftiger und das Quietschen beängstigend. Entsetzt springe ich fort von der Tür, mir ist heiß, die Schlüssel an meinem Gürtel klirren.

Auf der anderen Seite wird es still. Leise laufe ich die Treppe hinauf, eine Etage höher beuge ich mich über das Geländer. Die aufgeschnappten Klemmen klicken, die Tür geht auf, und ein Mann in Unterhosen steckt den Kopf heraus. In der Hand hält er ein Gerät mit lauter Federn, einen Expander. Ich trete schnell zurück an die Wand. Es fällt mir schwer, meine angestachelte Phantasie zu beruhigen.

Über die dunkle Wendeltreppe gehe ich in den Keller, wo sich unsere Toiletten befinden. Leuchtstoffröhren erhellen den Raum. Ich schließe mich in einer der Kabinen ein, plätschere mit kaltem Wasser, wasche mein Gesicht und meine Hände, doch das alles bringt keine Abkühlung. Ich setze mich auf die Klobrille. Hierher gelangt kein Laut. Steril, still, sicher. Ich konzentriere mich auf jede Einzelheit, betrachte das Scheuerpulver, die Papierhandtücher, die riesige Rolle Toilettenpapier. Dann betätige ich die Spülung, richte mein Haar und begebe mich auf mein Stockwerk, denn schließlich ist mir noch

Das letzte Zimmer

geblieben. Es ist schon nach zwei Uhr, und es kommt Bewegung ins Hotel. Der Hauptlift fährt auf und ab, die Türen öffnen und schließen sich rumpelnd. Die Gäste begeben sich in die Stadt, die Mägen verlangen nach Lunch. Angelo von der Schmutzigen Wäsche hat sich in meiner Kammer einquartiert, wo er die Bettwäsche in Säcke stopft.

»Wieviel mußt du noch machen?« fragt er.

»Eins«, sage ich und einmal mehr sehe ich, daß Angelos Platz nicht in einem Hotel wie diesem ist, und sei es auch noch so elegant – sein Platz ist im *Hohelied.* Dort könnte er in den Bergen laufen und springen wie ein junger Hirsch. Denn Angelo ist schön und imposant, so wie die Berge in seiner Heimat Libanon.

Er deutet mit einem Kopfnicken zum Zimmer 228, aus dem ein älteres Paar gerade hinausgeht. Ich hatte sie schon einmal auf dem Weg zum Aufzug gesehen. Er, hochgewachsen, leicht gebeugt, hält sich besser als sie. Vielleicht ist er jünger als sie, oder er hat einen Pakt mit der Zeit geschlossen. Sie – winzig, zittrig, hat Mühe zu gehen.

»Die sind aus Schweden. Sie ist hierhergekommen, um zu sterben«, sagt Angelo, denn er weiß alles.

Angelo macht wohl Scherze, aber als ich sie mir anschaue, sehe ich, daß der alte Mann sie mehr trägt als stützt. Wenn er zur Seite treten würde, dann würde sie in sich zusammenfallen wie ein leeres Kleid. Angezogen sind sie immer in beige und pastellbraun, die Farben des Hotels. Beide sind vollkommen ergraut, diese Art von Grau, das schon alle Sünden vergessen hat.

Als sie im Aufzug verschwinden, gehe ich in ihr Zimmer. Dieses Zimmer räume ich gerne auf. Es gibt nie viel Arbeit: die Dinge stehen an ihrem Platz, als seien sie angewachsen. In der Luft nehme ich keine schlimmen Träume wahr, keine Gerüche, Seufzer, Erregungen.

Die nur leicht zerdrückten Kopfkissen zeugen von ruhigem Schlaf. Im Badezimmer hängen die Handtücher ordentlich gefaltet an ihrem Platz, liegen die Zahnbürsten nebeneinander, die ausgewaschenen Zahnputzbecher stehen vor dem Spiegel. Als ich das Bett mache, fällt mir auf, daß es keinen konkreten Geruch gibt. So riechen Kinder. Ihre Haut strömt von allein keinen Duft aus, sie nimmt Gerüche nur von außen an und bewahrt sie dann: den Geruch der Luft, des Windes, den Geruch von unter dem Ellbogen zerdrücktem Gras und den wunderbaren salzigen Geruch der Sonne.

Genauso riecht diese Bettwäsche. Wenn man ohne Sünde schläft, ohne Aufbegehren und Verzweiflung, wenn die Haut immer dünner wird, wenn das Leben langsam aus dem Körper weicht, wenn man die Vergangenheit ein für allemal für vollendet und abgeschlossen betrachten kann, wenn man nachts beginnt von Gott zu träumen, dann hört der Körper auf, die Welt mit seinem Geruch zu markieren. Die Haut nimmt die Gerüche von außen auf und schmeckt sie ein letztes Mal.

Auf dem Nachttisch liegen zwei Bücher nebeneinander. Ich lausche, ob sich jemand auf dem Korridor befindet, und tue etwas, was ich nicht darf. Ich öffne das erste von ihnen, ein dickes Heft, wohl ein Tagebuch, denn auf jeder Seite steht ein Datum, darunter ist mit einer unsicheren runden Schrift etwas in einer mir völlig unverständlichen Sprache geschrieben. Das Heft ist fast ganz vollgeschrieben, es gibt nur noch einige leere Seiten. Das zweite Buch ist eine Bibel – auf schwedisch. Ich verstehe zwar nichts, aber alles kommt mir bekannt vor. Das rote Lesebändchen ist dort, wo das Buch Kohelet beginnt. Ich überfliege die ersten Verse und habe nun den Eindruck, daß ich zu verstehen beginne.

Zunächst glaube ich, einzelne Worte zu erkennen, dann sind es ganze Wendungen, die sich aus dem Gedächtnis lösen und sich mit dem Gedruckten mischen. »Was auch immer geschehen ist, war schon vorher da, und was geschehen soll, ist schon geschehen, und Gott wird das Verjagte wieder suchen.« Das sind die geheimnisvollsten Worte der Heiligen Schrift.

Als ich mit dem Aufräumen fertig bin, setze ich mich noch auf das frisch bezogene Bett. Es ist angenehm, so für eine Weile zu verharren. Doch dann schaue ich auf meine Hände, deren Haut von den scharfen Putzmitteln angegriffen ist, und auf meine jetzt schon deutlich geschwollenen Beine in den schwarzen Schuhen. Aber mein Körper ist lebendig und füllt die Haut bis in den letzten Winkel aus. Ich schnuppere an den Ärmeln meiner Uniform – sie riechen nach Müdigkeit, Schweiß, Leben.

Ganz bewußt hinterlasse ich etwas von diesem Geruch im Zimmer 228.

Ich schließe die Tür und gehe in meine Kammer. Dort versorge ich den Staubsauger, die Kiste mit den Putzutensilien, und dann ziehe ich die rosa-weiße Uniform aus und stehe eine Weile nackt da, ohne Eigenschaften. Damit sich die Verwandlung in die andere Richtung vollziehen kann, muß ich meine Ohrringe und mein buntes Kleid anziehen, meine Haare verstrubbeln und mich schminken.

Als ich auf die sonnenüberströmte Straße hinaustrete, komme ich an dem Schotten vorbei, der sich in einer Toreinfahrt umzieht.

Der karierte Rock liegt auf dem Dudelsack, und er knöpft gerade seine modisch durchlöcherte Jeans zu.

»Ich hab's ja gewußt, daß du nicht echt bist«, sage ich.

Da lächelt er geheimnisvoll und macht mir schöne Augen.

Aus dem Polnischen
von Doreen Daume

Paul Bowles

Im roten Zimmer

Als ich ein Haus in Sri Lanka hatte, kamen eines Winters meine Eltern zu Besuch. Ich hatte Bedenken gehabt, sie zu dieser Reise zu ermuntern. Jeder einzelne von mehreren Umständen – die dauernde Hitze, das ungewohnte Essen und das nicht einwandfreie Trinkwasser, selbst die Existenz einer Lepraklinik nur eine Viertelmeile vom Haus entfernt – hätte sie negativ beeinflussen können. Aber ich hatte ihre Flexibilität unterschätzt; sie paßten sich besser an, als ich für möglich gehalten hätte, und schienen mit allem vollkommen zufrieden. Sie behaupteten, daß das Fehlen von fließendem Wasser in den Badezimmern ihnen nichts ausmache, und lobten regelmäßig die von Appuhamy, unserem Hauskoch, zubereiteten Curries. Da beide in den Siebzigern standen, stellten weiter entfernte oder unzugängliche Ziele keine besondere Verlockung für sie dar. Sie begnügten sich damit, in der Nähe des Hauses zu bleiben, zu lesen, zu schlafen, wenn es Abend wurde, im Ozean zu baden und in einem gemieteten Wagen kleine Ausflüge zu unternehmen. Wenn der Fahrer unvermutet an einer heiligen Stätte anhielt, um eine Kokosnuß zu opfern, waren sie entzückt, und wenn sie auf eine Herde von Elefanten stießen, die die Straße entlangtrotteten, mußte das Auto schon ein Stück vorher anhalten, damit sie sie näher kommen und vorbeigehen sehen konnten. Sie hatten kein Interesse am Fotografieren, und das ersparte mir die vielleicht ermüdendste Pflicht eines Fremdenführers: das ständige Warten, während sich das Ritual zwischen Mensch und Maschine abspielt. Sie waren ideale Gäste.

Colombo, wo alle Leute wohnten, die ich kannte, war weniger als hundert Meilen entfernt. An mehreren Wochenenden fuhren wir dorthin, nachdem ich zuvor telefonisch mit Freunden alles arrangiert hatte. Dort tranken wir Tee auf den großen Veranden mancher Häuser in Cinnamon Gardens und speisten zu Abend mit Professoren der Universität, protestantischen Geistlichen und diversen Mitgliedern der Regierung. (Vielen Singhalesen kam es seltsam vor, daß ich meine Eltern mit Vornamen ansprach – Dodd und Hannah –; einige fragten, ob ich wirklich ihr Sohn oder adoptiert worden sei.) Diese Wochenenden in der Stadt waren heiß und ermüdend, und die beiden waren jedesmal froh, wieder nach Hause zu kommen, wo sie in bequemere Kleidung schlüpfen konnten.

Eines Sonntags, nicht lange vor ihrer Heimreise nach Amerika, beschlossen wir, die Pferderennen von Gintota zu besuchen. Dort gab es auch einen Botanischen Garten, den Hannah sehen wollte. Ich reservierte Zimmer im New Oriental in Galle; hier aßen wir zu Mittag, ehe wir aufbrachen.

Wie üblich verspätete sich der Start. Es waren ohnehin die Besucher, die den Mittelpunkt des Interesses bildeten. Die Phalanx von Frauen in seidendurchwirkten Saris entlockte Hannah Ausrufe des Entzückens. Die Rennen selbst waren eine Enttäuschung. Als wir die Rennbahn verließen, sagte Dodd mit Wohlbehagen: »Es wird guttun, wieder im Hotel zu sein und sich etwas auszuruhen.«

»Aber wir wollten doch zum Botanischen Garten«, erinnerte ihn Hannah. »Ich will nur kurz reinschauen.«

Dodd war nicht besonders angetan. »Derartige Anlagen sind ziemlich ausgedehnt, weißt du«, sagte er.

»Wir werfen nur einen Blick hinein und gehen wieder«, versprach sie.

Der Mietwagen brachte uns bis zum Eingang. Dodd war müde und hatte deshalb gewisse Schwierigkeiten beim Gehen. »Seit ungefähr einem Jahr scheinen mir meine Beine nicht mehr richtig zu gehorchen«, erklärte er.

»Ihr könnt langsam hinterherkommen«, sagte Hannah. »Ich laufe voraus und schaue, ob es etwas Aufregendes zu sehen gibt.«

Wir blieben stehen, um einen Gewürznelkenbaum zu betrachten; sein durchdringender Geruch erfüllte die Luft. Als wir uns abwandten, um unseren Spaziergang fortzusetzen, war Hannah nicht mehr zu sehen. Wir gingen unter der hohen Vegetation weiter, folgten dem Pfad um eine Ecke und entdeckten noch immer keine Spur von ihr.

»Was zum Teufel denkt sich deine Mutter? Sie wird sich im Handumdrehen verirrt haben.«

»Sie ist irgendwo weiter vorn.«

Kurz darauf, am Ende eines von verschlungenen Lianen überwucherten Weges, sahen wir sie, teilweise verdeckt von der gestikulierenden Gestalt eines Singhalesen, der neben ihr stand.

»Was geht da vor?« Dodds Schritte wurden schneller. »Lauf hin«, sagte er, und ich beschleunigte meinen Schritt. Dann sah ich Hannahs lebhaftes Lächeln und ging langsamer. Sie und der junge Mann standen vor einem großen Beet mit braunem Spinnen-Ragwurz.

»Ah! Ich glaubte schon, wir hätten dich verloren«, sagte ich.

»Sieh dir diese Orchideen an. Sind sie nicht wunderbar?«

Dodd kam näher, nickte dem jungen Mann zu und inspizierte die Blüten. »Mir sehen sie mehr aus wie Aronstab«, erklärte er.

Der junge Mann brach in wildes Gelächter aus. Dodd starrte ihn an.

»Der Herr hat mir die Geschichte des Gartens erzählt«, begann Hannah hastig. »Von dem Widerstand dagegen und wie er schließlich doch angelegt wurde. Sehr interessant.«

Der Singhalese strahlte triumphierend. Er trug eine weiße Flanellhose und einen roten Blazer, und sein glattes schwarzes Haar schimmerte metallisch-blau in der Sonne.

Gewöhnlich mache ich einen großen Bogen um Fremde, die mich in ein Gespräch verwickeln wollen. Diesmal war es zu spät; von Hannah ermuntert, schlenderte der Fremde neben ihr zurück zum Hauptpfad. Dodd und ich wechselten einen Blick und folgten ihnen.

Irgendwo am Rand des Gartens hatte man unter hohen Gummibäumen einen Pavillon errichtet. Auf der Veranda ruhten in Sarongs gehüllte Männer in Liegestühlen. Der junge Mann blieb stehen. »Jetzt lade ich Sie zu einem kalten Ingwerbier ein«, sagte er.

»Oh«, antwortete Hannah überrumpelt. »Nun ja. Das wäre nett. Ein bißchen ausruhen kann nicht schaden.«

Dodd warf einen Blick auf seine Armbanduhr. »Ich verzichte auf das Bier, aber ich setze mich hin und schaue euch zu.«

Wir nahmen Platz und sahen ins üppige Grün. Die Konversation des jungen Mannes sprang von einem Thema zum nächsten; er schien unfähig, einen Gedankengang über seinen Beginn hinaus zu verfolgen. Ich hielt das für ein schlechtes Zeichen und versuchte Hannahs Tonfall zu entnehmen, ob sie ihn genauso unangenehm fand wie ich.

Dodd hörte nicht zu. Er empfand die Hitze im Flachland von Ceylon als drückend, und es war kaum zu übersehen, daß er erschöpft war. In der Annahme, ich könnte ihn von dem Geschwätz des jungen Mannes ablenken, wandte ich mich Dodd zu und begann zu reden, was mir gerade in den Sinn kam: das Wiederaufleben der Maskenherstellung in Ambalangoda, Teufelstänze, den hohen Anteil von Kriminellen unter den zum Christentum bekehrten Fischern. Dodd lauschte, nickte jedoch nur hin und wieder mit dem Kopf.

Plötzlich hörte ich, wie der junge Mann zu Hannah sagte: »Ich habe genau das richtige Haus für Sie. Ein Geschenk des Himmels, genau auf Ihre Bedürfnisse zugeschnitten. Sehr ruhig und abgelegen.«

Sie lachte. »Um Gottes willen, nein! Wir suchen nicht nach einem Haus. Wir sind nur noch wenige Wochen hier.«

Ich sah sie streng an, in der Hoffnung, sie würde meinen Blick als Warnung verstehen und ihm nicht verraten, wo sie wohnte. Der junge Mann achtete ohnehin nicht darauf. »Wie Sie wollen. Sie kaufen keine Häuser. Aber dieses Haus sollten Sie sich ansehen und dann Ihren Freunden davon erzählen. Eine erstklassige Investition, kein Zweifel. Darf ich mich vorstellen, bitte? Justus Gonzag, meine Freunde nennen mich Sonny.«

Sein Lächeln, das gar kein Lächeln war, war mir geradezu physisch unangenehm.

»Kommen Sie trotzdem. Es sind garantiert nur fünf Minuten zu Fuß.« Er musterte Hannah forschend. »Ich will Ihnen ein Buch mit Gedichten schenken. Meine eigenen. Mit einer Widmung und Ihrem Namen darin. Ich würde mich glücklich schätzen.«

»Oh«, sagte Hannah, mit einem Hauch von Entsetzen in der Stimme. Dann nahm sie sich zusammen und lächelte. »Das wäre reizend. Aber bitte verstehen Sie, wir können nur einen Augenblick bleiben.«

Es folgte ein Schweigen. Dodd fragte kläglich: »Können wir nicht wenigstens den Wagen nehmen?«

»Unmöglich, Sir. Es ist eine enge Straße. Ein Wagen kommt da nicht durch. Aber das haben wir gleich.« Er rief. Ein Kellner eilte herbei, und er sprach eine Weile auf singhalesisch mit ihm. Der Mann nickte und ging hinein. »Ihr Fahrer bringt jetzt den Wagen zu diesem Tor. Ganz in der Nähe.«

Das ging etwas zu weit. Ich fragte ihn, wie denn irgend jemand wissen sollte, welches unser Wagen sei.

»Kein Problem. Ich war in der Nähe, als Sie aus dem Pontiac stiegen. Ihr Fahrer heißt Wickramasinghe. Kommt aus den Bergen, äußerst zuverlässig. Die Leute hier unten sind unmöglich.«

Meine Abneigung wuchs mit jedem Satz, den er sprach. »Sie sind nicht von hier?« fragte ich.

»Nein, nein! Ich komme aus Colombo. Diese Leute hier sind unglaubliche Schurken. Jeder dieser Kerle hat ein Messer im Gürtel, garantiert.«

Als der Kellner die Rechnung brachte, setzte er rasch einen Schnörkel darauf und erhob sich. »Wollen wir dann aufbrechen?«

Niemand antwortete, doch wir alle standen auf und bewegten uns unschlüssig in Richtung Ausgang. Dort wartete unser gemieteter Wagen; Mr. Wickramasinghe saß hinter dem Steuer und grüßte.

Die Nachmittagshitze hatte sich gelegt und hielt sich nur noch vereinzelt unter den Bäumen, wo die Luft unbewegt war. Ursprünglich war der Weg, auf dem wir gingen, breit genug gewesen, um einen Ochsenkarren passieren zu lassen, aber die an beiden Seiten vordringende Vegetation hatte ihn zu kaum mehr als einem Fußpfad schrumpfen lassen.

Am Ende des Weges erhoben sich zwei steinerne Pfosten ohne Tor. Wir traten hindurch und begaben uns zu einem großen Anwesen, das auf zwei Seiten von verfallenen Stallungen begrenzt war. Mit Ausnahme eines kleinen Anbaus war das Haus vollkommen unter hohen Büschen und blühenden Bäumen verborgen. Als wir an die Tür kamen, blieb der junge Mann stehen und drehte sich mit erhobenem Zeigefinger zu uns um. »Kein Lärm, nicht wahr? Nur die Vögel.«

Es war die Stunde, in der die Vögel aus der Lethargie des Tages erwachen. Vielstimmiges Zwitschern drang aus den Bäumen. Er senkte den Finger und wandte sich wieder zur Tür. »Morgens singen sie. Jetzt nicht.«

»Oh, es ist herrlich«, sagte Hannah.

Er führte uns durch eine Reihe von dunklen, verlassenen Zimmern. »Hier hat der *dhobi* die schmutzige Wäsche gewaschen! Das hier ist die Küche, sehen Sie? Ceylonesischer Stil. Nur Kohle. Mein Vater lehnte Paraffinöl und Gas ab. Schon in Colombo.«

Wir drängten uns in einem kurzen Flur, während er eine Tür öffnete, hineinlangte und den Raum in grelles Licht tauchte. Es war ein kleines Zimmer, und es wirkte noch kleiner durch die glänzende rote Verkleidung von Decke und Wänden. Ein großes Bett, über das eine Satindecke in etwas dunklerem Rot gebreitet war, nahm fast den ganzen Raum ein. Eine Reihe von Stühlen mit geraden Lehnen stand an der Wand. »Nehmen Sie Platz und machen Sie es sich bequem«, sagte unser Gastgeber.

Wir setzten uns und starrten auf das Bett und die drei gerahmten Bilder an der Wand über dem messingverzierten Kopfende: auf dem linken ein Mädchen, in der Mitte unser Gastgeber und auf dem rechten ein anderer junger Mann. Die Porträts hatten die Unschärfe von Paßfotos, die um ein Vielfaches vergrößert worden waren.

Hannah hustete. Sie hatte nichts zu sagen. Im Zimmer hing ein widerlicher Geruch nach altem Weihrauch wie in einer nicht mehr benutzten Kapelle. Die Absurdität, die ich empfand, als ich uns Seite an Seite dasitzen sah, eingezwängt zwischen Bett und Wand, war so stark, daß sie meine Gedanken vorübergehend lähmte. Endlich war der junge Mann still; er saß steif da und blickte geradeaus wie jemand im Theater.

Schließlich mußte ich etwas sagen. Ich wandte mich an unseren Gastgeber und fragte ihn, ob er in diesem Raum schlafe. Die Frage schien ihn zu schockieren. »Hier?« rief er, als wäre es unvorstellbar. »Nein, nein, das Haus steht leer. Hier schläft niemand. Nur ein kräftiger Bursche, der nachts Wache hält. Entschuldigen Sie mich einen Augenblick.«

Er sprang auf und eilte aus dem Zimmer. Wir hörten, wie das Geräusch seiner Schritte im Gang widerhallte und dann erstarb. Irgendwo im Haus schlug eine Standuhr; ihr tröstlicher Klang ließ das blutrot schimmernde Gemach noch ferner und unwirklicher erscheinen.

Dodd rutschte unbehaglich auf seinem Stuhl hin und her; das

Bett stand zu nahe, als daß er die Beine hätte übereinanderschlagen können. »Sobald er zurückkommt, gehen wir«, murmelte er.

»Wahrscheinlich sucht er das Buch«, sagte Hannah.

Wir warteten eine Weile. Dann sagte ich: »Paßt auf. Wenn er in zwei Minuten nicht da ist, stehen wir einfach auf und gehen. Wir finden schon allein hinaus.«

Hannah wandte ein, das wäre unverzeihlich.

Wieder saßen wir schweigend nebeneinander; Dodd schützte seine Augen vor dem gleißenden Licht. Als Sonny Gonzag zurückkam, hielt er ein Glas Wasser in der Hand, aus dem er, auf der Türschwelle stehend, trank. Sein Gesicht hatte sich verändert: Er sah angespannt aus, und er atmete schwer.

Wir standen langsam auf, Hannah noch immer erwartungsvoll.

»Gehen wir? Kommen Sie.« Mit dem leeren Glas noch in der Hand, knipste er das Licht aus, schloß die Tür hinter uns, öffnete eine andere und führte uns eilig durch einen luxuriös eingerichteten Raum, in dem große Sofas, Wandschirme von der Koromandelküste und bronzene Buddhas standen. Wir hatten kaum Zeit, nach rechts und links zu schauen, während wir ihm folgten. Als wir durch die Eingangstür hinausgingen, rief er ein gebieterisches Wort ins Innere des Hauses, offensichtlich für den Wachmann bestimmt.

Auf dieser Seite des Hauses erstreckte sich eine große, ungepflegte Wiese, wo einige Gruppen hoher Areca-Palmen langsam vom Blattwerk und den Luftwurzeln des Philodendron, der sich um ihre Stämme wand, erdrückt wurden. Schlingpflanzen hatten sich über das Gestrüpp gebreitet wie häßliche Maschen eines überdimensionalen Spinnennetzes. Ich wußte, daß Hannah an Schlangen dachte. Sie starrte die ganze Zeit auf den Boden und trat vorsichtig von einem Stein zum nächsten, während wir am Haus entlang bis zu den Stallungen gingen und dann in den Pfad einbogen.

Rasch hatte sich die Dämmerung über das Land gelegt. Niemand schien zum Sprechen aufgelegt. Als wir den Wagen erreichten, stand Mr. Wickramasinghe daneben.

»Also dann: auf Wiedersehen, und empfehlen Sie Ihren Freunden, nach Sonny Gonzag zu fragen, wenn sie nach Gintota kommen.« Er reichte Dodd die Hand, dann mir, schließlich Hannah, und dann ging er.

Auf dem Rückweg nach Galle waren beide sehr schweigsam. Die Straße war eng, und die blendenden Scheinwerfer der entgegenkommenden Wagen machten sie nervös. Während des Abendessens erwähnten wir den Nachmittag mit keinem Wort.

Beim Frühstück auf der von der Morgenbrise durchfächelten Veranda hatten wir genügend Abstand zu dem Vorfall, um darüber sprechen zu können. Hannah sagte: »Ich bin immer wieder aufgewacht und habe dieses schreckliche Bett vor mir gesehen.«

Dodd stöhnte.

Ich sagte: »Es war wie Fernsehen ohne Ton. Man sah alles, hatte aber keine Ahnung, worum es ging.«

»Der Bursche war nicht ganz bei Trost, das merkte man aus einer Meile Entfernung«, erklärte Dodd.

Hannah hörte nicht zu. »Es muß das Zimmer eines Hausmädchens gewesen sein. Aber warum hat er uns dorthin geführt? Ich weiß nicht; die ganze Sache hat etwas furchtbar Deprimierendes. Mir wird beinahe übel, wenn ich nur daran denke. Und dieses Bett!«

»Nun, dann denk nicht mehr daran«, sagte Dodd. »Ich werde es auf der Stelle aus meinem Gedächtnis streichen.« Er wartete einen Augenblick. »Schon fühle ich mich besser! Machen die Buddhisten es nicht genauso?«

Die sonnigen Ferien setzten sich noch ein paar Wochen so fort, nun mit längeren Ausflügen in den Osten, nach Tissamaharana und zu den wilden Elefanten im Yala-Reservat. Wir kamen erst wieder nach Colombo, als ich sie zum Flugzeug brachte.

Der Wind trieb die pechschwarzen Monsunwolken aus Südwest heran, während wir die Küste entlangfuhren. Als wir am Nachmittag in Mount Lavinia eintrafen und unsere Zimmer bezogen, gab es einen heftigen Regenguß. Das Krachen der Wellen vor meinem Fenster war so laut, daß Dodd die Fenster schließen mußte, um verstehen zu können, was wir sagten.

Ich hatte den Ausflug nach Colombo genutzt, um eine Verabredung mit meinem Anwalt, einem Telugu sprechenden Inder, zu arrangieren. Wir wollten uns in der Bar des Galleface treffen, ein paar Meilen die Küste hinauf. »Ich werde gegen sechs zurück sein«, sagte ich zu Hannah. Der Regen hatte ein wenig nachgelassen, als ich mich auf den Weg machte.

Ein feuchter Wind trieb durch die Lobby des Galleface, doch in der Bar wurde die verrauchte Luft nur von Ventilatoren bewegt. Die erste Person, die ich beim Eintreten bemerkte, war Weston von der Chartered Bank. Der Anwalt war noch nicht da, also trat ich zu Weston an die Theke und bestellte einen Whisky.

»Habe ich Sie nicht letzten Monat bei den Pferderennen in Gintota gesehen? Mit einem älteren Paar?«

»Das waren meine Eltern. Ich habe Sie nicht bemerkt.«

»Ich war mir nicht sicher, ich stand zu weit entfernt. Aber ich sah dieselben drei Personen später mit einem Bürger der Stadt. Was halten Sie von Sonny Gonzag?«

Ich lachte. »Er hat uns zu seinem Haus geschleppt.«

»Ich nehme an, Sie kennen die Geschichte.«

Ich schüttelte den Kopf.

Die Geschichte, die er mit Vergnügen erzählte, begann an Gonzags Hochzeitstag, als er das Zimmer einer Hausangestellten betrat und dort seine Braut mit einem Freund, der Trauzeuge gewesen war, im Bett überraschte. Wie er eine Pistole bei sich haben konnte, blieb ein Rätsel, jedenfalls schoß er beide in den Kopf und hackte ihre Leichen später in Stücke. »So etwas ist hier natürlich nichts Besonderes«, erklärte Weston. Doch es war das Verfahren, das einen Skandal verursachte. Gonzag verbrachte einige Wochen in einer Nervenklinik und wurde dann entlassen.

»Sie können sich vorstellen, was los war«, sagte Weston. »Politischer Aufruhr. Die Armen wandern wegen einer Handvoll Reis ins Gefängnis, während die Reichen ungestraft töten dürfen und so weiter. Noch heute finden sich gelegentlich Anspielungen darauf in den Zeitungen.«

Ich dachte an das rote Jackett und den Botanischen Garten. »Nein. Ich habe nie davon gehört«, sagte ich.

»Er ist verrückter, als die Polizei erlaubt, aber er ist frei und kann tun und lassen, was er will. Und alles, was er jetzt noch will, ist, Leute in sein Haus zu führen und ihnen das Zimmer zu zeigen, in dem das große Ereignis stattfand. Je mehr, um so besser.«

Ich sah meinen Anwalt die Bar betreten. »Es ist unglaublich, aber ich zweifle nicht an Ihren Worten«, sagte ich zu Weston.

Dann wandte ich mich um und begrüßte den Inder, der über die schlechte Luft im Raum klagte. Wir setzten uns in die Halle.

Es gelang mir, so zeitig in Mount Lavinia anzukommen, daß ich vor dem Abendessen noch ein Bad nehmen konnte. Während ich im lauwarmen Wasser lag, versuchte ich mir die Reaktion von Hannah und Dodd auszumalen, wenn ich ihnen erzählte, was ich erfahren hatte. Ich selbst war höchst zufrieden, den Rest der Geschichte zu kennen. Doch sie waren alt und würden vielleicht anfangen zu grübeln oder es im nachhinein zu einem so unangenehmen Erlebnis hochstilisieren, daß es die Erinnerung an die Ferien beeinträchtigte. Ich hatte mich noch nicht entschieden, ob ich es ihnen sagen sollte oder nicht, als ich zu ihrem Zimmer ging, um sie zum Abendessen abzuholen.

Wir setzten uns an einen Tisch, der möglichst weit von der Musik entfernt war. Hannah hatte sich eleganter gekleidet als gewöhnlich, und sie unterhielten sich auch ein wenig munterer. Ich merkte, daß sie froh waren, nach New York zurückzukehren.

Nach dem zweiten Gang fingen sie an, die Höhepunkte ihres Aufenthaltes Revue passieren zu lassen: der Tempel des Heiligen Zahns; das Paar bengalischer Tigerjungen in Dehiwala, das sie gestreichelt, bedauerlicherweise jedoch nicht gekauft hatten; das indonesische Dinner in Mr. Bultjens Garten, wo ein Hirtenstar zu Hannah gehüpft war und gekrächzt hatte: »Iß auf!«; die Kobra unter dem Sofa auf Mrs. de Sylvas Tee-Party.

»Und jener seltsame junge Mann in dem merkwürdigen Haus«, setzte Hannah hinzu.

»Wie war das noch?« fragte Dodd und runzelte die Stirn, während er sich zu erinnern versuchte. Dann fiel es ihm wieder ein. »O Gott«, murmelte er. »Dein spezieller Freund.« Er wandte sich zu mir. »Deine Mutter hat wirklich eine Vorliebe für diese Typen.«

Draußen rauschte der Ozean. Hannah schien in Gedanken verloren. »Jetzt weiß ich, wie es war«, rief sie plötzlich. »Es war, als würde man von einem *bhikku* durch einen der Tempel geführt. Heißen sie nicht so?«

Dodd sog die Luft ein. »Und was für ein Tempel«, gluckste er.

»Nein, ich meine es ernst. Dieser Raum hatte eine besondere Bedeutung für ihn. Es war eine Art Grabmal.«

Ich sah sie an. Sie war der Sache auf den Grund gekommen, ohne die Einzelheiten zu kennen.

»Das Gefühl hatte ich auch«, sagte ich. »Natürlich werden wir es nie genau wissen.«

Sie lächelte. »Was ich nicht weiß, macht mich nicht heiß.«

Ich hatte sie den Ausdruck tausendmal verwenden hören, ohne je verstehen zu können, was sie damit meinte, denn er schien so offensichtlich falsch. Doch dieses eine Mal traf er zu. Ich nickte und sagte: »Ganz recht.«

Aus dem Amerikanischen
von Pociao

David Guterson

Arcturus

An der »Last Stop Grocery« hielt Carl James an. »Guck dir die an!« sagte er zu seiner Frau.

Vier Teenager hockten an der Mauer des Ladens und tranken Bier. Sie hatten einen Kasten Hamm vor sich, rauchten Zigaretten und sahen auf die Straße hinaus.

Ich weiß genau, was das für Typen sind, sagte Carl zu sich selbst.

»Wir brauchen noch ein paar Sachen für heute abend«, erklärte er seiner Frau, während er ausstieg. Er sah durch das Fenster in den Camper hinein, rieb sich dann das Kreuz. Es war eine lange Fahrt gewesen. »Soll ich was mitbringen?«

Louise ließ ihr Strickzeug sinken und antwortete: »Eigentlich hab ich alles eingepackt, was wir brauchen. Aber vielleicht besorgst du uns ein paar Plätzchen? Die können wir abends beim Kartenspielen essen.«

Ein Teenager ohne Hemd trug mit feuchtglänzenden Brustmuskeln einen Kasten Bier an ihnen vorbei.

»Plätzchen«, sagte Carl zu seiner Frau. »Eine besondere Sorte?«

»Nö«, sagte Louise.

»Bestimmt nicht?« fragte Carl. »Möchtest du nicht deine Kokosmakronen?«

»Nö«, wiederholte Louise. »Diesmal sollst du mich überraschen.«

Carl sagte: »Mach ich. Warte solange hier.«

Als er an den Teenagern vorbeiging, hörte Carl sich sagen: »Trinkt nicht alles auf einmal, Leute. Sonst macht ihr euch in die Hosen.«

Er bereute es sofort. Das war genau das Gerede, das man jungen Leuten nicht anbieten sollte.

»Alles klar«, antwortete einer von ihnen.

Carl ging in dem Laden herum und suchte sich zusammen, was er brauchte. Als er am hintersten Regal angekommen war, hatte er in seinem Einkaufswagen eine große Wassermelone, eine Tüte Käsechips, eine Büchse Bohnen und einen Karton Bier. Das Bier wollte er zusammen mit der kleinen Flasche Scotch trinken, die er in seinem Angelkasten versteckt hatte, er wollte am Abend allein am Ufer des Little Nelson sitzen, das Wasser rauschen hören und sich nach und nach betrinken.

Er ging den Gang mit den Backwaren hinunter, und in diesem Moment sah er Floyd Paxton – ein rotes Gesicht hatte der jetzt, und ein geblümtes Hawaiihemd spannte sich über seinem Bauch. *Floyd!* wollte er rufen. Aber irgend etwas hielt ihn zurück. Floyd stand da, schnaufte ein wenig und starrte auf die Obstkuchen, Torten und Krapfen.

Während Carl ihn beobachtete, kratzte Floyd sich die rote Glatze, räusperte sich laut und nahm einen Heidelbeerkuchen. Er trug Sandalen, und seine Zehennägel sahen wie verrottet aus. Als er lautlos rülpste, verzogen sich seine Lippen, und Carl sah, daß auch seine Zähne schlecht waren. Alles an Floyd war alt, verrottet und faulig. Aber es war Floyd. Kein Zweifel. Das begriff Carl sofort. Nur eben Floyd nach vielen, vielen Jahren, als fetter alter Mann.

Mein Gott, sagte Carl bei sich. *Ich will das nicht sehen. Herr im Himmel.*

Floyd stapelte noch zwei Obsttorten auf den Heidelbeerkuchen und schlurfte dann weiter zur Fleischabteilung.

Herr im Himmel, sagte Carl noch einmal im stillen. *Das nicht.*

Er zahlte an der Kasse und ging hinaus. Es war ein heißer Nachmittag, ein Freitag im August; weitere Teenager waren angekommen. Zwei tranken Bier in der Fahrerkabine eines Pick-up, Rockmusik schallte durch die Fenster.

»Was ist los?« sagte einer von ihnen zu Carl.

»Nichts Besonderes«, antwortete Carl mit unsicherer Stimme. Er verstaute die Tüte mit Lebensmitteln, das Bier und die Wassermelone. »Ich hab deine Plätzchen vergessen«, gestand er Louise, als er den Camper anließ. »Tut mir leid, ich hab's einfach vergessen.«

Louise strickte jetzt eifrig. Die Sonne schien durch die Windschutzscheibe, und die Stricknadeln blitzten.

Sie sagte: »Um so besser. Wir hätten sie sowieso nicht gebraucht.«

»Höchstens wenn wir zwei Fettwänste werden wollen«, sagte Carl.

»Das kann man wohl sagen«, antwortete Louise. »Bloß daß wir schon Fettwänste *sind.* Ich jedenfalls, und du bist auf dem besten Wege, Carl.«

Sie piekte Carl mit dem Zeigefinger in die Seite. Carl schob den Finger lachend weg.

»Heh«, sagte er. »Du bist nicht fett. Du bist gerade richtig, Louise.«

»Vernünftig essen, viel Bewegung – und Geritol«, sagte Louise schulmeisterlich.

Dann fingen beide an zu lachen. Sie kamen zu dem Wald am Flußufer. Carl sah das Schild mit der Aufschrift: NORTH FORK CHAMPINGPLATZ 14 MEILEN. Einen Sommer lang hatte Carl als junger Mann auf diesem Campingplatz gearbeitet. Er hatte die Verschalung für die Feuerstellen gezimmert. Er hatte Zement gegossen. Er hatte das Gelände planiert. Er hatte geholfen, die Löcher für die Plumpsklosetts auszuheben. Zusammen mit Floyd.

Damals waren sie Teenager gewesen, Floyd und er, aber sie hatten schon richtig gearbeitet, sie arbeiteten im Wald und taten, was sie konnten, um ihren Lebensunterhalt zu verdienen.

In dem Sommer waren sie in einer staatlichen Arbeitskolonne untergekommen. Sie arbeiteten auf Staatsland mit dem Forest Service – sammelten altes Holz und verbrannten es in großen Feuern, gruben Brandgräben und legten Schneisen –, was immer der Vorarbeiter sagte, wurde gemacht.

Nach der Arbeit hatten sie sich gewöhnlich im Last Stop ein paar Flaschen Bier gekauft, Blue Ribbon. Sie hatten eine Blockhütte, Floyd und er, am Rand eines alten Apfelgartens am Fuß der Berge, dort aßen sie abends zusammen Brot mit Fleischwurst. Manchmal schwammen sie im Deer Pool am Little Nelson oder setzten sich vor den Last Stop und alberten mit denselben Mädchen herum, mit denen sie schon in der Schule herumgealbert hatten, rauchten Zigaretten und sahen den vorbeifahrenden Autos und Holzlastern nach.

Aber das war lange her, lange bevor Carl nach Seattle gezogen war und Arbeit bei der Boeing Company bekommen hatte. In Seattle war er dann geblieben. Und er hatte viel erlebt seither. Zum Beispiel hatte er zwei Kriege als Soldat mitgemacht. Seine Töchter waren erwachsen, verheiratet und hatten Kinder. Seine erste Frau war an Krebs gestorben, und Carl hatte Louise geheiratet. Im Food Circus hatte er sie kennengelernt – sie aßen Tacos und tanzten dann zusammen Polka. Sie erzählte ihm, daß ihr Mann an einem Schlaganfall gestorben war. Als sie ihre Verlobung feierten, hatte er Floyd Paxton eine Einladung geschickt, aber Floyd hatte nicht geantwortet. Carl hatte damals vermutet, er sei vielleicht tot. Und dann hatte er Floyd Paxton vergessen. Damals lag das alles schon sehr lange zurück, und es hatte keinen Sinn, immer nur zurückzublicken.

Aber jetzt erinnerte er sich wieder, fast widerwillig. An einem Samstag hatten sie zwei aufgepumpte Autoreifenschläuche mitgenommen und in den Little Nelson River gesetzt. Carl hatte an dem Tag schon vier Flaschen Bier getrunken und brach nun, bis zu den Hüften im Wasser, seine fünfte an. Auch Floyd war bei seinem fünften Bier. Sie standen beide nackt da, mit flachem Bauch, tranken Bier unter dem zartblauen Himmel und hielten die Schläuche fest, damit die Strömung sie nicht wegriß.

»Heh, Fluß, jetzt kommen wir!« hatte Floyd gebrüllt und seine Bierflasche in hohem Bogen in den Wald geworfen.

Er packte die restlichen Flaschen in einen Jutebeutel und band ihn mit einem Stück Schnur an seinen Schlauch. Es war ein windstiller, sonniger und heißer Tag im Bergland, unberührter Wald um sie herum, und der Fluß schoß tief und reißend von ihnen dahin.

»Fünf Bier, und du spürst keinen Schmerz«, erklärte Floyd. »Wenn du dir den Kopf an einem Felsen im Fluß anschlägst, merkst du's überhaupt nicht.«

»Gut«, sagte Carl. »Dann kann ja nichts passieren.«

»Kann auch nicht«, stimmte Floyd zu. »Und für alle Fälle haben wir noch Bier in Reserve. Und einen Flaschenöffner. Für Notfälle.«

Grinsend zog er den tropfenden Jutebeutel aus dem Wasser.

»So was wie'n Erste-Hilfe-Koffer«, sagte Carl.

»Kann man wohl sagen«, meinte Floyd. »So sieht's aus.«

Sie stießen ab. Der Fluß nahm sie mit, zuerst ganz sanft, aber, wie Carl merkte, unaufhaltsam. Ringsum an den Ufern erhoben sich die geraden Stämme kräftiger Kiefern; in den weit entfernten hohen Bergen glitzerte die Sonne auf dem Schnee; die Schläuche trugen sie über die Oberfläche des Little Nelson, und die Sonne wärmte ihnen den Bauch. Wenn sie an Stellen kamen, wo Felsbrocken aus überhängenden Wänden herausgebrochen waren, paddelten sie mit den Händen gegen den Strom, bis ihre Schläuche anfingen zu kreiseln. Falls sie mit etwas in Berührung kamen, prallten sie gleich wieder ab.

Sie trieben dahin. Ihre Schläuche stießen gegeneinander. Floyd hatte schon einen Sonnenbrand auf der Nase, aber er schien es gar nicht zu merken. Mühelos, wie im Traum schaukelten sie auf dem Wasser, glitten an Hindernissen vorbei. Die Strömung hielt sie zusammen: zwei Teenager im schäumenden, reißenden Wasser.

Zusammen schossen sie durch ihre ersten echten Stromschnellen. Floyd brüllte sich durch das weiße Wasser. Carl spürte, wie er aus seinem Reifen gehoben wurde. Unter Wasser war es beängstigend ruhig, unmöglich zu sagen, wo oben und wo unten war.

Herr im Himmel, sagte Carl bei sich selbst. Es war schön und schrecklich zugleich. Sein Oberschenkel schlug gegen einen Felsbrocken. Sein Rücken stieß auch gegen irgendwas. Er bewegte sich zu schnell. Winzige Blasen waren überall. Um ihn herum war es ganz still, er trieb jetzt unter der Oberfläche oder eigentlich im Innern des Flusses, und hier konnte man sehen, wie es wirklich war, sagte er sich, hier gab der Fluß seine geheime Wahrheit zu erkennen. Er hatte keine Kontrolle mehr über seine Bewegungen.

Als er endlich wieder nach oben kam – wie durch ein Wunder plötzlich auftauchte –, trieb sein Schlauch ein kleines Stück vor ihm. Er holte auf, schwang sich hinein und glitt wieder im weißgelben Sonnenlicht flußabwärts.

»Heh, Floyd«, schrie er glücklich, ekstatisch, über das tosende weiße Wasser hin.

Carl fuhr in einen jungen, aufgeforsteten Wald ein. Die Asphaltstraße hörte hier auf und ging in einen Schotterweg über, die Steine spritzten unter den Reifen weg. Sie fuhren durch eine weite Kurve, und Carl sah den Little Nelson zwischen den Bäumen aufblitzen.

»Da bläst er«, sagte er. »Schau mal da zwischen den Bäumen, Louise.«

Louise sah blinzelnd von ihrem Strickzeug auf. Im Schoß hatte sie einen zu drei Vierteln fertigen Pullover, ein Geschenk für die Enkelin von Freunden, mit denen sie Bridge spielten. Der Pullover hatte ein Strickmuster aus Kiefern und Rentieren – genau das richtige Weihnachtsgeschenk für ein junges Mädchen. Aber Carl wußte, die Enkelin würde es nicht zu schätzen wissen. Sie war irgendwo im Osten auf dem College, in einer Umgebung, in der sie unmöglich etwas mit einem solchen Geschenk anfangen konnte.

»Ich seh keinen Fluß«, sagte Louise, hielt die Stricknadeln hoch und starrte suchend durch das Fenster auf ihrer Seite. Auf dem North Fork Campingplatz löste Louise ihren Sicherheitsgurt, stellte sich dann so hinter dem Wagen auf, daß Carl sie im Seitenspiegel sehen konnte. Er parkte den Camper vorsichtig rückwärts ein, Louise lotste ihn mit äußerster Konzentration zwischen den dicken Stämmen der Douglastannen hindurch. Sie winkte mit den Händen so, wie er es ihr beigebracht hatte, und sah aus wie ein Matrose an Deck eines Flugzeugträgers; in seinem kleinen, hundertachtzig Grad erfassenden Seitenspiegel erschien sie wie ein seltsames Phantasiewesen, das einem gleichgültigen Sonnenuntergang Zeichen zu geben versuchte. Aber das machte ihm nichts aus. Seine erste Frau war nie mit ihm campen gefahren. In den Tagen damals war er viel im Landesinneren gewandert, hatte gefischt. Seine Frau mochte es nicht, wenn er weg war, und sie hatte sich immer gefreut, wenn er wieder nach Hause kam. Der Krebs in ihren Lymphknoten hatte sie langsam getötet. Alles in allem brauchte sie drei Jahre zum Sterben. Er hatte Männer im verschneiten Hunsrück zugrunde gehen sehen, hatte erlebt, wie in Korea Jungen von Granaten zerrissen wurden, und war nach Hause gekommen, um seiner Frau beim Sterben zuzusehen.

Er hatte Louise geheiratet, um nicht allein zu sein – das wußte er, und sie wußte es auch. Es stimmte, sie war zu dick, eine Augenweide war sie nicht, aber was machte das schon? Er hatte sie schnell liebgewonnen, ganz unerklärlich, und er wußte, daß sie ihn in keiner Weise betrügen oder einschränken oder Ansprüche an ihn stellen würde. Sie hatte ihre eigenen harmlosen Vergnügungen. Das Stricken zum Beispiel.

»Ich geh mal kurz zum Ufer runter«, sagte Carl zu ihr, als der Camper ausgerichtet, die Räder mit Bremsklötzen blockiert, die Gasleitung für den Herd angeschlossen und der Wassertank gefüllt war. »Ich bin gleich wieder da.«

Louise sagte: »Gut, aber komm wirklich bald wieder. Ich fang schon mal mit dem Kochen an.«

Sie lächelte ihrem Mann zu. Sie drückte Carls Arm.

»Ist was mit dir?« fragte sie.

»Eigentlich nicht«, antwortete Carl.

»Nicht daß du mir ins Wasser springst.«

»Nein, nein«, sagte Carl. »Zum Springen bin ich zu alt.«

Darüber mußten beide lachen. Carl steckte sich die Flasche Scotch in die Tasche und ging durch die Bäume zum Fluß hinunter.

Sie hatten zwei kleine Wasserfälle überwunden. Sie schossen jetzt so schnell den Fluß hinunter, daß es unmöglich war, im reißenden Wasser noch etwas wahrzunehmen. Alles raste an ihnen vorbei. Carl fiel noch zweimal aus seinem Schlauch, Floyd zweimal im ganzen. Als sie durch den Cañon am Pinto Rock getrieben waren und in ruhigeres Wasser kamen, machten sie auf einer Sandbank Pause und streckten sich in der Sonne aus. Carl dachte angestrengt nach. Er war betrunken, und der Fluß war gefährlich. Drei Flaschen Bier waren in den Stromschnellen zerbrochen, aber ihnen blieben immer noch neun.

Sie standen auf und trieben zusammen weiter. Es war unvergleichlich, dachte Carl. Er war restlos glücklich. Bei ruhigeren Strecken legten sie sich lang auf ihre Schläuche, verschränkten die Hände hinter dem Kopf und starrten hinauf in die Berge, die das Tal einschlossen. In den Flußbiegungen schienen die Reifen sich die tiefen Stellen zu suchen – wo die Strömung hinging, dahin trieben auch sie. Es war wie im Märchen, das Wasser sehr kalt und lichtdurchflutet, die Luft unbewegt und warm. Die Sonne stand aber schon merklich tiefer, dichter über den Bergen im Westen.

Bis zu diesem Zeitpunkt hatten sie noch keinen Menschen gesehen, nicht einmal Angler.

Jenseits des North Fork, hinter der Stelle, wo North und Middle Fork zusammenfließen, kamen sie in langsamer fließendes Wasser. Sie öffneten zwei Flaschen Bier, trieben mit den Flaschen in der Hand am Campingplatz vorbei und betrachteten das Ufer.

»Sieh dir das an«, sagte Floyd.

Familien lagerten dort. Plötzlich waren viele Menschen da. Kinder liefen zwischen den Bäumen herum. Picknicktische mit karierten Tischtüchern. Autos und Frauen mit Babys im Arm. Ein ungefähr vierzehnjähriger Junge hockte auf dem Stamm einer in die Strömung gestürzten Fichte und sah ihnen sehnsüchtig nach. In der Sonne über dem Steilufer saßen Leute, aßen Würstchen und schauten auf den Fluß hinaus.

»Gott«, sagte Carl, dem plötzlich klar wurde, daß er nackt war. »Wir sind schon unten am Campingplatz.«

»Wie kann das sein?« antwortete Floyd.

Sie trieben weiter, am Campingplatz vorüber, vorbei an den bedauernswerten Leuten, die sich dort zusammendrängten, immer weiter stromabwärts, dorthin, wo der Fluß breit und ruhig war.

»Tschüs, ihr Penner!« hatte Floyd gebrüllt.

»O Gott, o Gott«, flüsterte Carl.

Er war jetzt zu betrunken. Sein angeschlagener Oberschenkel fühlte sich taub und unbrauchbar an. Alles änderte sich. Alles war anders. Das Wasser war jetzt grünlich, voller Schlamm und Schaum und Schleim – tiefes, trübes Wasser, häßlich. Jetzt kamen auch Moskitos und Bremsen.

Die Schläuche bewegten sich sehr langsam. An beiden Ufern standen reglose Weiden.

»Heh«, sagte Carl. »Laß uns raus hier. Laß uns wieder nach oben zurück.« Aber dann fiel ihm ein, daß sie sich kaum oder gar nicht gegen den Strom bewegen konnten.

»Trinken wir erst das Bier aus«, sagte Floyd.

Er zog den Jutebeutel aus dem Wasser und legte ihn tropfnaß auf seinen Bauch.

»Noch fünf«, sagte er. »Drei für dich und drei für mich.«

Sie tranken pflichtbewußt. Hier im Flachland war es beklemmend still, still und heiß, träge und drückend, zu still. Carl spürte den Sonnenbrand, die schmerzende, gespannte Haut auf seinen Schultern. Man hörte nichts, nur das Summen der Bremsen.

»Gib mir noch eins«, sagte Carl nach einer Weile. Aber er trank nur, weil er mußte.

Er machte die Flasche auf – und dann, weil sie den ganzen Sommer zusammen im Wald gearbeitet hatten, weil ihre Fahrt flußabwärts nun fast zu Ende war, weil sie zusammen fischen gegangen waren und in derselben Hütte am Rand der Berge wohnten und aus vielen anderen Gründen noch, nicht zuletzt deshalb, weil Carl so betrunken war wie noch nie, erklärte er Floyd nun, er würde notfalls für ihn sterben. »Hast du das gewußt, Floyd?« sagte er – überdeutlich und viel zu betrunken. »Für dich würd ich sterben. Wenn es sein müßte. Ich mein, im Krieg oder so. *Sterben* würd ich für dich. Nur daß du's weißt.«

»Gleichfalls«, sagte Floyd von seinem Reifen aus. »Ich auch, Carl. Gilt für mich genauso, kannst du mir glauben.«

Im Seichten schlossen sie dann Blutsbrüderschaft. Sie schnitten sich mit einer Flaschenscherbe in die Handflächen und schüttelten sich die Hände wie Soldaten und schworen: »Ich würd für dich sterben. Ich schwör's, Gott verdammt«, sagte Carl. »Teufel, ja«, hatte Floyd geantwortet.

In dem Augenblick waren sie zu betrunken, um verlegen zu werden. Und sie hätten auch nicht gewußt, warum. Erst eine geraume Zeit danach sollte es ihnen peinlich sein – Carl brauchte sehr lange dazu, er war da schon längst in Seattle, und in seinem Leben hatte sich fast alles geändert. Der Fluß wurde noch breiter und langsamer – als ob das Flachland sich gegen ihn sträubte. Carl sah tote Arme, Buchten, Marschland und Tümpel – all die Komplikationen eines großen Flusses. Die Sonne sank, die Luft wurde drückend. Es gab keine Bäume mehr. Zuerst waren Marschen und Sumpfgras an den Ufern, dann Brombeerbüsche, und schließlich kamen sie an Weizenfeldern vorbei und sahen Bauern, die in Reihen mit ihren Mähdreschern über die Felder fuhren und den Sommerweizen aberntete.

Zum Schluß mündete der Fluß in einen See – eine weite stille Wasserfläche. Und dann waren sie *auf* dem See, nicht weit von dem deutlich sichtbaren Damm an seinem Ende.

Nach dem Essen, als sie abgewaschen und aufgeräumt hatten, ging Carl noch einmal zum Flußufer hinunter. Er ließ sich mit dem Rücken an einen Stamm gelehnt nieder und sah, ohne etwas Bestimmtes zu suchen, auf das Wasser. Was gab's da schon zu sehen? Er trank seinen Scotch entschlossen in großen Zügen – wie Medizin. Er trank die Flasche fast aus. Er hatte ein Bier in seiner Jackentasche; das trank er auch.

Er stand auf und fand einen Felsen am Ufer. Er setzte sich auf ihn und sah auf die Mitte des Flusses hinaus, wo er und Floyd betrunken und grölend vorbeigetrieben waren, flußabwärts, dorthin, wo sie ihre betrunkenen Schwüre getan hatten; flußaufwärts zu der Biegung vor dem Zusammenfluß und weiter hinauf zu dem reißenden Teil des Flußlaufs in den Bergen, wo sie ihre Fahrt begonnen hatten. Es war ein wunderbares Erlebnis, dachte er jetzt. Er wollte es nie vergessen. Und die lächerlichen Versprechen waren rührend gewesen. Damals wäre er wirklich für Floyd gestorben. Damals war er dumm und jung genug gewesen, so lächerliche Dinge zu tun.

Aber jetzt war es Abend und viele Jahre später. Die Sonne war untergegangen, die Sterne kamen heraus – Stecknadelköpfe in der überwältigenden Dunkelheit des Himmels. Auf dem gegenüberliegenden Ufer war ein Stand Birken vom Frühjahrshochwasser überschwemmt und niedergeworfen worden. Jetzt lagen die Bäume halb unter Wasser, ein Gewirr von Ästen vermoderte langsam und erinnerte an das reißende Wasser des Frühlings.

Carl sah, daß genau über ihm Arcturus stand, der Stern im Zentrum des Himmels.

Hier ändert sich gar nichts, dachte er – auch wenn die meisten Dinge sich schon verändert hatten. Und er wünschte, er hätte Floyd nicht in der Backwarenabteilung gesehen. Er wünschte, es wäre nicht geschehen. Kein Mensch sollte auf solche Weise an die Vergangenheit erinnert werden. Kein Mensch hatte einen solchen Schock verdient.

Er ging zum Camper. Louise und er setzten sich an den Tisch und spielten Rommé und aßen Käsechips. Sie spielten acht Spiele, dann nahm Louise ihr Strickzeug wieder zur Hand. Carl trank nach und nach zwei Dosen Bier. Eine Weile unterhielten sie sich über seine Töchter – eine lebte von ihrem Mann getrennt. Er hatte die Scheidung eingereicht. Den Grund hatte Carl nicht verstanden. Seine Tochter hatte aus Wisconsin angerufen, aus einer kleinen Stadt, wo eine Freundin von ihr wohnte.

Bevor er zu Bett ging, sah er nach, ob das Gas abgestellt war. Es war zehn Uhr abends an einem Samstag im August. Der Campingplatz war überfüllt: Musik und Stimmen, vorbeirumpelnde Autos, Leute, die lachend hinter dem Licht ihrer Taschenlampen zu den Toiletten gingen. Carl horchte angespannt auf das Rauschen des Flusses, aber der Fluß war zu weit weg, mindestens hundert Meter durch die Tannen.

Sie waren spät gekommen und hatten einen der schlechteren Plätze nehmen müssen, zu weit weg von der Musik des Little Nelson. Carl bedauerte das jetzt.

Im Bett küßte ihn Louise zweimal auf die Wange: »Laß nicht

die Ohren hängen«, sagte sie. »Morgen gehst du fischen, Carl. Du hast keinen Grund, die Ohren hängen zu lassen, ja?«

Er sagte ihr, daß er sie liebte. »Ohne dich wär ich verdammt einsam«, sagte er. Er küßte sie aufs Ohr, auf die Nase.

»Du hast Whiskey getrunken«, antwortete Louise. »Du hast getrunken, und jetzt bist du mit Fleischwurst vollgestopft, Carl.«

Carl hatte einen leichten Schlaf. Er war es gewohnt, nachts aufzustehen und sich Gedanken zu machen. Es kam ihm sogar so vor, als schlafe er fast gar nicht mehr, es war, als ob er nicht mehr wisse, wie man schlief. Und das Bild von Floyd im Last Stop ging ihm nicht aus dem Kopf. Vielleicht hätte er doch etwas sagen sollen. Vielleicht hätte Floyd alles erklären können.

Er setzte sich ächzend auf und zog die Hose an. Er war noch immer betrunken, jedenfalls zu betrunken, um stilliegen zu können. Er band sich im Dunkeln die Schuhe zu. Er zog die Jacke über und ging mit der Taschenlampe hinaus. Er fand den Weg zwischen den Tannen, stolperte einmal über einen toten Ast, tastete ein bißchen in der feuchten Dunkelheit herum und kam dann zum Ufer des Little Nelson; dort blieb er stehen und hörte der Endlosigkeit des Flusses zu.

Floyd! sagte er zu sich selbst. *Floyd! Gott noch mal!* Aber dann schaute er nach oben, und da standen Arcturus und eine Million andere Sterne, und alle schimmerten in ihrer geheimnisvollen Art.

Bei dem Anblick fühlte er sich besser. *Laß den Fluß ruhig rauschen und vorbeiströmen,* dachte er, ein Fluß ist am Ende doch nur etwas Winziges, verglichen mit einem Stern. Er fand nicht die Worte, um es sich selbst zu erklären, aber ein Stern schien der richtige Trost zu sein für einen Mann, der auf die Siebzig zuging.

Aus dem Amerikanischen
von Christa Krüger

CHRISTINE GRÄN

Die Reise der alten Damen

Dora sieht aus wie ein verschrumpeltes Huhn, das niemand schlachten würde, sei es aus Mitleid oder kulinarischen Erwägungen. Ein vergnügtes altes Huhn von zäher Konsistenz. Sie lächelt ihre Mitreisenden freundlich an, während sie sich neugierig umsieht. Sie raucht und holt einen silbernen Flacon hervor, aus dem sie einen kräftigen Schluck nimmt – ein Akt des senilen Alkoholismus, wie ihre Begleiterin meint.

Evelyn raucht und trinkt nicht mehr, seit sie beschlossen hat, hundert Jahre alt zu werden. Noch zwanzig Jahre also, die ihrer alten Freundin sicher nicht gegönnt sind, so wie diese mit ihrer Gesundheit aast. Die arme Dora wird ein böses Ende nehmen, obwohl sie mehr Geld hat, als ihr guttut.

Evelyn beneidet Dora um ihr teures Kostüm und den exquisiten Schmuck, und sie findet es im höchsten Maße ungerecht, daß ihr Mann kein Vermögen hinterlassen hat, sondern eine »auskömmliche Rente«, wie sie es nennt. Sie ist ziemlich pleite, andernfalls hätte sie Doras Einladung zu einer Weltreise schon aus Stolz abgelehnt.

Jetzt wünscht sie sich, genau dies getan zu haben. »Ein greisenhaftes Publikum.« Evelyn rümpft die Nase, die auch in ihren besten Jahren kein Prunkstück war und nunmehr einer ausufernden Knolle gleicht. Ihr rundliches Gesicht trägt den Ausdruck permanenter Mißbilligung. Die Welt ist schlecht, und die Schlechten sind die anderen.

»Stell dich nicht so an, das ist unser Jahrgang. Der Typ dahinten mit der Mütze sieht doch recht flott aus.« Dora mustert die Mitreisenden ohne Scham. »Aber natürlich sind die Weiber in der Überzahl. Alles reiche Witwen – mit Ausnahme von Dir natürlich.«

Doras unverblümtes Wesen hatte im Alter boshafte Konturen angenommen. Evelyn wühlt in ihrer Handtasche und überprüft zum dritten Mal, ob sie alle Reiseunterlagen mit sich führt. Sie nimmt eine Pille gegen hohen Blutdruck. Auch meint sie, ihr Herz unziemlich zu spüren. Wo um Himmels willen hat sie die Herztabletten hingepackt?

Dora betrachtet Evelyn in der Art eines Sammlers, der ein besonders interessantes Exemplar begutachtet. Herzverfettung, denkt sie mitleidlos. Evelyn war in jungen Jahren von atemberaubendem Kurvenreichtum. Übrig blieb altes Fett, in Falten gelegt. Evelyn, ihre älteste und beste Freundin, war in jungen Jahren viel attraktiver als Dora, die Dünne, die Unauffällige. Kein Wunder, daß Eberhard sie Dora vorgezogen hatte. Eberhard, die zweite Geige eines zweitklassigen Orchesters. Eberhard, den Dora über alle Maßen geliebt hat. Verdammt lange her. Eberhard und Evelyn: Viele Jahre haben sich über den Schmerz gelegt, ihn eingebettet, jedoch nicht ausgelöscht. Damals, als sie von der Hochzeit der beiden erfuhr, wollte sie sich umbringen. Mit Schlaftabletten: ein untauglicher Versuch, den sie nicht wiederholte.

Denn Dora traf Jonas, einen sehr netten Mann mit viel Geld, und sie nahm ihn und produzierte Kinder und lebte in besten Verhältnissen, ein wenig gelangweilt immer, doch nicht unglücklich. Dora kann sich vor allem an Jonas' Tod erinnern. Das war vor fünf Jahren: sein qualvolles Sterben an Magenkrebs, die Zeit der Schmerzen und Verzweiflung. Er war ein guter Mann gewesen, und niemand verdiente diesen Tod.

Damals war Evelyn schon Witwe in bescheidenen Verhältnissen, denn zweite Geiger pflegen keine üppigen Renten zu hinterlassen. Man war in Verbindung geblieben über all die Jahre, und seit sie beide Witwen sind, hat Dora die Freundschaft forciert. Nicht unbedingt aus edlen Motiven: Es bereitet ihr ein gewisses Vergnügen, Evelyns neidische Blicke zu sehen, ihre Klagen zu hören, an ihrem Unglück teilzuhaben. Evelyns einziger Sohn klimpert in Bars, ein erfolgloser Pianist mit einem Alkoholproblem, während Doras Tochter als Chirurgin arbeitet und ihr Sohn Frederik die kleine, feine Familienbank übernommen hat.

»Wundervolle Kinder«, wie Dora stets zu Evelyn sagt. Tatsächlich findet sie ihre Nachkommen spießig, aufgeblasen und herzlos. Die lieben Kinder, so voller Angst, daß Dora auf ihren Reisen das Erbe verprassen könnte oder einem Hochstapler in die Arme fallen könnte. Schon möglich, daß ihr ein verkrachter Musiker als Sohn lieber gewesen wäre, aber eher würde sie sich die Zunge abbeißen, als dies Evelyn gegenüber anzudeuten.

Vielleicht wird sie es doch tun auf dieser Reise, denn Dora weiß, daß die Zeit der Wahrheit gekommen ist. Als sie im Flugzeug sitzen, zeigt sie Evelyn, wie man den Gurt befestigt. Die Sessel sind breit und bequem: Die Maschine ist ausschließlich für die Reisenden der Gruppe »Ultimate Journey« reserviert. Ein seltsamer Name für eine exklusive Gruppenreise, die von einem britischen Veranstalter organisiert wurde. Dora hat lange gesucht, bis sie das Passende gefunden hat.

Während des Steigfluges über London zählt Dora die Mitreisenden: immerhin zweiundzwanzig Personen im Gesamtalter von etwa eintausendsechshundert Jahren. Zwei Drittel sind Frauen, und alle sehen betucht aus, was angesichts der horrenden Pauschalkosten nicht verwunderlich ist. Die Reiseleiterin, eine englische Dame von Adel, ist mit fünfzig Jahren mit Abstand die Jüngste. Evelyn findet sie höchst merkwürdig, doch das mag auch daran liegen, daß ihre Englischkenntnisse minimal sind.

Dora muß übersetzen und tut dies widerwillig und nur sehr fragmentarisch. Sie trinkt lieber: »Blue Label« mit Eiswasser, während ihre Freundin affektiert an einem Champagnerglas nippt. Mit den Jahren hat Dora Geschmack an harten Getränken und dem Grundsatz »Trink nicht zu viel – aber niemals zu wenig« entwickelt. In der blauen Stimmung erinnert sie sich häufig an den Geiger und nur selten an Jonas, die Kinder oder ein paar kurze Affären mit unbedeutenden Männern. Unerfüllte Lieben haben einen starken Erinnerungswert, und Whisky wärmt das kalte Herz.

Evelyn quengelt, eine widerliche Eigenschaft, die sich im Alter verstärkt hat. Das Herz, der Kreislauf, die geschwollenen Beine ... Was für ein Jammer, greisenhaft und schäbig zu werden, denkt Dora mitleidlos und schließt die eigene Person mit ein. Hat sie ihr jemals von ihren Blutzuckerwerten erzählt, den rheumatischen Händen und dem Leberkrebs, der sie mit Gewißheit töten wird? Kein Alkohol mehr, hat der Hausarzt gesagt, keine Zigaretten und strikte Diät, dieser Trottel, als ob sich die Krankheit durch solche Lappalien stoppen ließe. Alle Ärzte waren aufgeblasene Idioten, und ihre Tochter war da keine Ausnahme.

Evelyn erzählt von ihren Krankheiten, während sie Kaviar löffelt, als sei es ihr täglich Brot. Dora ißt fette Gänseleberpastete, die morbide schmeckt. Sie hört kaum zu, sondern taxiert die Passagiere in ihrer Nähe. Gebrechlich ein paar, aber gute Gesichter sind noch zu erkennen unter Falten und Tränensäcken, falschen Zähnen, Brillen und Hörgeräten. Die Frauen tragen viel Schmuck über runzeligen Hälsen und Händen mit Altersflecken. Der Typ mit der Mütze sitzt nicht in ihrer Nähe, schade, aber vielleicht ergibt sich später die Gelegenheit zu einem altersschwachen Flirt.

Dora döst nach vier Whiskys, während Evelyn den Bordfilm ansieht, eine Geschichte mit schönen, jungen Menschen, die nach unschönen Verwicklungen ein Happy-End erleben dürfen. Sie weint ein wenig, aus dummer Sentimentalität, wie Dora kommentieren würde. Evelyn schämt sich ihrer Gefühle nicht. Was ist geblieben außer erregenden Filmen, gutem Essen und gemeinsamem Klatsch? Alter lehrt Bescheidenheit, bereits der Arztbesuch ist ein Erlebnis, das Gespräch mit dem Apotheker der Höhepunkt des Tages, der Friedhofsbesuch ein gesellschaftliches Ereignis. Alter macht einsam. Aber auch stolz. Stolz darauf, es so lange geschafft zu haben, während die anderen einfach wegsterben. Das bloße Überleben zählt, das ist Evelyns Kampfansage gegen die Jahre, die nicht besser werden. Und was wird, wenn sie nicht mehr für sich selbst sorgen kann? Auf den Sohn, den Versager, wird man sich nicht verlassen können.

Dora schnarcht. Dora hat keine Sorgen. Die kann sich zwei Pflegerinnen leisten, wenn es soweit ist. Ob sie Evelyn in ihrem Testament bedenken wird? Oder eventuell bereit wäre, sie zu sich zu nehmen in das schöne Haus mit Lift und Personal? Evelyn nimmt sich vor, das Thema im Verlauf der Reise anzusprechen. Schließlich sind sie beste Freundinnen, und die Sache mit Eberhard ist begraben und vergessen. Im Grunde sollte Dora ihr dankbar sein, denn mit Jonas hat sie sich einen Goldfisch geangelt, zwar einen ziemlich häßlichen und langweiligen, aber auch das relativiert sich im Alter. Eberhard war ein so schöner Mann gewesen und ein begnadeter Musiker. Allerdings auch launisch, unpraktisch und grenzenlos egoistisch. Und er hat ihr nie eine dreireihige Perlenkette geschenkt, wie Dora sie trägt. Sie könnte sie der schlafenden Freundin vom Hals reißen, so sehr begehrt sie dieses Schmuckstück. Alt und krank sieht sie aus, die Ärmste. Man sollte vielleicht auch das Testament erwähnen …

Die Reisegruppe landet pünktlich in San Francisco, der ersten Station der Reise. Ein klimatisierter Bus holt die erschöpften Passagiere ab, alles ist perfekt organisiert, sogar Rollstühle werden bereitgestellt. Der Bus bringt die Gruppe zum »Highlands Inn« bei Carmel.

»Wir erfüllen all Ihre Wünsche«, sagt Virginia, die Reiseleiterin. Die Krankenschwester rät Evelyn, ihre geschwollenen Beine hochzulegen. Sie verteilt Vitamingetränke. Dora lehnt ab und stärkt sich aus ihrem Flacon. »Dein Gejammer ist schrecklich. Nimm dir ein Beispiel an den anderen, sie ertragen die Strapazen in hervorragender Haltung. Stil und Selbstdisziplin zählten nie zu deinen Stärken.« Dora entschärft die Bemerkung mit einem Tätscheln, das als freundlich interpretiert werden könnte.

»Warum machen die überhaupt so eine Reise, alt wie sie sind?«

Dora lächelt geheimnisvoll in die getönte Scheibe. »Frag sie doch. Du mischst dich doch so gern in anderer Leute Angelegenheiten.«

Das war gemein. Evelyn denkt an Doras Testament und schweigt. Nur aus Langeweile zählt sie die Reisenden, und ihr fällt auf, daß nur noch einundzwanzig Passagiere im Bus sitzen. Sie fragt die Krankenschwester, die sie gütig anlächelt und erklärt, daß eine Mitreisende in San Francisco ausgestiegen sei. »Sie fühlte sich nicht wohl genug, die Ärmste, die Reise fortzusetzen.«

Dora fühlt sich wohl im »Highlands Inn«, einem in die Berge gebauten Luxushotel aus Holz und Glas mit geräumigen Chalets, die aus Panoramafenstern den Blick auf die Steilküste und das Meer freigeben. Sie genießt Evelyns spitze Entzückensschreie bis zu einem gewissen Punkt. Genaugenommen kann sie alles im Leben nur noch bis zu einem gewissen Punkt goutieren. Die Müdigkeit nimmt überhand, die Rückkehr in das Ich artikuliert sich in zunehmender Gleichgültigkeit gegenüber dem Rest der Welt. Die Schmerzen erscheinen manchmal als die einzige Wirklichkeit, die noch zählt. Ihr Körper beginnt, sie im Stich zu lassen, obwohl sie doch noch ein Kind ist, ein Kind von neunundsiebzig Jahren. Ein reiches, krankes, rachsüchtiges Kind auf einer letzten Reise.

Zu den Ereignissen des nächsten Tages zählen eine Rundfahrt

durch Carmel, ein exquisites Mittagessen und ein Selbstmord. Virginia gibt das tragische Ereignis beim Abendessen bekannt, und Evelyn erregt sich schrecklich darüber, daß der reizende Mann mit dem silbernen Gehstock über den Zaun geklettert ist, um sich ins Meer zu stürzen. Sie hat sich noch beim Frühstück mit ihm unterhalten, und er benahm sich keineswegs wie ein Selbstmörder.

»Sei still«, sagt Dora. »Er litt an multipler Sklerose und hatte einfach keine Lust mehr.«

Niemand scheint sich über den Tod aufzuregen, und Evelyn bucht dies auf ihr Vorurteil, daß Reiche besonders herzlos sind. Die Französin mit den dicken Brillengläsern hebt sogar ihr Glas und …

»Was hat sie gesagt, Dora?«

»Laßt uns darauf trinken, daß er es überstanden hat. Prost, Evelyn. Das Leben ist eine Anstrengung, die einer besseren Sache würdig wäre.« Dora, das boshafte alte Huhn, trinkt ihr Glas in einem Schluck leer. Pietätlos findet ihre Freundin die allgemeine Reaktion auf den tragischen Zwischenfall. Von Dora ist nichts Besseres zu erwarten, doch erscheinen die Mitreisenden um keinen Deut besser. Geld verdirbt den Charakter. Und sie ist die einzige Frau in der Gruppe, die sich nicht mit teurem Schmuck behängen kann.

Das Leben geht weiter, und die Reise führt nach Hawaii, in ein rosa Hotel am Strand von Honolulu. Evelyn verträgt die Hitze schlecht, und sie findet die Mitreisenden schrecklich arrogant. Niemand läßt sich auf mehr als oberflächliche Konversation ein. Die Reisenden benehmen sich auf eine Weise seltsam, die Evelyn nicht einordnen kann. Ausgelassen manchmal, und dann wieder zurückgezogen, und niemand außer ihr spricht über Krankheiten und Leiden, was doch in diesem Alter die normalste Sache der Welt ist. Sie fühlt sich ausgeschlossen, gedemütigt und von

Dora schlecht behandelt. »Wäre ich nur zu Hause geblieben«, seufzt sie von Zeit zu Zeit, worauf Dora erwidert, daß sie eine Nervensäge sei. Doras Geld. Doras Macht, ihr Geld auszuspielen. Wenn ihre Freundin ab und zu vor Schmerz erstarrt und sich mit der Krankenschwester zurückzieht, kämpft Evelyn weitgehend vergeblich gegen das Gefühl der Schadenfreude.

»Sie sollte wirklich mehr auf ihre Gesundheit achten«, sagt Evelyn zu dem Mann mit der Baseballmütze über dem kahlen Kopf und den trüben Augen. Alter österreichischer Adel, sie hat sich erkundigt. Er zwinkert ihr zu und wendet sich ab. Sie versteht es nicht. Auch daß zwei der Mitreisenden die Gruppe am nächsten Tag verlassen, um eine Schiffstour durch die Inselwelt zu unternehmen, ist ihr unverständlich. Unfair, wie manche Leute Geld verschwenden, während andere sich nach der Decke strecken. »Du mußt dir keine Sorgen um deine Zukunft machen«, sagte Dora im Flugzeug, das klingt immerhin verheißungsvoll.

Im Regent Fidji gibt der österreichische Adelige eine Party für die Reisegruppe. Er hält eine kauzige Rede, die belacht wird, und läßt Champagner ausschenken. Ausgelassen schwankt Dora mit dem Gastgeber über die Tanzfläche. »Ein furioser Tango Mortale«, kommentiert die Schweizerin mit den blauen Haaren, die farblich zum Schmuck passen. Virginia fordert Evelyn zum Tanz auf, was diese maßlos peinlich findet. Dora lacht zu laut und trinkt zu viel. Morsche Knochen biegen sich im Tangoschritt. Mumiengesichter erscheinen ausgelassen. Greisenhaftes Gelächter erfüllt die Hotelhalle. Evelyn spürt einen Hauch von Furcht, die vorüberweht.

Am nächsten Tag erklärt Virginia auf Evelyns Nachfrage, daß der Österreicher einen Schwächenanfall erlitten habe und in ein lokales Krankenhaus eingewiesen wurde. Die Dame aus der Schweiz hat sich entschieden, nach Bora-Bora weiterzufliegen.

Die geschrumpfte Gruppe kommt in Santo Domingo an. Ein amerikanisches Luxushotel an einem anderen Ort, sie erscheinen Evelyn mittlerweile verwechselbar, die Flughäfen, Städte und Hotelzimmer, und den Überblick über die Währungen hat sie längst verloren. Dora steckt ihr lokale Geldscheine zu. Dora bezahlt alles. Dafür muß man natürlich in eigener Währung bezahlen.

In Santo Domingo ertrinkt das amerikanische Ehepaar beim Baden in einer ungeschützten Bucht. Die beiden waren allein, und jede Hilfe kam zu spät. Virginia verkündet die Nachricht, und niemand stellt Fragen mit Ausnahme von Evelyn, die schließlich in Tränen ausbricht und inmitten eisigen Schweigens aufgibt. Das Gefühl, sich auf einem sinkenden Schiff zu befinden, verstärkt sich mit jedem Todesfall, und Dora ist keine geeignete Trösterin für furchtsame alte Damen. Sie zieht sich oft zurück, wenn sie Schmerzen hat. Sie trinkt wie ein Fisch. Sie stellt neugierige Fragen zu Eberhard. Wie war er als Ehemann? Blieb die große Liebe bestehen? Litt er bis zuletzt am Scheitern seiner Karriere? War er treu? Als ob Evelyn sich an etwas erinnern könne, das so tief begraben liegt unter allen Lebenslügen, die sie angehäuft hat. Die Gegenwart scheint Dora nicht zu interessieren, und sie glaubt auch nicht, daß ein Fluch über dieser Reise liegt. »Alte Leute sterben, was sollen sie sonst tun«, ist ihr Standardkommentar zu Evelyns bohrenden Fragen.

In Caracas bricht die Schwedin beim Abendessen zusammen: Herzversagen. Evelyn erleidet einen hysterischen Anfall, und wird von der Krankenschwester ruhiggestellt. Virginia führt ein längeres Gespräch mit Dora. Am nächsten Tag besichtigt die dezimierte, unberührte Reisegruppe den historischen Stadtkern. In der Kirche entzündet Evelyn Kerzen für die armen Seelen. Dora spendet hundert Dollar für die Restaurierung des alten Gemäuers. Nach dem Abendessen läßt sich Evelyn zum ersten Mal zu einem Glas Whisky bewegen. Er schmeckt bitter, so wie Doras Stimme bitter klingt.

»Weißt du noch, wie wir mit Eberhard zum Bergsteigen fuhren? Das war das Wochenende, als er mir abhanden kam. Du hast ihm schöne Augen gemacht, wie man das damals nannte. Und die unmoralische Künstlerseele sank an deinen prächtigen Busen, ohne auch nur zu zögern. Weißt du eigentlich, daß ich damals, als wir auf dem Gipfel standen, sehr große Lust hatte, dir einen Stoß zu geben. Du standest direkt vor dem Abgrund, und es wäre so leicht gewesen ...«

»Aber Dora!«

»Aber Dora.« Sie äfft Evelyn nach und bestellt neue Getränke. »Ich habe dieses Versäumnis später oftmals bereut. Mein Gott, nun sieh nicht so pikiert drein. Wir sind alt genug, um einander die Wahrheit zu sagen.«

»Ich will sie nicht hören, Dora.«

»Du warst immer schon eine Meisterin der Verdrängung, meine Liebe. Diese geschmacklose Einladung zu deiner Hochzeit ... ich habe Jonas nur geheiratet, um mich an euch zu rächen. Er hat die lieblose Ehe, die wir führten, nicht verdient.«

Evelyn hält sich die Ohren zu. »Hör auf mit den alten Zeiten. Ich bin krank. Mein Herz. Diese schreckliche Reise. Ich vertrage keine Aufregung mehr. Kannst du nicht Rücksicht auf MEINE Gefühle nehmen.«

Dora sieht in ihr Glas. »Ich habe kaum noch Gefühle und wenig Angst. Auch nicht vor dem Tod, ganz im Gegenteil.«

Dora lächelt jetzt, aber dieses Lächeln gefällt Evelyn nicht. »Ich will nach Hause, Dora. Bitte laß uns nach Hause fahren.«

»Oh nein. Wir bleiben bis zum Ende.« Dora begleitet Evelyn zu deren Zimmer. Evelyn schließt die Tür von innen, bevor sie zu Bett geht. Sie reinigt ihr Gebiß und nimmt eine Tablette. Sie kann nicht mehr schlafen seit einigen Nächten. Die Klimaanlage surrt, das Fenster läßt sich nicht öffnen, und sie hat Angst vor dem Erfrierungstod. Sie sehnt sich nach ihrer kleinen Wohnung, dem Fernsehprogramm, der Routine aller Tage. Die Traumreise, denkt Evelyn, entwickelt sich zu einem Alptraum, und als einziger Trost schwebt Doras Geld im Raum.

In Rio de Janeiro, während eines Ausfluges auf die Papageieninsel, beobachtet Evelyn ein Streitgespräch zwischen Dora und Virginia. Leider kann sie nichts hören, sie ist zu weit weg. Papageien kreischen und lassen sich auf Touristenschultern füttern und fotografieren. Die Hitze ist unerträglich, und in dem klimatischen Wechselbad ist es kein Wunder, daß sie sich erkältet hat. Sie läßt sich von der Krankenschwester Medizin geben. Zurück im Hotel bringt ihr Dora einige Papiere, die sie unterschreiben soll. Sie sind in Englisch verfaßt, und Dora erklärt ihr, daß es nur um Krankenversicherung und eventuellen Rücktransport nach Deutschland gehe. Jeder in der Gruppe habe diese Formulare unterschrieben. Evelyn setzt ihre Unterschrift darunter, sie ist zu erschöpft, um nach einer genauen Übersetzung zu fragen. »Wenn die Erkältung schlimmer wird, möchte ich zurückgeflogen werden.«

»Aber natürlich, meine Liebe. Hier ist alles bestens organisiert.«

Beim Abendessen fehlen die beiden englischen Damen. Virginia erklärt, daß sie in dem hübschen Hotel auf der Papageieninsel geblieben seien. Sie sieht blaß aus, die Reiseleiterin, und ihre gleichbleibende Liebenswürdigkeit ist einer leichten Irritation gewichen. Dora trinkt noch mehr als üblich, ihr Gesicht ist schmerzverzerrt. Evelyn stört die leisen Tischgespräche durch lautes Schneuzen in Papiertaschentücher, die sie in gebrauchtem Zustand in ihre Handtasche steckt. Nach Hause, ist der alles beherrschende Gedanke. Niemand scheint ihr zuzuhören, wenn sie über eine beginnende Lungenentzündung klagt. Ja, es ist fast so, als würden Tote an diesem Tisch sitzen. Dora, neben ihr, sieht so aus, als würde sie es nicht mehr lange machen. Was für eine absurde

Idee diese Reise war. Dora wäre viel besser in einem Sanatorium aufgehoben. Vor ihr steht eine Flasche »Blue Label«, die bereits zu einem Drittel geleert ist. Die rheumatischen, nikotinverfärbten Finger halten sich ständig an einer Zigarette fest. Als Evelyn anklagend hustet, bläst ihr Dora Rauch ins Gesicht. »Mein Leben lang habe ich mich gefragt, was Eberhard an Dir gefunden hat. Es gibt keine Antwort. Auf nichts. Und jetzt wäre ich Dir sehr verbunden, wenn du dich mit deinem Husten und der tropfenden Nase zurückziehst. Ich möchte die Flasche in Ruhe austrinken.«

Die Putzkolonne findet Doras Leiche am nächsten Morgen in der Hotelbar. Ihr Kopf liegt auf der Tastatur des Flügels, in ihrem Kopf ist ein winziges Einschußloch, und an passender Stelle liegt eine zierliche Pistole. Virginia verhandelt mit Polizei und Hotelmanagement über die Freigabe der Leiche und den Rücktransport nach Deutschland. Evelyn erleidet beim Frühstück einen Schwächeanfall, nachdem sie den Tod ihrer besten Freundin mit dem Heulen eines Klageweibes aufgenommen hat. Die anderen sind froh, daß die Krankenschwester die dicke Person in ihr Zimmer bringt. Man hat sie erduldet, weil der Tod eine gewisse Distanz zur Lächerlichkeit schafft.

»Sie brauchen Ruhe«, sagt die Krankenschwester, während sie die Spritze setzt und Evelyn in das Kissen wimmert. Sie will aufstehen, anklagen, und vor allem will sie nach Hause, doch der Schlaf kommt wie eine große schwarze Wolke, die abzuwehren sie keine Kraft hat. Als sie am nächsten Morgen erwacht, findet Evelyn neben ihrem Bett einen Brief, auf dessen Umschlag sie Doras Handschrift erkennt. Ein Abschiedsbrief der besten Freundin, vielleicht eine Ankündigung der testamentarischen Verfügung? Evelyn setzt ihre Lesebrille auf. Ihre Hände zittern, als sie die Seite mit Doras krakeliger Handschrift festhält.

Liebe Evelyn,
der Name paßte früher gut zu Dir; bei einer alten, dicken Person wirkt er nur noch komisch. Allerdings warst du immer zu dumm für jegliche Form von Selbstkritik. Man wird nicht klüger mit dem Alter, man erstarrt nur in der Enge des Lebens, das sich immer mehr auf die Überlebensfrage zuspitzt. Was zählt, ist die Vergangenheit. Ich habe versucht, mit dir darüber zu reden, doch bin ich immer wieder an deiner verdammten Selbstgerechtigkeit gescheitert. Alt, krank, einsam: Daß meine Vergangenheit im wesentlichen aus unerfüllten Wünschen bestand, habe ich Dir zu verdanken. Ich hätte dich hinunterstoßen sollen, damals. Ich habe zu lange gewartet. Es ist Zeit, sich zu verabschieden, Evelyn. Was ich nach reiflicher Überlegung vor Dir getan habe. Hast du jetzt endlich begriffen, was es mit dieser Reise auf sich hat? Da gibt es diese hervorragende Institution in London, die alten Leuten, die zu feige sind, sich umzubringen, sozusagen Sterbehilfe leistet. Für einen angemessenen Preis wird der Abgang nach Wunsch organisiert, und ich finde, daß sie das sehr gut gemacht haben. Ich wollte schnell und schmerzlos abgehen, während ein Klavierspieler, der Eberhard übrigens entfernt ähnlich sah, mein Lieblingsstück spielte, die Sonate in b-Moll von Beethoven. Reichlich kitschig, aber wenn man sich den Tod schon aussuchen kann und viel dafür bezahlt, muß man ja nicht unbedingt auf den Geschmack anderer Leute Rücksicht nehmen.

Und nun zu Dir, liebe Feindin. Dein Schmerz über meinen sogenannten Selbstmord wird nicht lange währen. Ich habe dir versprochen, daß du dir keine Sorgen um deine Zukunft machen mußt. Und ich halte mein Wort, auch wenn Virginia nicht leicht zu überzeugen war. Geld ist allerdings ein starkes Argument. Heute nachmittag werdet Ihr den »Zuckerhut« besichtigen. Man hat von da oben einen wunderbaren Ausblick auf Rio. Du wirst staunen – und fallen. Wehre dich nicht, du wirst sehen, es geht ganz schnell, und wenn Du jetzt denkst, daß ich diese Todesart für Dich ausgewählt habe, um Versäumtes nachzuholen, dann kann ich Dir nur recht geben. Ich bin, besser gesagt war, eine böse, nachtragende, kranke Frau. Niemand wird um uns trauern – unsere Kinder gewiß nicht. Übrigens habe ich deinem Versager von Sohn einen Teil meines Vermögens hinterlassen, schließlich ist er Eberhards Kind und ein ebenso zweitklassiger Klavierspieler.

Ich hoffe, das freut dich, obwohl ich mir vorstellen kann, daß du dein Leben lang nur an deinen gedeckten Tisch gedacht hast. Wie auch immer, es berührt mich nicht, denn ich habe dich zu lange gehaßt. Adieu, Evelyn, und versuche zumindest, in Würde zu sterben. Es ist das letzte, das man tun kann.

Deine Dora.

Evelyn läßt den Brief zu Boden sinken und versucht, sich aufzurichten. Es ist schwierig, weil das Gift nachwirkt, das man ihr verabreicht hat. Eine Bande von Mördern und verrückten Selbstmördern, sie muß fliehen, aus dem Hotel, aus dem Zimmer …

Evelyn schafft es bis zur Tür, dann drängen Virginia und die Krankenschwester sie zurück ins Zimmer. Die Schwester hält eine Spritze in der Hand. »Nicht aufregen«, sagt sie, »es wird alles gut werden.« Virginia, die sehr gestreßt wirkt, hält Evelyns Hand fest. »Und wenn es Ihnen bessergeht, machen wir einen hübschen kleinen Ausflug auf den Zuckerhut. Der Blick von dort oben ist zum Sterben schön.«

Sue Miller

Der Anrufer

Ganz zu Anfang rief er manchmal nur an, um ihre Stimme zu hören. Sie sagte dann in diesem weichen Tonfall des Mittelwestens hallo, und er lauschte – lauschte, um zu hören, ob bei ihr eine Schallplatte lief oder ob Stimmen im Hintergrund zu hören waren oder ob es einfach nur still war. Dann legte er immer auf. Zunächst sagte er sich, daß er es täte, damit er sich besser vorstellen konnte, womit sie sich beschäftigte, wenn sie nicht mit ihm zusammen war. Aber er wußte, daß es ihm nicht wirklich half. Wenn zum Beispiel eine Schallplatte lief, ertappte er sich später dabei, daß er sich fragte, ob sie in ihrer winzigen Wohnung vielleicht mit jemandem getanzt hatte, so wie sie es an einem ihrer ersten gemeinsamen Abende getan hatten. Wenn Stimmen zu hören waren, fragte er sich, wessen Stimmen es waren und warum sie ihn nicht auch eingeladen hatte. Handelte es sich um eine Party, oder waren nur zufällig ein paar Leute vorbeigekommen? Hatte sie ihnen ein Abendessen gekocht? Er dachte an die Abendessen, die sie für ihn zubereitet hatte, die unterschiedlichen Gerichte, die sie ihm vorgesetzt hatte, und er fragte sich, ob sie wohl eines von diesen Gerichten gekocht hatte.

Nachdem in ihre Wohnung eingebrochen worden war, wußte er, daß er mit den Anrufen hätte aufhören sollen. Der Einbrecher – nun ja, er war nicht gerade *gewaltsam* eingebrochen, sie hatte zugegeben, daß sie die Tür versehentlich nicht abgeschlossen hatte, als sie ausgegangen war – hatte nur ein paar billige Schmuckstücke gestohlen. Aber er oder sie hatte die Wohnung etwas verwüstet und ein paar Sachen durchstöbert, die er sich vielleicht auch angesehen hätte, wenn er allein in ihrer Wohnung gewesen wäre: Briefe, Tagebücher, Fotos.

Sie war außer sich. Sie hatte Angst, daß der Dieb wiederkommen würde, da er mehrere Wertgegenstände, die ganz offen herumstanden – ein tragbarer Fernseher, eine silberne Vase –, nicht mitgenommen hatte. Als er direkt nach dem Einbruch angerufen hatte, konnte er durch das Telefon die Anspannung in ihrer Stimme spüren. Und einmal hatte sie gesagt: »Hören Sie, wer immer Sie sind … bitte, bitte, bitte hören Sie auf damit! Bitte rufen Sie mich nicht mehr an.« Er konnte hören, daß sie den Tränen nahe war, und er hatte großes Mitleid mit ihr, als er auflegte.

Manchmal, wenn er mit ihr zusammen war, fragte er sie: »Bekommst du immer noch diese Anrufe?« Einmal bat sie ihn, ans Telefon zu gehen, wenn es nachts klingeln sollte. »Vielleicht hört er mit den Anrufen auf, wenn er eine Männerstimme hört. Vielleicht ist es einer von den Verrückten, die sich einfach einen Frauennamen aus dem Telefonbuch suchen, weil sie glauben, daß sie, na, du weißt schon, niemand beschützt.«

Da hatte er ihr den Arm um die Schulter gelegt und ihr gesagt, daß er sie immer beschützen würde. Sie schwieg, wie so oft, wenn er irgendwelche Ansprüche geltend zu machen schien.

Einmal erhielt sie in seiner Gegenwart einen Anruf. Sie nahm den Hörer ab und sagte hallo. Einen Augenblick später legte sie ihn sanft wieder auf die Gabel.

»Wer war das?« fragte er.

»Ach, das war wieder einer von diesen verrückten Anrufen«, erwiderte sie. »Du weißt schon, das übliche Atmen und wieder Auflegen.«

Er fragte sie erneut, warum sie nicht einfach für eine oder zwei Wochen in seine Wohnung zog, und sie antwortete wie üblich, daß sie es nicht zulassen würde, daß irgendein Perverser oder Verrückter sie aus ihrer Wohnung vertrieb.

Als er später über diesen Anruf nachdachte, hatte er sich zunächst gefreut, weil sie aufgrund der Tatsache, daß er zu diesem Zeitpunkt bei ihr gewesen war, wahrscheinlich nie Verdacht schöpfen würde, daß die Anrufe von ihm kamen. Aber dann begann er sich zu fragen, wer der Anrufer war, wen sie traf, der vielleicht dieselben Gefühle für sie hegte wie er. Er schlug vor, daß sie jemanden von der Telefongesellschaft fragen sollte, ob die Anrufe zurückverfolgt werden konnten.

Die Leute bei der Telefongesellschaft waren nicht sehr hilfreich. Sie sagten, daß sie nicht sehr viel tun könnten, außer die Nummer zu ändern. Aber sie baten sie, ein paar Wochen lang Buch über die Anrufe zu führen – zu welcher Zeit der betreffende Anruf erfolgte, womit sie in jenem Augenblick gerade beschäftigt war, und woraus der Anruf bestand. Nach zwei Wochen warf er einen Blick auf die Eintragungen. Es waren ausschließlich seine Anrufe, da war er sich ziemlich sicher, er hatte alle gegen halb elf oder elf Uhr abends getätigt, damit er sie nicht weckte, ihren Schlaf nicht störte.

Neben einigen Anrufen standen Initialen. Er fragte sie, was sie bedeuteten. Sie antwortete, es seien die Initialen von Freunden, die gerade bei ihr gewesen waren, als sie die Anrufe erhielt. Er betrachtete die Initialen aufmerksam. Er bekam nicht bei allen heraus, wer sie waren, und das ärgerte ihn.

Er fragte, warum sie den Anruf, den sie erhalten hatte, als er da war, nicht eingetragen hatte.

»Weil das war, bevor ich angefangen habe, Buch zu führen, und bevor ich die Telefongesellschaft angerufen habe.«

Er sagte, daß er es wichtig fände, daß sie alle Anrufe vermerkte, an die sie sich erinnerte, und daher hatte sie widerstrebend den Tag und die ungefähre Zeit dieses Anrufs aufgeschrieben und seine Initialen daneben notiert. Danach hatte er sich besser gefühlt.

Im Moment sah er sie nur an einem oder zwei Abenden in der

Woche. Wenn er sie drängte, mehr Zeit mit ihm zu verbringen, sagte sie, daß sie sich selbst dann nicht öfter mit ihm verabreden würde, wenn sie Zeit für ihn hätte, weil sie niemanden so oft treffen wollte. Er beschuldigte sie, jemand anderen gefunden zu haben. Sie erwiderte, das sei nicht der Fall, aber es ginge ihn überhaupt nichts an, ob sie sich mit jemand anderem traf oder nicht. Sie sagte, sie brauche einfach ihre Ruhe, Zeit für sich allein. Sie sagte, er erdrücke sie.

Eines Abends, als sie ihn nicht sehen wollte, ging er allein in eine Bar, was er so gut wie nie tat, und betrank sich. Er war sich nicht sicher, wie er nach Hause gekommen war, aber als er dort war, rief er sie an. Es war ihm klar, daß er viel später anrief als sonst, aber er wußte nicht, wieviel später.

Sie nahm nicht ab. Er ging in sein Schlafzimmer und sah auf die Uhr. Es war eins. Wo war sie? Mit wem war sie zusammen? Er rief sie wieder an und ließ es zwanzig- oder dreißigmal klingeln. Dann legte er auf.

Er dachte daran, wie einmal, als sie sich an einem Nachmittag geliebt hatten, das Telefon zu klingeln begonnen hatte und sie »bitte, bitte« gestöhnt hatte, als ob sie gleichzeitig ihm sagen wollte, er solle weitermachen, und dem Telefon, es solle aufhören. Er rief noch einmal an, legte aber nach einmal oder zweimal klingeln auf. Sie war einfach nicht zu Hause. Das war offensichtlich.

Aber dann war er sich sicher, daß sie doch zu Hause war, daß sie mit jemand anderem auf der Matratze auf dem Fußboden lag. Wenn er sie liebte, rutschte die Matratze langsam durch das Schlafzimmer, so daß er manchmal aufwachte und die Fenster an einer ungewohnten Stelle sah und sich fragte, wo er war. Er rief sie wieder an und ließ es endlos lange klingeln.

Er verlor den Überblick, wie oft er sie angerufen hatte, aber schließlich hörte er das Besetztzeichen. Der laute Klang erschreckte ihn und ließ sein Herz seltsam schlagen. Er wählte noch einmal und hörte erneut das Besetztzeichen.

Er rief die Vermittlung an und sagte, daß er glaube, ihr Telefon sei kaputt und es handele sich um einen Notfall und er müsse sie erreichen. Die Dame bei der Vermittlung versuchte, die Nummer für ihn zu wählen, und sagte dann, das Telefon sei nicht kaputt, es sei lediglich besetzt oder der Hörer liege nicht auf.

Am nächsten Tag ging er am späten Vormittag zu ihrer Wohnung. Er war gerade erst aufgestanden und wußte, daß er schlecht aussah. Seine Augen waren blutunterlaufen und seine Augenlider geschwollen. Er fühlte sich müde und schwach. Sie ließ ihn herein und kochte ihm Kaffee. Sie trug den alten blauen Frotteebademantel, den er so gern mochte. Der Kaffee war so stark, daß er ihn kaum trinken konnte.

»Ich hab mich gestern betrunken«, erzählte er ihr.

»Schlicht und ergreifend zuviel Alkohol. Was hast du gemacht?«

»Ich war mit Frannie in einem Konzert«, sagte sie.

»Ein gutes Konzert?«

»Es war wunderbar«, erwiderte sie. »Sie haben das sechste Brandenburgische Konzert gespielt, welches eindeutig das beste ist.«

»Und was hast du anschließend gemacht?«

»Nicht mehr viel. Ich bin noch auf einen Sprung mit zu ihr gegangen. Hab ein bißchen Wein getrunken.« Sie goß sich noch eine Tasse Kaffee ein, setzte sich ihm gegenüber an den Tisch und sah aus dem Apartmentfenster auf die vertrocknete Geranie draußen auf ihrer Feuerleiter. Ein Spatz hockte auf dem Rand des Übertopfes und plusterte sich auf.

»Und dann?« wollte er wissen.

Sie sah ihn für einen Augenblick an. »Ich bin nach Hause und ins Bett.« Sie zuckte die Achseln. »Ich habe übrigens gestern nacht mehrmals diese merkwürdigen Anrufe erhalten. Es fing erst spät an. Ich bin nicht rangegangen, weil das Telefon nicht in meinem Zimmer eingestöpselt war – es war drüben in der Küche –, und ich wollte nicht ganz aufwachen und in die Küche gehen, nur damit irgendein Arschloch in den Hörer atmen kann.«

»Stimmt«, sagte er. »Du hast noch einen Anschluß in der Küche.« Er warf einen Blick hinüber und sah, daß das Telefon noch immer in der Küche eingestöpselt war.

»Aber dieser Typ hat *immer wieder* angerufen. Ich war gerade eingeschlafen, da klingelte es abermals. Manchmal nur ein paarmal, manchmal ein paar Minuten lang. Also bin ich irgendwann in die Küche gegangen und hab den Hörer danebengelegt. Ich weiß nicht ...« Sie schüttelte den Kopf. »Ich sollte vielleicht doch die Nummer ändern lassen.«

Er bot ihr an, diese Nacht bei ihr zu bleiben, aber sie sagte, daß sie etwas anderes vorhätte. Sie schien verärgert über sein Angebot. Sie unterhielten sich noch ein wenig, und schließlich sagte sie, daß er gehen müsse, sie wolle noch weg. Am nächsten Tag rief sie an. Sie sagte, sie wüßte, daß es verrückt klänge, aber sie wäre »gefühlsmäßig davon überzeugt«, daß er derjenige sei, der sie in der Nacht zuvor angerufen hätte.

Er lachte. Sein Herz klopfte laut. »Warum glaubst du das?« fragte er.

»Ich weiß nicht. Ich nehme an wegen der Art, wie du gestern geredet hast«, sagte sie. »Doch ich glaube es nicht einfach«, fügte sie hinzu. »Ich weiß es. Es stimmt.«

Er schwieg für einen Moment.

»Es stimmt, nicht wahr?« wiederholte sie. »Ich möchte nur, daß du mir sagst, daß es stimmt.«

»Und glaubst du auch, daß ich es bei den anderen Malen auch war?« fragte er.

»In den anderen Nächten?« fragte sie nach.

»Ja.«

Es entstand eine lange Stille im Telefon, und er bereute schon, daß er gefragt hatte.

»Nun, du warst bei einigen der Anrufe bei mir«, sagte sie.

»Ja, bei einigen«, antwortete er.

»Beantwortest du nun meine Frage?« wollte sie wissen.

»Welche Frage?«

»Warst du derjenige, der mich gestern angerufen hat?«

»Nun, ich war ziemlich betrunken«, sagte er. »Aber ich kann mich nicht daran erinnern, daß ich dich angerufen habe.«

»Also *hättest* du es sein können.« Ihre Stimme klang sarkastisch.

»Ich *hätte* es sein können. Aber ich bin ziemlich sicher, daß ich es nicht war.«

»Nun, ich bin ziemlich sicher, daß du es warst, und ich möchte, daß du mir sagst, so oder so, ob du es warst. Das ist das einzige, was ich von dir verlange.«

»Hör mal«, sagte er. »Ich weiß nicht, warum du unbedingt glauben möchtest, daß ich es war, der dich angerufen hat, aber wenn du es glauben willst, dann nur zu.«

Abermals herrschte Stille in der Leitung. Dann sagte sie: »Also warst du es?«

»Weißt du, was ich gleich tun werde? Ich werde auflegen. Ich brauche mir diesen Unsinn nicht anzuhören.«

»Nur zu«, sagte sie. »Ich möchte es erleben, wie du auflegst.«

Er schwieg einen Augenblick lang. »Ich möchte nicht auflegen«, sagte er. »Das ist lächerlich. Können wir nicht damit aufhören?«

»Ich höre damit auf, wenn du mir sagst, daß du es warst, der angerufen hat.«

»Das werde ich dir nicht sagen. Was hätte ich denn für einen Grund, dich immer und immer wieder anzurufen?«

»Ich weiß es nicht. Weil du eifersüchtig bist? Weil du verrückt bist? Weil du dachtest, du würdest mich mit jemand anderem im Bett erwischen? Warum?«

»Ich weiß es nicht.«

»Aber du hast angerufen.«

»Nein! Nein, ich habe nicht angerufen.«

»Nun, es tut mir leid, ich weiß, daß du es warst.«

»Aber woher willst du das wissen? Was sind deine Beweise?«

»Ich rede nicht von Beweisen«, sagte sie. »Ich rede von der Wahrheit. Ich muß dir keine Beweise liefern. Ich weiß es. Ich weiß, daß es stimmt. Du. Hast. Angerufen. Das ist alles. Sag es einfach. Sag einfach: ›Ich habe angerufen.‹ Das ist alles, was ich von dir will.«

»Aber ich habe es nicht getan. Ich würde so etwas nie tun.«

Einen Moment sagte sie nichts. Dann fuhr sie fort: »Das ist eine gute Meinung, die du da von dir hast. Ich denke von mir selbst genauso. Aber ich möchte, daß du darüber sprichst, was geschehen ist. Ich möchte, daß du sagst: ›Ich habe angerufen‹.«

Er dachte für eine Weile nach. »Und was passiert, wenn ich sage, daß ich es war?«

»Dann hast du die Wahrheit gesagt«, antwortete sie.

»Tut mir leid«, sagte er. »Ich kann das nicht sagen.«

Sie legte auf.

Eine ganze Weile lang saß er mit dem Hörer in der Hand da und dachte an gar nichts. Dann wurde ihm bewußt, daß er sich auf das durchdringende Piepsen in der Leitung konzentrierte und daß ihm davon schwindelig und übel wurde.

Den ganzen Tag über kam ihm immer wieder der Gedanke, sie anzurufen und ihr zu erzählen, was er von ihr dachte. Er konnte sich vorstellen, anzurufen und nur »Schlampe« oder »Miststück« zu sagen und dann aufzulegen. Aber wenn er nur daran dachte, wurde ihm wieder übel.

Zwei Abende später nahm er ein paar Drinks zu sich und rief abermals an. Es war gegen halb elf. Es klingelte zweimal, dann ertönte eine Computerstimme, die mitteilte, daß es unter der Nummer, die er gewählt hatte, keinen Anschluß mehr gebe. Er erschrak bei der unerwartet schneidenden Stimme. Sie wiederholte die Nachricht. Er legte auf. Er wählte die Vermittlung. Sie bestätigte, daß es unter der Nummer keinen Anschluß mehr gebe.

Ob es eine neue Nummer gebe, wollte er wissen.

Ja, sagte die Dame, aber auf Wunsch des Kunden dürfe sie sie nicht herausgeben.

In jener Nacht rief er die Nummer noch drei- oder viermal an, und jedes Mal ertönte wieder die Computerstimme und erzählte ihm immer zweimal, deutlich und mit Nachdruck, was er bereits wußte.

Danach rief er jede Nacht einmal oder auch zweimal an, obwohl er wußte, was ihn erwartete. Er hörte erst damit auf, als er drei oder vier Wochen später jemand Neues kennenlernte.

Aus dem Amerikanischen
von Karin Szpott

Ruth Rendell

Lizzies Liebhaber

»Der Regen fiel heut' abend früh«, sagte sie.

Sie trat ins Haus, und er machte die Tür hinter ihr zu. Weil sie nichts auf dem Kopf getragen hatte, war ihr langes, helles Haar naß geworden. Er lächelte sie an. »Weißt du, was du da gerade gesagt hast?«

»Wie bitte?«

»Der Regen fiel heut' abend früh. Das ist die erste Zeile aus ›Porphyrias Liebhaber‹.« Er sah sie erwartungsvoll an, aber vergeblich. »Das ist ein Gedicht von Robert Browning, Lizzie. Habt ihr das in der Schule nie durchgenommen?«

Er nahm ihr den tropfnassen Mantel ab und drapierte ihn, nachdem er die Idee, ihn an der Wand im Flur aufzuhängen, verworfen hatte, über eine Stuhllehne. Das Haus war klein und niedrig, ein Reihenhäuschen aus Backstein am Rande irgendeines Vorortes im Londoner Süden, weit entfernt von U-Bahn- und Bushaltestellen.

»Sagtest du Porphyria?« fragte sie.

»Genau.«

»Porphyria ist doch eine Krankheit, Michael. Keine Ahnung, woher der Name stammt, aber so heißt sie. Dabei verfärbt sich der Urin wie Purpur.«

»Browning nannte das Mädchen in seinem Gedicht Porphyria, bevor die Krankheit so hieß. Es gibt aber auch eine Marmorart namens Porphyr. Es bedeutet purpurfarben. *Porphyra,* griechisch für purpurfarben.«

»Was du alles weißt«, sagte sie. »Du hast doch bestimmt einen Fön, oder? Ich würde mir gern die Haare trocknen.«

Michael konnte das Geräusch nicht ausstehen. »Der ist kaputtgegangen, und da habe ich ihn weggeworfen«, log er. »Ich habe uns ein Feuer gemacht. Komm, wir trinken ein Glas Wein, dann kannst du dir ja am Feuer die Haare trocknen.«

Sie trug einen langen Rock in Blau- und Malvetönen, dazu ein dunkellila Samtoberteil mit einem dünnen violetten Chiffontuch. Der Rocksaum war naß. Er fand das absurd: Frauen hatten es geschafft, sich zu emanzipieren und Hosen zu tragen, und dann kleideten sie sich wieder wie ihre eigenen Urgroßmütter – und das auch noch freiwillig. Das Feuer war fast ausgegangen, ein schwelender, flammenloser Klumpen. Während er den Wein entkorkte, kniete sie sich vor den Kamin und fachte das Feuer mit dem reichverzierten Blasebalg wieder an, den er in einem Trödelladen erstanden hatte.

Leise deklamierte er: »›Vor Kälte, Frost und Sturm geboren, Kniet sie, die traurige Glut entfacht, Und Wärme strömt durchs ganze Haus.‹«

»Na, das wohl kaum«, versetzte sie lachend. »Ist das auch aus ›Porphyria‹?«

»Ich habe das Gedicht heute in der Schule mit den Kindern durchgenommen, und jetzt spielst du es direkt nach. Hier, dein Wein. Sie war durch den Regen mit zu ihm nach Hause gekommen, ihre Haare waren auch naß, ihr gelbes Haar, wie Browning es nennt, wahrscheinlich so ähnlich wie deins.«

»Gelb? Klingt schrecklich, finde ich. Worum geht es denn in deinem Gedicht? Ich weiß, du kannst es kaum erwarten, es mir zu erzählen.«

Er sah zu, wie sie den Kopf vornüber beugte und ihr Haar wie zu einem breiten, goldenen Fächer ausbreitete. Die einzelnen Strähnen glänzten im Schein des Feuers.

»Ich weiß es nicht ganz auswendig«, sagte er, »nur ein paar

Stellen. Ein Festmahl kommt auch darin vor. Da fällt mir ein, ich könnte uns eigentlich gleich was zu essen machen. Oder möchtest du lieber ausgehen?«

»Ich habe keinen Hunger.« Sie begann, sich das Haar durchzukämmen. Es knisterte wie elektrisiert. »Wir essen später.« »Na gut«, sagte er. »Komm, setz dich hier neben mich.«

Das Sofa in dem kleinen Zimmer war mit einem in Rot und Purpur gemusterten Stofftuch bedeckt. Die beiden Tischlampen trugen dunkelrote Schirme; er ließ sie brennen, das große Licht schaltete er aus. Nun war das Zimmer gemütlich und wirkte sofort kleiner. Michael setzte sich aufs Sofa und klopfte einladend auf das Kissen neben sich. Als sie an seiner Seite Platz genommen hatte, nahm er ihre Hand und legte seine hinein. »›Schlang meinen Arm um ihre Mitte‹«, sagte er. »Genau so, leg dir meinen Arm um die Taille. ›Die glatte weiße Schulter bloß.‹« Sanft schob er ihr den purpurnen Samtausschnitt nach unten und entblößte ihren Oberarm. »Deine ist eher sonnengebräunt als weiß. In der damaligen Zeit haben die Mädchen die Sonne gemieden.«

»Die meisten Leute würden sagen, das war klug von ihnen. Und wie geht das Gedicht weiter?«

»Ich sage doch, ich weiß nicht mehr alles. Sie gestattet ihm, seine Wange auf ihre bloße Schulter zu legen, und breitet dann ihr Haar ›über allem aus‹, also wohl über sein Gesicht.«

»So etwa?« Lizzie legte ihr Haar wie einen Schleier über sein Gesicht und ihre Schulter. Er schüttelte sich und richtete sich auf; er konnte es nicht leiden, wenn ihm Haare in den Mund gerieten. »Noch ein bißchen Wein?«

Er füllte ihr Glas erneut und brachte es ihr herüber. Als sie die Hand danach ausstreckte, ergriff er sie und hielt sie fest; sehnsüchtig führte er seinen Mund an ihre Lippen und küßte sie. Er strich ihr das lange Haar aus dem Gesicht, löste den Knoten in ihrem purpurnen Tuch und küßte das Grübchen an ihrem Hals.

»Hat das der Geliebte vor Porphyria auch gemacht?« fragte sie leise.

»Nein, glaube ich nicht. Geküßt hat er sie nicht – *noch* nicht. Er war glücklich, daß sie durch Wind und Wetter zu ihm gekommen war, aber nicht so glücklich, daß sie sich weigerte, für immer die Seine zu werden.«

»Hieß das, mit ihm zu schlafen? Das war doch damals nicht üblich, oder?«

»Bei manchen wohl schon«, meinte Michael. »Jedenfalls sagt er, ›bisweilen überkam sie Leidenschaft‹, und es war ja wohl auch Leidenschaft, die sie in jener Nacht zu ihm getrieben hatte.«
»Das muß es bei mir auch gewesen sein«, sagte Lizzie. »Ich habe fast zwei Stunden hierher gebraucht, weil die Victoria-Linie ausgefallen ist. Die Busse sind erst alle gleichzeitig gefahren, und dann kam wieder eine halbe Stunde lang gar keiner. Allein die Leidenschaft hat mich vorangetrieben!«

»›Als ich ihr in die Augen sah‹«, zitierte Michael weiter. »›Voll Glück und Stolz erkannt' ich endlich, ja – Porphyria verehrt mich.‹«

»War sie verheiratet? Wie ich?«

»Das erwähnt Browning nicht. Er beschreibt sie aber als ›vollkommen rein und gut‹, also war sie wahrscheinlich nicht verheiratet. Zu seiner Zeit galt eine untreue Ehefrau als Verbrecherin.«

Lizzie wandte sich ab und nahm einen Schluck Wein. Dann ergriff sie Michaels Handgelenk und streichelte leicht über seine geöffnete Hand. Verträumt fragte sie: »Und was geschah dann?«

»Er hat sie erdrosselt.«

Sie ließ die Hand fallen, als hätte sie sich daran verbrannt, und zog sich in die Sofaecke zurück. *»Was?«*

»Er hat sie mit ihren eigenen Haaren stranguliert. Um sie für sich zu behalten. Für immer. ›Da wußt' ich, wie‹, sagt er, ›Des Haares langen, gelben Strang, Um ihren zarten Hals ich wand ...‹«

»Und so ein Gedicht nimmst du mit deinen Schülern durch?«

»Sie sind doch schon sechzehn, Lizzie. Das sind keine Kleinkinder mehr.«

Sie rückte wieder etwas näher. »Aber das geht doch gar nicht. Man kann jemand doch nicht mit den eigenen Haaren erdrosseln.«

»Wieso nicht? Wenn sie lang genug sind?«

Statt einer Antwort faßte sie daraufhin ihr eigenes Haar zu einem dicken, glatten, goldenen Strang zusammen und hielt ihn ihm wie zum Verkauf hin. Er ergriff ihn mit beiden Händen, schlug ihn einmal um die Hand und zog ihn über ihr rechtes Ohr quer über den Hals. Zuerst wand er ihn ganz locker, doch als er fester zuzog, konnte er ihn fast zweimal um ihren glatten gebräunten Hals schlingen.

»›Und so erglühte ihre Wange‹«, sagte er, »›erneut heiß unter meinem Kuß.‹«

»Er hat sie auf die *Wange* geküßt?« fragte Lizzie.

»Ich habe das Gefühl, das war damals eine Umschreibung für Mund.« Michael führte seinen Mund an ihren, verzog bei der Berührung jedoch seine Lippen an der Stelle, wo Mundwinkel und Wange sich trafen. Während er seine Lippen auf die warme, glatte Haut drückte, packte er ihr Haar fester und zerrte plötzlich mit einem scharfen Ruck daran.

»Michael!« Es klang fast wie ein Schrei. Heftig zog er noch einmal an dem Haarstrang und ließ plötzlich los. Sie brachte ihr Haar wieder in Ordnung. »Um Himmels willen!«

»Du hattest recht. Es geht nicht. Deine Haare sind nicht lang genug.«

»Na, umso besser. Du hast mich eben ganz schön erschreckt.«

»Wirklich?« sagte er. »Na, so was.«

Mit beiden Händen strich er ihr das Haar über die Schultern zurück. Er hielt ihr Kinn hoch und sah ihr tief in die Augen. Ihr Blick war voller Zweifel.

»So konnte er sie doch für immer für sich behalten, nicht wahr? Keine Rückkehr zum Ehemann mehr, wenn der Abend vorbei war, kein Stolz mehr zu brechen oder ›eitlere Bande‹ zu kappen. Das kann ich gut verstehen.«

Seine Hände lagen nun auf ihren Schultern, und er fixierte sie mit seinem Blick. Ihre Augen wurden glasig, ihr Mund fing an zu beben. Er ergriff das purpurne Chiffontuch an beiden Enden, überkreuzte sie und zog mit einer heftigen, raschen Bewegung fest zu. Sie schrie auf, doch es kam kein Laut. Porphyria hatte sich nicht gewehrt, doch Lizzie wehrte sich, schlug um sich, trat mit den Füßen und fuchtelte mit den Händen, würgte und schnappte nach Luft. Doch als der Kampf vorüber war, war ihr Kopf auf seinen Schoß gesunken, und auch sie lag still da. Zärtlich strich er ihr über das Haar, das nicht lang genug gewesen war, und zitierte mit leiser Stimme: »›So sitzen wir zusammen nun, Reglos und still die ganze Nacht, Und Gott hat noch kein Wort gesagt!‹«

Aus dem Englischen
von Cornelia C. Walter

Maarten Asscher

Der Bahnhof

Maltesische Zündhölzer sind die unzuverlässigsten der Welt. Das habe ich herausgefunden, weil ich die Angewohnheit habe, sobald ich zum ersten Mal in einem Land bin, mir sofort die billigsten landesüblichen Zigaretten zu kaufen, um so den Geschmack des dortigen Alltags an Ort und Stelle zu erkunden. Der Markenname der Filterzigaretten, die ich mir beim Eintreffen in der maltesischen Hauptstadt Valletta besorgte, lautete Du Fournier. Sie waren nicht schlecht, außer daß sie ein etwas beißendes Gefühl im Mund verursachten. Es waren die Zündhölzer, Marke Salvatore, die mir in dem kleinen Restaurant etwas außerhalb von Mdina, wo ich mir am gleichen Nachmittag ein Willkommensessen spendierte, einen unangenehmen Streich spielten.

Erst später sah ich, daß hinten auf die Zündholzschachtel in unauffälligen Buchstaben die Warnung »Strike softly away from the Body« gedruckt war. Aber zum Abschluß eines guten Essens möchte man doch – zumal nach einer öden Flugreise und bereits einem Rundgang durch das alte Mdina in den Beinen – einfach eine Zigarette anzünden, und wer sieht dann erst auf der Zündholzschachtel nach, ob etwaige Instruktionen zu beachten sind? So geschah es, daß sich beim Anreiben des erstbesten Zündholzes der viel zu große Pulverkopf explosionsartig entzündete, abbrach und durch meine impulsive Handbewegung wegschoß. Das Ding mußte ausgerechnet auf einem Stapel Papierservietten auf einem Beistelltisch an der Wand landen.

Der Besitzer des Restaurants, der zum Zeitpunkt des Zwischenfalls nicht anwesend war, mußte telefonisch informiert werden. Er stellte sich als eine liebenswerte Person heraus. Keinerlei übertriebene Demonstration mediterraner Dramatik bei diesem gemütlichen und lakonischen Vierziger. Zu dumm, daß der Beistelltisch mit den Servietten an einer frisch gestrichenen Wand gestanden hatte, und auch bedauerlich, daß einer seiner Angestellten einen vollen Eimer Wasser verwendet hatte, um den Brand zu löschen. Es hätte aber keinen Sinn, sich jetzt darüber aufzuregen. Er nahm die Sache, als handle es sich um eine Szene aus einem Theaterstück unter seiner Regie, eine ruhige und spitzfindige *social comedy* wohlgemerkt, keine aufgeregte Tragödie.

Die übrigen Gäste waren inzwischen gegangen, wegen der Konfusion oder auch, weil es schon auf halb vier zuging. Der Eigentümer, er hieß Michael Caruana, schlug vor, sich auf die Terrasse hinter dem Haus zu setzen und bei einem Glas Verdala die Sache in aller Ruhe zu bereden. Nun beherrscht glücklicherweise fast jeder auf Malta ziemlich gut Englisch, denn diese Angelegenheit – ein durchaus sehr unglückseliges Vorzeichen für meinen Aufenthalt auf dieser Insel – war an sich schon unangenehm genug, um nicht auch noch mit Hilfe eines Dolmetschers gelöst werden zu müssen. Zu einer Besprechung des Schadensfalls und wie er zu regeln sei, kamen wir jedoch vorläufig nicht, da Caruana, sobald wir uns mit dem dunkelroten Landwein zugeprostet hatten, sich als ein außergewöhnlich unterhaltsamer Erzähler erwies.

Die Terrasse des länglichen, rechteckigen Restaurants, das ungefähr zwei- bis dreihundert Meter von der mittelalterlichen Stadtmauer Mdinas lag, bot einen freien Blick über ein fruchtbares Tal, das an seiner linken Flanke zu einem beachtlichen Hügel anstieg. Dieser Hügel hieß Mtarfa, und die Militärbaracken, die dort zu Beginn des Jahrhunderts gestanden hatten, waren, erläuterte Caruana, der Anlaß zum Bau dieses Bahnhofs gewesen.

Als er das Wort »Bahnhof« aussprach, sah ich plötzlich, daß das Restaurant, das zur Hälfte aus einem Speiselokal und zur Hälfte aus Küche und Büro bestand, tatsächlich ein ehemaliger Bahnhof war. Ja, vielleicht wurde es mir auch den Bruchteil einer Sekunde früher bewußt, auf jeden Fall entstand diese Entdeckung nicht aus einer Überlegung. Es war eher eine Offenbarung, eine plötzliche Erkenntnis, der kein Gedanke vorausgeht. Hier saßen wir auf dem ehemaligen Bahnsteig, und als ich erst einmal mit wissendem Blick das Gebäude betrachtete, war mir die gesamte Anlage schlagartig klar. Hier fuhren die Züge vorbei, auf den beiden Holzbänken dort hatten früher Reisende gewartet, und was ich für eine überwucherte Pergola gehalten hatte, war natürlich die ursprüngliche gußeiserne Bahnhofsüberdachung. Alles stimmte und konnte nicht logischer sein. Peinlich war, daß mir nicht einmal der Name des Restaurants *Il Stazion* aufgefallen war, ein Wort, das sich auch ohne fließende Maltesischkenntnisse erschließen läßt. So geriet ich mit Michael Caruana zuerst in ein ausführliches Gespräch über die Geschichte seines Bahnhofs und der Eisenbahn auf Malta.

Denn, Eisenbahnen auf Malta? Die Insel läßt sich mit dem Auto in einer halben Stunde von Ost nach West und von Nord nach Süd durchqueren. Die Fahrt vom Flughafen bei Hai Far an der Südostküste, zuerst nach Valletta im Norden und danach von Valletta nach Rabat und Mdina in westlicher Richtung, hatte heute morgen insgesamt kaum mehr als eine Dreiviertelstunde gedauert. Caruana wußte darauf keine eindeutige Antwort. Er hatte diesen Bahnhof vor gut acht Jahren gekauft und ihn allmählich renovieren lassen. Auch über seine Geschichte konnte er nicht viel mehr sagen, als daß der Bahnhof seit 1931 nicht mehr genutzt wurde. Aber er hatte eine alte Ansichtskarte von dem Gebäude, die er aus seinem Büro holte, offenbar dem ehemaligen Amtszimmer des Bahnhofsvorstehers.

Auf diesem Schwarzweißfoto, vermutlich von der Stadtmauer

Mdinas aufgenommen, sah man schräg auf die Rückseite des ehemaligen Bahnhofs hinunter. Unter dem Foto stand *Old Museum Station.* Dieser Name erwies sich als Hinweis auf das nahe gelegene *Roman Villa Museum,* ein neoklassizistisches Gebäude mit einer Sammlung maltesischer archäologischer Grabungsfunde. Das Foto war eindeutig nach Schließung des Bahnhofs aufgenommen und bevor sich Caruana des Gebäudes erbarmt hatte. Es sah verfallen aus und hatte daher durchaus etwas von einer antiken Ruine. Als ich das aussprach, forderte mich Caruana auf, die Karte umzudrehen. Auf der linken Seite stand ein Gedicht, über das ich drei sinnvolle Aussagen machen konnte: Erstens, daß es sich um ein Sonett handelte, zweitens, daß der Name des Dichters mit »Dun Karm« angegeben war, und schließlich, daß es darunter mit »31-III-1931« datiert war. Aber der Text war völlig unverständlich, denn aus Maltesisch läßt sich manchmal absolut nichts ableiten, nicht einmal mit Hilfe des Italienischen, Französischen oder Englischen. Die letzten beiden Zeilen des Gedichts ohne Titel beispielsweise, die ja nicht selten einen Hinweis auf den Tenor eines Sonetts geben, lauteten: »bil-qieg ħda fuq il ħerba misto ħbija / tidħak il-Mewt bl-arloġġ u l-minġel f'idha.«

Vom starken Verdala ein wenig benebelt, konnte ich ein Lächeln nicht unterdrücken; es ist beinahe komisch, etwas so absolut nicht verstehen zu können, aber Caruana war gerade in diesem Moment sehr ernst. Er erklärte, Dun Karm gelte als Maltas größter Dichter des zwanzigsten Jahrhunderts – man nennt ihn den »Nationaldichter Maltas« –, und er habe dieses wirklich außergewöhnliche Sonett notabene auf diesen Bahnhof hier, Caruanas heutiges Restaurant, geschrieben. Die beiden letzten Zeilen müsse ich in etwa so lesen: »Und auf den verborgenen Ruinen thront der allmächtige Tod / lachend, mit einem Stundenglas und einer Sichel in der Hand.«

Das Bemerkenswerte jedoch lag, laut Caruana, nicht im Gedicht selbst. Es enthielt eine liebevolle Evokation des alten Bahnhofs, der nicht mehr genutzt wurde. Aber in diesen beiden nahezu bösartigen letzten Zeilen und in der Datierung des berühmten Gedichts, das auf diese Nachkriegsansichtskarte gedruckt war, lag etwas Rätselhaftes. Am 31. März 1931 wurde der maltesische Zugverkehr eingestellt, aber zu diesem Zeitpunkt war der Bahnhof noch keineswegs eine Ruine, geschweige denn, daß der Tod das Szepter schwang. Im Gegenteil, während des Kriegs hatte das Gebäude noch als Lagerhalle gedient und war erst Ende der sechziger Jahre allmählich verfallen. Damals war es Caruana gelungen, es für wenig Geld zu erwerben, zu renovieren und dort sein Restaurant einzurichten. Warum sollte der Dichter also, so suchte mein Gastgeber nach einer Erklärung, in einer erbarmungslosen Vision den Bahnhof am Tag der Einstellung der maltesischen Eisenbahn als Ruine darstellen und den Tod höchstselbst als Bewohner anführen?

Seit dem Tag, an dem Caruana als Eigentümer des Bahnhofs die alte Ansichtskarte mit dem Gedicht in die Hände gefallen war, hatte ihn diese Frage nicht mehr losgelassen. Kurz und gut, mit anderthalb geleerten Flaschen Verdala intus verabredeten wir, daß, falls ich für ihn Licht in diese mysteriöse Angelegenheit bringen könne, der Brandschaden im Restaurant auf Caruanas Rechnung gehen solle. Wenn nicht, würde ich bezahlen. Mir gefiel die witzige und herausfordernde Regelung und das genannte Problem schien mir überaus geeignet, mich während meines einwöchigen Aufenthaltes halbwegs zu beschäftigen. Mit einem Händedruck besiegelten wir, daß ich in genau sieben Tagen wieder hier speisen würde, mit einem Ausklang auf dem Bahnsteig, um ihm dann die Lösung des Rätsels zu offenbaren – oder auch nicht.

Den Weg nach Valletta, wo ich am Morgen in einer kleinen, preiswerten Pension namens Victoria ein Zimmer gemietet hatte, legte ich mit meinem Leihwagen schlingernd zurück, weniger weil ich betrunken war, sondern weil die Asphaltierung der maltesischen Straßen ebensoviel zu wünschen übrigläßt wie die Sicherheit seiner Zündhölzer.

Pension Victoria verfügte über ein altmodisch möbliertes Frühstückszimmer, das eine nahezu ideale mediterrane Aussicht bot, zum Teil über Marsamxett Harbour, über Manoel Island und über das entfernter gelegene Sliema mit Palmen am Kai. Weil die Häuser rundherum weniger hoch waren, sah man links und rechts auch noch ein hübsches Stück der Stadt Valletta mit der schachbrettartigen Struktur seiner Straßen, durch die der Seewind in den heißen Sommern um so leichter Kühlung bringt.

Mit weit offenen Balkontüren saß ich dort am nächsten Morgen beim Frühstück. Die Atmosphäre des Raums erinnerte an Italien, England und sogar ein wenig an Nordafrika, und die Besitzerin gab dem noch eine unverkennbar französische Note, weil sie im Morgenrock und in Pantoffeln Kaffee und Brot mit Marmelade servierte. Über die frühere Eisenbahn auf Malta wußte sie nichts, weil sie nicht auf der Insel geboren und erst nach dem Krieg hierhergezogen war. Sie reagierte sogar ein wenig ungläubig auf meine Frage und unterstellte lachend, man habe mich zum Narren gehalten. Ich solle mich, sagte sie, einmal bei dem holländischen Professor »Fun Fleet« kundig machen, der im Zimmer mir gegenüber wohne und die Insel bei diversen Ausgrabungen gut kennengelernt habe. »The professor« nehme das Frühstück immer um halb neun ein, also wenn ich mich zehn Minuten gedulde, könne ich ihm die Frage selbst vorlegen.

Weshalb ich einen flotten Sechzigjährigen in Knickerbockern erwartet hatte, weiß ich nicht – vermutlich tief verwurzelte Klischees über Archäologen –, aber der »Professor«, der kurz darauf hereinspazierte, war eine ungefähr dreißigjährige Frau, die sich als Virginia van Vliet vorstellte und Hobbyarchäologin zu sein schien. Als solche hatte sie bereits einige Jahre lang auf Malta

Ausgrabungen durchgeführt. Den Ehrentitel »Professor« im Hause Victoria verdankte sie zwei Broschüren, die sie über ihre prähistorischen Grabungsfunde geschrieben hatte.

Von Dun Karm hatte sie noch nie gehört, aber über die frühere Existenz eines Eisenbahnverkehrs auf Malta wußte sie tatsächlich Bescheid. Wenn man mit den Augen eines Archäologen die maltesische Landschaft betrachte, sagte sie, könne man auch noch überall Spuren erkennen. Nach dem Frühstück schenkte sie mir eine der von ihr verfaßten Broschüren. Darin war eine Karte von Malta abgedruckt, auf die sie aus dem Gedächtnis mit dem Kugelschreiber so gut wie möglich die Route der ehemaligen maltesischen Bahnlinie nachzeichnete. Die gesamte Strecke verlief in einer sanften S-Kurve von Valletta zur früheren Hauptstadt Mdina und war wahrscheinlich nicht länger als etwa zehn Kilometer gewesen. Für das vervielfältigte Heft, dessen Titel *The Temple as Womb. A Feminist Look at Prehistoric Maltese Architecture* lautete, wollte sie kein Geld nehmen, aber eine Zigarette lehnte sie nicht ab. Glücklicherweise hatte sie ein Feuerzeug bei sich.

Meine Forschungen nach den Überresten der maltesischen Eisenbahn verschafften mir ein paar interessante Tage, und ich fühlte mich, mit dem Plan Virginia van Vliets in der Tasche, fast selbst zum Archäologen werden. Es war nicht immer einfach, den Verlauf der früheren Bahnstrecke zu erkennen, auch wenn ich langsam ein wenig mehr Geschick in der Deutung eines Bahndamms hier und eines verfallenen Wartehäuschens dort bekam. Am spannendsten war meine Suche in den Städten und Dörfern, die an der Bahnlinie gelegen hatten. Zuallererst natürlich in Valletta selbst, wo der tief aus den Festungsmauern des sechzehnten Jahrhunderts herausgehauene Bahnhof heute unter dem Namen *Yellow Garage* als weitläufiger, unterirdischer Parkplatz dient. Oder in Hamrun, wo ich den ehemaligen Bahnhof erst gar nicht finden konnte. Ich fürchtete schon, er sei abgerissen worden, bis ich zufällig eine Palme in einem großen weißgestrichenen Eisenkübel mit den Initialen MR entdeckte. Malta Railway? Tatsächlich, nicht weit davon lag der alte Bahnhof, ebenfalls weiß gestrichen und jetzt als Zentrale der ansässigen Pfadfinder genutzt.

Der schönste Bahnhof, den ich auf diesen Entdeckungsfahrten fand, war der von Birkirkara. Er hatte gleich zwei Stockwerke und lag mitten in einem kleinen, idyllischen Stadtpark, der auf dem früheren Bahngelände angelegt war. Man hatte sogar ein Stück Gleis liegen lassen. Darauf stand, als Erinnerung an Maltas teure Eisenbahngeschichte, ein Holzwaggon der dritten Klasse.

Als ich neugierig um ihn herumging und versuchte, einen Blick durch die hölzernen Sonnenblenden zu werfen, wurde ich von einem älteren Mann angesprochen. Ich sagte etwas über den Waggon, der hier so verloren herumstand, und er vertraute mir an, sein Vater habe in den zwanziger Jahren noch bei der maltesischen Eisenbahn gearbeitet. Aus diesem Grund mache er jetzt, nach seiner Pensionierung, gelegentlich einen sentimentalen Spaziergang durch den Park. Auf meinen Vorschlag hin setzten wir uns auf eine Bank gegenüber dem einzelnen Waggon, und dann erzählte er mir, was er von der Geschichte der Malta Railway Company wußte.

Der Plan für eine Eisenbahn auf Malta war von Anfang an zum Scheitern verurteilt, so begann er. Weil das europäische Festland bereits seit fast einem halben Jahrhundert Zugverbindungen hatte, hielt man es in den siebziger Jahren des letzten Jahrhunderts offensichtlich für nötig, auf Malta ebenfalls eine Eisenbahngesellschaft zu gründen. An einigen wichtigen Orten der Insel wurden eine gewisse Zeit die passierenden Fußgänger und Fahrzeuge gezählt, und als man zu dem Schluß gekommen war, eine Eisenbahn zwischen Valletta und Mdina werde Gewinn abwerfen, begann man sofort mit der Ausgabe von Aktien und dem Ankauf des für die Bahnlinie benötigten Grund und Bodens. Aber die Streitigkeiten und Rückschläge nahmen kein Ende. Die Gründer führten teure Prozesse gegeneinander, und es waren endlose Verhandlungen mit Bauern, Klöstern, Verwaltern von Erbengemeinschaften und geschäftstüchtigen Familienanwälten vonnöten, um den Boden für die gesamte Strecke zu erwerben. Das führte dazu, daß die Eisenbahnlinie viel später als geplant fertiggestellt und viel teurer wurde. Schließlich fand 1883 die Einweihung mit einer feierlichen Bahnfahrt maltesischer Honoratioren über die fertiggestellte Strecke statt, beginnend in Valletta und – nur dreiundzwanzig Minuten später – in Mdina endend.

Mein Gesprächspartner konnte hier ein bitteres Lachen nicht unterdrücken. All das Geld, die jahrelange Mühe und Arbeit für eine Fahrt von dreiundzwanzig Minuten! »Wissen Sie«, wandte er sich mit Nachdruck zu mir, »wann das Auto erfunden wurde?« Ich hatte die Antwort nicht parat, und bevor ich raten konnte, sagte er: »1886, stellen Sie sich vor, 1886, Sie werden verstehen, daß die Eisenbahn auf dieser kleinen Insel keine Zukunft hatte.«

Die weitere Geschichte der Malta Railway Company wurde dann auch ein Trauerspiel: 1890 wegen anhaltender Verluste und Wartungsprobleme geschlossen, danach Enteignung und ein Jahr später Konkurs. Es war reiner Starrsinn, daß die maltesische Regierung beschloß, die Eisenbahn kurz darauf als Staatsunternehmen wieder in Betrieb zu nehmen. 1900 hat man die Strecke sogar noch ein wenig verlängert, bis Mtarfa, und dazu einen kostspieligen Tunnel unter der mittelalterlichen Stadt Mdina hindurch gegraben. Trotz dieser Rettungsversuche verfolgte das böse Geschick weiterhin die Eisenbahn, und man sprach von ihr als *hereditas damnosa,* einem verfluchten Erbe.

Am allerschlimmsten war die Zahl der Zugunglücke. Sie war

erschreckend hoch, vielleicht, weil sich die Bewohner der kleinen Insel nicht an die Geschwindigkeit der schweren Lokomotiven gewöhnen konnten. Ein kleiner Junge, der sich auf offener Strecke auf den Schienen ausgestreckt hatte, wurde mit Höchstgeschwindigkeit vom Zug überrollt, was ihn wunderbarerweise nicht das Leben, wohl aber einen Arm kostete. Ein zwölfjähriges Mädchen verlor beim Aussteigen das Gleichgewicht und klemmte sich den Fuß zwischen den Rädern ein. Ein Arbeiter fiel von der Plattform zwischen zwei Waggons und starb noch am selben Tag. So ereignete sich Jahr für Jahr irgendeine Katastrophe. Mein Gesprächspartner kannte diese Geschichten nur allzugut von seinem Vater, der in den zwanziger Jahren als Hilfsschaffner im Zug gearbeitet hatte. Regelmäßig brachen auf der Insel Brände aus, wenn die Funken, die der Zug aus den Schienen schlug, in das ausgedörrte Sommergras auf den Feldern flogen. Wiederholt ereigneten sich auf den zahlreichen auf gleicher Höhe liegenden Kreuzungen Unfälle. Sein Vater hatte 1928 selbst eines der aufsehenerregendsten Unglücke miterlebt, als der Zug, auf dem er Dienst tat, bei einer Kreuzung in eine Stierherde hineinfuhr. Mindestens zweiunddreißig Tiere waren sofort tot, und zwei mußten an Ort und Stelle notgeschlachtet werden. Tagelang hatte der Schreck seinen Vater ans Bett gefesselt.

In jenen Jahren war die Bahnlinie bereits total ins Hintertreffen geraten. Inzwischen gab es Autos, Busse und Straßenbahnen auf der Insel, und 1931, dem Jahr, in dem der Zugverkehr am 31. März definitiv eingestellt wurde, benutzten noch weniger Menschen die Bahn als in den Anfangsjahren des Zugverkehrs.

Die Geschichte der Malta Railway Company hatte, mit all ihren Mißerfolgen und Unglücksfällen, tatsächlich etwas Schicksalhaftes. Hatte der Dichter Dun Karm etwa das angedeutet, fragte ich mich, als er sein visionäres und fatalistisches Gedicht auf den Bahnhof bei Mdina schrieb? Hatte er etwa selbst jemanden bei einem Zugunglück verloren? Nachdenklich sahen wir, jeder in seine Gedanken versunken, zu dem einsamen Waggon hier in Birkirkara. Als der Mann eine Schachtel mit kleinen Zigarren hervorholte, dankte ich ihm herzlich für seine ausführlichen Auskünfte, und wir nahmen voneinander Abschied. Nach einer kaum zehnminütigen Autofahrt bog ich in die schmale Straße ein, in der die Pension Victoria lag. Wie lange hätte der Zug angesichts seiner zahllosen Zwischenstops wohl für diese Strecke gebraucht?

Damit war der dritte Tag meines Aufenthaltes verstrichen, und mir blieben noch drei Tage, das Rätsel von Dun Karm und dem Bahnhofsgedicht zu lösen. Auf jeden Fall mußte ich das Wichtigste über diesen großen maltesischen Dichter in Erfahrung bringen, wenn auch nur, um – in irgendeiner Übersetzung – das Gedicht endlich ganz lesen zu können.

Binnen kurzem stellte sich heraus, daß ich den Dichter unterschätzt hatte. Oder besser gesagt, daß es wirklich an mir gelegen hatte, bis vor wenigen Tagen noch nie von ihm gehört zu haben. Es begann damit, daß am Eingang der Nationalbibliothek Maltas aus dem achtzehnten Jahrhundert oben an der Freitreppe eine riesige Bronzebüste Dun Karms stand, auf der die Jahreszahlen 1871–1961 zu lesen waren. Man konnte wirklich nicht daran vorübergehen, ohne einen Moment kurz innezuhalten. Und in dem großen Lesesaal der Bibliothek, einem mindestens zwölf Meter hohen Raum, an dessen Wänden ein Teil der Kreuzritterbibliothek aufgestellt war, stand gleich rechts um die Ecke ein leerer Schreibtisch mit einer devoten Tafel: »WRITING DESK OF DUN KARM, NATIONAL POET OF MALTA«.

Sie müssen sich meine Überraschung vorstellen, als ich darauf im Bibliothekskatalog nirgendwo ein Buch dieses Nationaldichters Dun Karm finden konnte! Einen Moment durchzuckte mich der Gedanke an einen ausgewachsenen Practical joke, bis mich die hilfreiche Lesesaalaufsicht aus meiner Verwirrung erlöste und darauf hinwies, Dun Karm sei zwar der geläufige Name, er heiße jedoch in Wirklichkeit Carmelo Psaila, *Monsignore* Carmelo Psaila bitte.

Es gab sogar eine wahre Flut an Publikationen von und über den Dichter, zum größten Teil natürlich in Maltesisch. Was mir schließlich auf meine Anfrage hin zum Lesetisch gebracht wurde, waren die *Edizzjoni kritika* seiner gesammelten Gedichte; *Il-poeziji miġbura* von 1980, sowie eine zweisprachige Werkauswahl, erschienen in seinem Todesjahr 1961, mit englischen Übersetzungen des britischen Arabisten A. J. Arberry. Mit ein wenig Herumknobeln konnte ich aus einer Chronologie in der maltesischen Ausgabe herausfinden, daß Karm im Oktober 1961 gestorben war. Ich ließ auch einige Jahrgänge *The Times of Malta* aus dieser Zeit kommen, der englischsprachigen Zeitung der Insel, und hoffte, dort einige biographische Hinweise zu finden.

Wie wird jemand zum »Nationaldichter« seines Landes? Es reicht nicht, schöne Gedichte zu verfassen, und auch nicht, mit diesen Gedichten der Lyrik seines Landes eine andere Richtung zu geben – wenn das unverzichtbare Voraussetzungen sind. Für das Prädikat »national« ist ausschlaggebend, daß der Dichter auch die Sprache seines Landes tiefgreifend beeinflußt hat. Und gerade das schien das große Verdienst Dun Karms gewesen zu sein. In einer Zeit, als das Maltesische noch nicht einmal die offizielle Sprache der Insel war und für diese ursprünglich semitische Sprache noch nicht einmal ein allgemein gültiges Alphabet existierte, schuf Dun Karm mit seiner Lyrik – nahezu aus eigener Kraft – die moderne maltesische Literatur und damit auch das Maltesische als moderne Sprache.

Über sein Leben waren nur karge Informationen zu finden. Er wurde am 18. Oktober 1871 geboren und nach einem Studium der Theologie und Philosophie mit zweiundzwanzig zum Priester geweiht. Sechsundzwanzig Jahre unterrichtete er an einer katholischen Grundschule und war danach von 1921 bis zu seiner

Pensionierung 1936 als Vizedirektor der Nationalbibliothek tätig. Schließlich leistete er noch jahrelang einen bedeutenden Beitrag zur Verwirklichung des ersten englisch-maltesischen Wörterbuchs. Er starb am 13. Oktober 1961, fünf Tage vor seinem neunzigsten Geburtstag.

Sein Begräbnis drei Tage darauf war ein nationales Ereignis, über das in *The Times of Malta* ausführlich berichtet wurde, komplett mit Foto des Leichenzugs, der sich auf dem Weg zum Friedhof durch die Straßen seines Geburtsortes Żebbuġ schlängelt. In die Ausgabe vom 17. Oktober war ein ausführlicher Rückblick auf Leben und Werk des Dichters aufgenommen, mit einem Porträtfoto, von dem uns ein hochbetagter Dun Karm in Soutane und mit einem Buch in der Hand ein wenig verklärt anblickt. Sozusagen als überraschender Gegensatz stand unten an der Seite die frivole Ankündigung:

»Coming Shortly: Paris on Ice! The Sensational Ice Skating Show«, neben einer kleinen Anzeige für Du-Fournier-Zigaretten (»Your deluxe taste of Malta«) mit einer Zeichnung einer gertenschlanken, lächelnden und ach so amerikanisch wirkenden Blondine, die eine Zigarette zwischen ihren spitzen Fingern hält.

Auch das offensichtlich berühmte Gedicht auf den Bahnhof bei Mdina war in die zweisprachige Anthologie aufgenommen, so daß ich es endlich insgesamt auf englisch lesen konnte: »There, where the blue of heaven kisses the verdure / that wraps as a cloak the heights of Mtarfa hill, / there still the remains stand, showing the function / that once on a time informed that little Station«, so lautete der Anfang. Daraufhin besingt der Dichter mit viel Gefühl den verlassenen Bahnsteig, die Holzbank, die geschlossene Tür mit der Aufschrift »Station Master«. Er sieht sogar die Schattengestalt einer jungen Frau mit Hut, die im Wartezimmer sitzt. Nicht weit vom Bahnhof erblickt er die Öffnung des Tunnels in den Stadtmauern von Mdina, aus dem – so scheint es ihm – jeden Augenblick noch ein Zug herausfahren kann. Der Dichter hört in Gedanken bereits die ferne Dampfpfeife der Lokomotive, bis ihm einfällt, daß der Zug ja zum Schweigen gebracht ist. Das Gedicht endet mit den mysteriösen und unheilkündenden Zeilen, abgeschlossen durch die Datierung auf den 31. März 1931: »And sitting supreme over the ruins hidden / Death laughs, with an hour-glass and sickle in his hands.«

Karms andere Gedichte interessierten mich zu dem Zeitpunkt weniger, aber es waren ein paar kuriose und durchaus schöne Verse dabei, die meisten ziemlich unschuldig – auf eine Kleeblüte, die maltesische Sprache oder seinen geliebten Kanarienvogel. Letzteres war eine Ode mit dem Titel »Lill kanarin tieghi« oder auch »An meinen Kanarienvogel«, in dem der Dichter seinen Hausgenossen besingt, als Dank für den freudenreichen Gesang, mit dem ihn das kleine Tier jeden Abend beim Nachhausekommen begrüßt. Es ist ein langes und melancholisches Gedicht, das mit den Zeilen beginnt:

»What brought us together in this so silent house / You perchance do not know, O golden bird«, und endet – sechzig Zeilen später: »So the two of us live on, golden bird: / You happy with yourself and with my love, / I in the hope of your daily, Godlike melodies.« Und so gab es noch ein weiteres hübsches Gedicht auf ein Öllämpchen in einer Museumsvitrine.

Ich fragte einen der Saalaufseher, ob ich von einem Teil des Materials Fotokopien machen könne, aber die Bedienung dieser kostbaren Technik war dem Bibliothekspersonal vorbehalten. Ich mußte für jede Publikation ein eigenes Formular ausfüllen, unter Vermeldung diverser offizieller Angaben (»Home address:«, »Passport number:«, etc.). Am nächsten Tag werde ab 12.00 Uhr das Gewünschte für mich bereitliegen, versicherte mir ein eigens dafür angestellter Beamter, dessen Finger auf der Höhe seiner Ellbogen gewachsen waren, so daß er meine Münzen mit einer bückenden Schulterbewegung in eine ausgesparte Geldschale schieben mußte.

Während ich auf dem Weg zu den Straßencafes auf dem Platz vor der Bibliothek wieder die imposante Treppe hinabschritt, spürte ich, wie sich Dun Karms Bronzeaugen fragend in meinen Rücken bohrten.

Es war der siebte und letzte Tag meines Aufenthaltes auf Malta, und ich hatte beim Weiterlesen in dem Material aus der Bibliothek alle möglichen Lösungen des merkwürdigen Rätsels in Betracht gezogen, das mich so sehr gepackt hatte. Wetten sind zwar heilig, aber ich war nun auch selbst an einer Erklärung für die beiden Verszeilen Monsignore Carmelo Psailas interessiert, in denen er das Sterben der maltesischen Eisenbahn so plastisch in Worte gefaßt hatte, daß es einem Schauder über den Rücken jagt.

Da ich bis zu meiner Verabredung zum Mittagessen mit Michael Caruana nichts weiter zu tun hatte, als von Valletta nach Mdina zu fahren, brach ich an diesem Morgen früh auf und nahm kleine Nebenstraßen, um unterwegs ein paar Sehenswürdigkeiten zu besichtigen. So besuchte ich den Park des San-Anton-Palastes aus dem siebzehnten Jahrhundert, den einer der Großmeister des Kreuzritterordens als Sommerresidenz hatte bauen lassen, und bei Tal-Hlati besichtigte ich die wunderbare kleine Kirche aus dem Jahr 1687. Virginia van Vliets Broschüre brachte mich auf die Idee, Qix-Fejn zu besuchen, wo man die Reste einer prähistorischen Tempelanlage ausgegraben hatte. Ich wanderte mit ihren abgezogenen Erläuterungen in der Hand herum und versuchte mit Hilfe ihrer gezeichneten Rekonstruktion festzustellen, ob die Tempel der maltesischen Ureinwohner tatsächlich gebärmutterförmig angelegt waren. Die bauchigen Töpfe, die man in den Gräbern gefunden hatte, symbolisierten laut »Professor« van Vliet sogar die erhoffte Wiedergeburt der Verstorbenen. So kam sie zu ihrer Theorie, das Weibliche sei der Schlüssel zur wahren Interpretation der gesamten prähistorischen Kultur Maltas im vierten und dritten Jahrtausend vor Christus. Zwischen den kärglichen steinernen Resten, bei denen man sich kaum ein vollständiges Gebäude vorzustellen vermochte, fragte ich mich, ob *cherchez la femme* tatsächlich der richtige Schlüssel zur Deutung dieser Ruinen war.

Alles in allem war ich inzwischen mit der Lösung meines eigenen kleinen Interpretationsproblems noch keinen Schritt vorangekommen. Auf den letzten Metern zum Restaurant *Il Stazion* ging ich im Auto noch einmal alle möglichen Lösungen durch. Vielleicht hatte Dun Karm bei einem Zugunglück selbst einen ihm nahestehenden Menschen verloren, oder hatte er an diesem Datum plötzlich an Selbstmord gedacht? Verbarg sich vielleicht mehr hinter dieser schemenhaften Erscheinung der »jungen Frau mit Deinem grauem Hut«, die der Dichter im Wartesaal meint sitzen zu sehen, oder waren die beiden Schlußzeilen vielleicht eine visionäre Prophezeiung von Tod und Verderben, die der Zweite Weltkrieg wenige Jahre später mit seinen endlosen Bombardierungen über die Insel bringen würde? Kurz und gut: Ich wußte es nicht und hatte folglich die Wette verloren. Ein wenig mißgestimmt betrat ich Punkt halb zwei das Restaurant, eine Filterzigarette unangezündet zwischen den Lippen.

Caruana gab sich als sympathischer Gewinner und rieb mir mein Versagen nicht unnötig unter die Nase. Schließlich hatte auch er all die Jahre nie den Sinn des Gedichtes herausfinden können. Um ganz sicherzugehen, zeigte ich ihm meine Fotokopie des Gedichtes aus der wissenschaftlichen Werkausgabe Dun Karms, das der Herausgeber um einige maltesische Kommentare ergänzt hatte; aber diese Ausgabe war Caruana bekannt, und dort wurde nichts aufgeklärt. Die Wand im Restaurant war bereits frisch gestrichen, und man konnte nicht mehr sehen, daß sie vor einer Woche noch ein häßlicher schwarzer Rußfleck verunziert hatte. Die Kosten waren nicht allzu hoch, selbst wenn ich heute der Ansicht bin, daß ich die Wette vielleicht doch hätte gewinnen können.

Caruana und ich hatten nach dem Mittagessen so lange weitergezecht, daß es schon so ziemlich dunkel war, als wir uns auf der Terrasse mit Bahnsteig verabschiedeten. Schließlich war es mein letzter Abend, und deshalb hatten wir meinen bevorstehenden Abschied von der Insel ausgiebig gefeiert. Ich spürte untrüglich, daß ich mein Auto nicht mehr über die größtenteils unbeleuchteten maltesischen Straßen nach Valletta zurückfahren konnte und war freudig überrascht – vielleicht wirkte ich sogar allzu freudig –, im Restaurant Virginia van Vliet zu treffen, die gerade ihr Abendessen abrechnete. Sie hatte absolut nichts dagegen, mich zu unserer Pension mit zurückzunehmen. Caruana seinerseits erbot sich, dafür zu sorgen, daß mein Auto am nächsten Tag zur Verleihfirma zurückgebracht würde, denn ich mußte bereits in aller Herrgottsfrühe auf dem Flughafen sein.

So fuhren Virginia van Vliet und ich kurz darauf durch die maltesische Dunkelheit. Vielleicht hatte ich zu Unrecht den Eindruck, sie fühle sich neben mir unbehaglich, und ich versuchte, ihr eine Freude zu machen, indem ich ihr von meinem Besuch in Qix-Fejn am Morgen erzählte. Allerdings bin ich mir auch im nachhinein nicht sicher, ob ich damals wohl die richtigen Worte gefunden habe, als es um ihre Deutung der maltesischen Tempelarchitektur ging. Ungefähr nach der Hälfte unserer kurzen Fahrt sah ich plötzlich einen Wegweiser »Żebbuġ 6 MILES«, und – angetrunken oder nicht – wurde mir plötzlich wie ein Blitz aus heiterem Himmel klar, daß ich bei meiner Suche letzte Woche ein entscheidendes Beweisstück übersehen hatte: das Familiengrab Dun Karms. Es konnte nicht anders sein, als daß der Text auf dem Grabstein, der auch die sterblichen Überreste seines Vaters Filippu Psaila und seiner geliebten Mutter Lunzjata bedeckte, die Lösung des Rätsels beinhaltete.

Aber Virginia van Vliet war durch nichts zu einem kleinen Umweg zu überreden. Sie wollte mich nicht einmal kurz aussteigen lassen, und völlig unpassend sei, nächtens auf einem Dorffriedhof herumzugeistern. Ich versuchte sie bei ihrer archäologischen Neugier zu packen und bemühte mich, sie zu überzeugen, daß nun ihretwegen eine bedeutende Untersuchung nicht mehr abgeschlossen werden könne, da mein Flugzeug früh am nächsten Morgen starte. Aber sie, sie dachte nicht im Traum daran. Ich rief noch, sie als Archäologin tue doch nichts anderes, als die Ruhe auf Friedhöfen zu stören. Aber vergebens. Zehn Minuten später ständen wir vor der Pension Victoria in Valletta. Es war schon nach Mitternacht. Murrend packte ich mit einigen Handgriffen meinen Koffer für die Heimreise. Gerade noch rechtzeitig dachte ich daran, den Wecker zu stellen.

Normalerweise hätte mich dieses dichterische Rätsel noch einige Zeit beschäftigt, aber wenn es mir nicht einmal auf Malta selbst gelungen war, die Lösung zu finden, dann würde es Tausende Kilometer entfernt erst recht nicht gelingen. Ich hatte mir den Fall also schon so gut wie aus dem Kopf geschlagen, als mich ein paar Monate später zu meiner Überraschung ein Brief Virginia van Vliets erreichte, die meine Adresse in der Pension Victoria bekommen hatte. Sie schrieb, Michael Caruana habe sie inzwischen, genau wie mich, auf die Deutung des Sonnetts neugierig gemacht, und zwar so sehr, daß sie die Suche auf meinen Spuren fortgesetzt habe. Sie entschuldigte sich, daß sie sich damals im Auto uninteressiert gezeigt hatte, aber vermutlich freute ich mich über das beigelegte Foto, das sie gemacht habe, um mir zu beweisen, daß das Rätsel gelöst sei, auch wenn die Lösung nicht auf dem Friedhof von Żebbuġ liege. Ich sah noch einmal in den Umschlag, drehte ihn um und riß ihn an allen Seiten auf – von einem Foto keine Spur.

Ich schrieb ihr postwendend, bedankte mich für ihren Brief und teilte ihr mit, daß das Foto leider nicht dabei gewesen, ich aber überaus neugierig auf das sei, was sie herausgefunden habe und ob sie es bitte so schnell wie möglich noch einmal schicken könne. Darauf folgten zwei Wochen wachsender Neugierde. Als ich das Foto endlich bekam – abgesehen von der handschriftlichen Ortsangabe »Mdina« auf der Rückseite enthielt es keine Erläuterungen –, glaubte ich zunächst, »the professor« habe sich schlicht geirrt. Es war ein Amateurschnappschuß, auf dem ich nach einigem Suchen den Teil eines Kolumbariums erkannte, mit kleinen, rechteckigen, in einer Reihe aufgestellten Marmordeckplatten, hinter denen sich die Urnen befinden mußten. Wie so oft waren darauf kleine Fotos der Verblichenen angebracht, mit Namen, Datum oder kurzem Text versehen. Da und dort war eine Blume befestigt. Virginia hatte, wie ich sah, auf dem Foto eines der Dutzende Fächer angekreuzt, und als ich das Foto daraufhin ganz aus der Nähe betrachtete, konnte ich das Datum: »31-3-1931« erkennen. In Ordnung, das stimmte, aber wessen sterbliche Überreste lagen dort? Wessen Tod hatte Dun Karm so bewegt, daß er ihm eines seiner schönsten Gedichte gewidmet hatte, und wie war das mit der Einstellung des maltesischen Zugverkehrs in Verbindung zu bringen? »Għasfur lelluxi« stand gerade noch entzifferbar unter dem Datum, aber das war wieder so eine maltesische Buchstabenkombination, die sich unmöglich ohne Wörterbuch interpretieren ließ.

Erst am nächsten Tag, als ich mir das Foto noch einmal mit einer Lupe vornahm, wurde mir klar, was daran so merkwürdig war. Es war kein Urnenfriedhof für kremierte Menschen, sondern für kremierte Haustiere! Auf den kleinen ovalen Porträts erkannte ich da einen Hund, dort eine Katze, und ein Stück weiter noch einen gefleckten Hund. Wenn die angekreuzte Urne also die Reste eines von Dun Karm heißgeliebten Hundes oder einer Katze enthielt, die am 31. März 1931 gestorben war, war das dann die Lösung des Geheimnisvollen Gedichts? Was bedeutete um Himmels Willen »Għasfur lelluxi«? Es kostete mich noch einen ganzen Abend Sucharbeit in meinen aus Malta mitgebrachten Fotokopien, bis ich die Worte in einem von Dun Karms Gedichten entdeckte und zwar in dem langen Gedicht »Lil kanarin tieghi«: »Għasfur lelluxi« war der *Golden bird!* Dun Karms Kanarienvogel, der goldene Vogel, der den Dichter in seiner Einsamkeit getröstet hatte und der also vermutlich am 31. März 1931 gestorben war, demselben Tag, an dem auf der Insel Malta zum letzten Mal ein Zug fuhr. Hat der Dichter mit seinem eingepackten toten Kanarienvogel auf dem Schoß in einem der allerletzten Züge zum Tierfriedhof von Mdina gesessen? Hat er auf dem kleinen Bahnhof vor Mdina die Dampfpfeife der zum Verschwinden verurteilten Lokomotive gehört und sich dabei an die lieblichen Töne seines verstorbenen Singvogels erinnert?

Ich lachte auf und schämte mich gleichzeitig. In einem Anflug von Unzufriedenheit über das Intime und dennoch Lächerliche der Lösung, die sich hier aufdrängte, beschloß ich, den ganzen Stapel Papier einschließlich des Fotos ganz weit wegzuräumen, vielleicht aus Bedauern über den Verlust dieses so bezaubernden Rätsels.

Aus dem Niederländischen
von Marlene Müller-Haas

Ethan Coen

Die Söhne

Warum ausgerechnet das Crazy-Horse-Festival? Weil Davey es geschafft hatte, daß sogar Bart – der phlegmatische Bart – mittlerweile ganz heiß darauf war. Auf dem Plakat stand, daß es auf dem Festgelände bei Vermillion in South Dakota am 17. August stattfinden würde – das war in drei Tagen, genau am Ende ihres Campingurlaubs. Das Plakat hing schon so lange, daß man kaum noch erkennen konnte, aus welchen Ereignissen sich das Festival im einzelnen zusammensetzte. Es sollte einen ganzen Tag dauern, und offensichtlich ging es darum, in Drama, Rezitation und Liedern der Ureinwohner Nordamerikas Leben und Wirken des großen Häuptlings der Lakota zu feiern.

Dem Vater war es sofort sauer aufgestoßen, als Davey anfing, davon zu reden. Offensichtlich hatte das Wort »Festival« in Daveys Kopf eine bestimmte Vorstellung ausgelöst, jedenfalls wollte er unbedingt hin. Als es hieß, daß das nicht ginge, sagte er immer wieder: »Dad, ich würde es ja verstehen, wenn es wirklich einen Grund gäbe.« Was den Vater auf die Palme brachte, waren sowohl dieser unmögliche Spruch als auch die Tatsache, daß es wohl einen Grund gab – es war einfach furchtbar umständlich. Aber wie sollte man das einem Achtjährigen erklären? Wenn sie zu dem Festival fahren wollten, mußten sie um sechs Uhr aufstehen, das Zelt abbauen, die Ausrüstung verstauen und anderthalb Stunden fahren, und zwar entgegengesetzt zu ihrer eigentlichen Richtung. Wenn sie dann noch den ganzen Tag blieben, mußten sie auf dem Rückweg eine Nacht zu dritt in einem miesen Motelzimmer verbringen.

Er mußte an das nach Chlor stinkende Zimmer auf dem Weg zum Campingplatz denken – wo er steif in einem Sessel gesessen hatte, der noch feucht war von der Badehose eines der Jungen, versucht hatte zu lesen, am Ende aber nur auf das Buch gestarrt hatte, im Hintergrund das entfernte Rattern und Brummen einer Gefriertruhe. Dann dachte er an die vielen lästigen Verrichtungen, die mit dem Zelten verbunden waren – er würde Luftmatratzen aufblasen, Steine unter der Luftmatratze eines Kindes auflesen müssen, so tun müssen, als lese er Steine unter der Luftmatratze des gekränkten anderen Kindes auf, ein Lagerfeuer machen, das Feuer größer machen, das Feuer kleiner machen, das Feuer anders machen, mit den Kindern mitten in der Nacht aufs Klo gehen müssen, sich die Schultern verrenken müssen, um wichtige Spielzeuge und Fetische unter dem Autositz hervorzuholen, Limonade und Erbrochenes von den Polstern wischen müssen, überhaupt die Bedürfnisse der Kinder – seien es nun tatsächliche oder nur eingebildete – befriedigen müssen und sich dabei noch Daveys ständige Vorschläge und Einwände anhören. Gerade hatte er sich in eine rasende selbstanklägerische Wut hineingesteigert, weil er sich darauf eingelassen hatte, mit den Jungen in die Black Hills zu fahren – da hatte nebenan jemand Stuhlgang, begleitet von lautem Trompeten. Davey hatte vor Lachen geschrien. Bart war ungerührt auf dem Kunstledersofa sitzen geblieben, in seinen Sesamstraßenkatalog vertieft. Später waren sie zu dritt zum Abendessen in ein Café gegangen, das zum Motel gehörte. Bart aß Reis, Davey schlürfte ein schleimiges Beef Stroganoff, und der Vater knabberte an einem Clubsandwich. Später, die schlafenden Kinder mit von sich gestreckten Armen und offenen Mündern neben sich, hatte der Vater im Bett gesessen und sich im Fernsehen eine Talk-Show angesehen, das Bild verschwommen und der Ton heruntergedreht. Die Gäste interessierten ihn nicht – es waren die üblichen Huren und Jammerlappen aus dem Filmgeschäft –, aber irgendwie löste sich durch die fade Show seine verbissene Wut in kleinere Wellen von Ärger und Niedergeschlagenheit auf, die sanft über seinen Körper strömten wie Wasser über einen glatten, flachen Stein.

Bart, der Kleine, der angefangen hatte zu sprechen, es aber nur gelegentlich tat, war drei Jahre jünger als Davey und interessierte sich obsessiv für die Sesamstraße. Er kannte alle Bücher und Videos, aber seit einigen Monaten galt sein Hauptinteresse einem Katalog mit Artikeln der Sesamstraße. Es ging ihm weniger um die Artikel als vielmehr um den Katalog selbst, und manchmal saß er eine geschlagene Stunde darübergebeugt und studierte sorgfältig jede einzelne Seite. Wenn er auf der letzten Seite angekommen war, starrte er darauf, blätterte sie um, studierte ausgiebig die Umschlagseite, drehte dann den Katalog um und fing wieder von vorne an. Er bestand darauf, daß die Eltern jeden noch so kleinen Riß mit Klebeband ausbesserten – deswegen und wegen der vielen Eselsohren und Falten, die der Katalog im Laufe der Monate bekommen hatte, war er jetzt ungefähr doppelt so dick wie am Anfang.

Als Bart erfahren hatte, daß es in Pennsylvania einen Sesamstraßen-Erlebnispark mit dem Namen Sesame Place gab, wollte er unbedingt hin, und als man ihm sagte, daß es zu weit sei, hatte er einen schrecklichen Wutausbruch gehabt. Sein Körper war steif geworden, die Sehnen am Hals waren hervorgetreten, und dann waren erst sein Gesicht und danach sein ganzer Körper rot angelaufen. Koller wie dieser – schlimmer als alle anderen vorher – wurden chronisch. Sie nahmen seinen Körper so mit, daß seine Eltern befürchteten, es handle sich womöglich um eine Art Anfallsleiden. Sie gingen mit Bart zu einem Kinderarzt und provozierten einen Ausbruch, indem sie ihm den Sesamstraßenkatalog wegnahmen. Der Arzt beobachtete ihn und sagte dann, daß keine Gefahr bestünde, das Kind aber möglicherweise unterentwickelt sei. Alle bis auf Bart kamen sich albern vor.

Aber die Überzeugungskampagne für den Besuch in Sesame Place hatte nicht nur aus Wutanfällen bestanden. Wenn Bart sprach, dann von nichts anderem. Das Familienleben wurde zu einem zermürbend endlosen Streit über Sesame Place. Bart war wie ein Felsen, klein und unerschütterlich, und unnachgiebig lenkte er den Strom jeder Unterhaltung auf das eine, immer gleiche Ende zu. Schließlich gaben die Eltern nach, und sie fuhren an einem langen Wochenende hin, beide lustlos, Davey gleichgültig, Bart wie in Trance. Den Katalog umklammert, lief er umher, die Augen weit aufgerissen, alles in sich aufsaugend. Ruckartig, roboterhaft fuhr sein Kopf nach rechts und nach links, um keine der Sesamstraßenfiguren zu verpassen, die auf Schildern, an Karussells und Souvenirständen und auf den T-Shirts anderer Besucher zu sehen waren. Obwohl Bart kein einziges Mal lächelte oder anderweitig kundtat, daß es ihm Spaß machte, verließ er den Park mit einem Ausdruck tiefer seelischer Befriedigung.

Der Campingurlaub verlief wie erwartet. Zwei Nächte vor der Abfahrt weckte Davey tatsächlich seinen Vater, damit er ihm seinen Bademantel gab und mit ihm zum Klo ging. Aus irgendeinem Grund wollte er nicht draußen an einem Baum Wasser lassen. Selbst im Klo pinkelte er erst, nachdem sein Vater mit einem Stock die trägen und dick gepanzerten Insekten verscheucht hatte, die sich an den Fäkalien gütlich taten, und dann mußte der Vater seine Taschenlampe auf Daveys Penis richten, damit er sehen konnte, was er tat. Als sie zum Zelt zurückkamen und der Vater wieder in seinen Schlafsack gekrochen war, mußte er noch einmal aufstehen und in der Latrine mit der Taschenlampe nach einer Karte mit den Stämmen der Dakota suchen, die in der Tasche von Daveys Bademantel gewesen war. Kaum war er zurück, fiel Bart ein, daß er jetzt aufs Klo müßte. Auf dem Weg dorthin konnte der Vater – in der Befürchtung, daß er wieder zehn Minuten lang mit einem Stock auf die gepanzerten Insekten einschlagen müßte – Bart überreden, an einen Baum zu pinkeln. Dabei ging das meiste auf Barts Bademantel, von wo aus es auf seinen Schuh tropfte. Also mußte der Vater am nächsten Morgen zeitig aufstehen – was weiter kein Problem war, da er sowieso nicht mehr hatte einschlafen können –, um den Bademantel und den Schuh im Fluß auszuspülen, bevor er das Frühstück machte. Für die Zubereitung des Frühstücks waren mehrere Töpfe und Pfannen erforderlich, da Davey nur Haferflocken aß und Bart einen Wutanfall hatte, wenn er nicht sein Omelett mit Marmelade bekam. Während der Vater darauf wartete, daß die Eier stockten, dachte er darüber nach, welchen Dummheiten in seinem Leben er es zu verdanken hatte, daß er sich nur noch mit einer Omelettpfanne und einem großen Glas Smucker's Pfirsichmarmelade in die Wildnis wagen konnte. In diesen Momenten der Verbitterung und Verwirrung sah er sich selbst oft als eine Ratte in einem raffinierten und grausam sinnlosen ethologischen Experiment. Die Ehe, das Großziehen von Kindern, ja selbst der körperliche Akt der Liebe erschienen ihm wie zwanghafte Zuckungen, vollführt unter den kühlen, prüfenden Blicken eines höherstehenden Mediziners. Einen Höhepunkt erreichten seine schwelende Aversion wie auch die ganze Reise am nächsten Morgen, als, nachdem der Vater das Zelt abgebaut und die Sachen ins Auto gepackt hatte und sie den halben Weg nach Vermillion schon hinter sich hatten – wo auf dem Festgelände das Crazy-Horse-Festival stattfinden sollte – Davey auf einmal sagte: »Dad, das Auto brennt.«

Er hatte recht. Jedesmal, wenn sie anhielten, drang dichter Rauch unter dem Wagen hervor. Beim Weiterfahren verzog sich der Rauch und war nicht mehr zu sehen. Der Vater saß verbissen da und hielt mit verkrampften Händen das Lenkrad. Den Rest der Strecke fuhr er langsamer und hielt dann vor der offensichtlich einzigen Autowerkstatt in Vermillion. Ein Mann mit faltigem Gesicht und grauem Haar, auf dessen Overall »EGON« gestickt war, sah den Vater aus blaßblauen Augen an, als dieser ihm das Problem schilderte, während Davey, der dabeistand, zu ihnen hochstarrte. Der Mechaniker war kurz angebunden und sagte, daß er »es untersuchen« würde. Der Vater zog Bart, der auf dem Rücksitz seinen Sesamstraßenkatalog studierte, aus dem Auto, Egon stieg ein und fuhr den Wagen auf die Hebebühne. Er ließ die Fahrertür offenstehen, und sein linkes Bein hing heraus. Der Vater und Bart setzten sich ins Büro der Werkstatt, auf Stahlrohrsessel mit mintgrüner Polsterung, aus der die schmutzigweiße Füllung herausschaute. Bart vertiefte sich wieder in seinen Sesamstraßenkatalog, und der Vater nahm sich die Lokalzeitung von Rapid City. Verwundert bemerkte er, daß darin keine Nachrichten zu finden waren, nur Artikel mit Überschriften wie »INVESTOREN STEHEN HINTER BAULANDERSCHLIESSUNG«, »GROSSZÜGIGES PAAR – KIND KANN INS SOMMERLAGER« und dergleichen, und daß das Feuilleton aus einer halben Seite Kleinanzeigen für Haarwuchsmittel und Kurzmeldungen über die üblichen Huren und Jammerlappen aus dem Filmgeschäft bestand. Während er in der Zeitung blätterte, machte Davey die Tür immer wieder auf und zu und löste so andauernd eine Klingel aus.

Es dauerte nicht lange, da kam Egon herein. Er wischte sich die Hände an einem Lappen ab. Sein krauses graues Haar war voller Ölspritzer. Davey kam hinterhergerannt und stellte sich neben seinen Vater, legte eine Hand auf die Sessellehne und starrte zu Egon hinauf, als dieser mit knappen Worten das Problem erläuterte. Offenbar war das Getriebe undicht, und Öl tropfte auf das Auspuffrohr und verbrannte, wenn das Rohr heiß wurde. Es war nicht schlimm, und Egon hatte einen Liter Getriebeöl aufgefüllt – das hieß, sie konnten weiterfahren, bis sich eine Gelegenheit ergab, das Getriebe wieder abzudichten. Sie sollten jedoch auf den Ölstand achten. Der Vater dankte ihm, bezahlte und erntete – so kam es ihm vor – einen besonders abschätzigen Blick, als er nach dem Weg zum Festgelände fragte.

»Dad«, sagte Davey, als sie wieder im Auto saßen und fuhren, »der Typ hatte Dreck in den Haaren.«

Es war nach halb zehn, als sie auf die große zerfurchte Fläche fuhren, die als Parkplatz für das Festgelände diente. Sie war leer. Ein niedriger Lattenzaun trennte sie von dem eigentlichen Festgelände – ebenfalls eine große zerfurchte Fläche, ebenfalls leer.

Bart saß über seinen Katalog gebeugt, der Wagen stand mit laufendem Motor da und rauchte. Der Vater und Davey starrten auf die menschenleere Fläche. Vögel zwitscherten.

»Dad, was ist los?«

Auf dem Weg zurück kam es dem Vater vor, als pulsiere die Landschaft, so heftig pochte das Blut hinter seinen Augen. An der Werkstatt hielt er an, Egon kam aus dem Büro, wischte sich die Hände an einem öligen Lappen ab und schaute verwundert drein.

Der Vater kurbelte das Fenster herunter, hielt den Kopf hinaus. Die heiße Luft über der Kühlerhaube, verbrannt und stickig, drang ihm in die Lungen. »Gibt's da ein Indianerfestival auf dem Festgelände?«

Egon starrte ihn an. »Das war voriges Jahr.«

Die Morgensonne brannte auf den Resopaltischplatten des Vermillon Diner und blitzte in den Chromleisten. Sie hatten beschlossen, hier zu frühstücken, bevor sie sich auf den Heimweg machten. Der Vater sah auf, als die Kellnerin kam, und fragte sie, ob sie Aspirin für ihn hätte.

»Wir dürfen kein Aspirin an die Gäste abgeben.«

»Wieso nicht?«

»Weil wir sonst verklagt werden.«

Der Vater nickte – wie um die Bedeutung der Äußerung zu bestätigen. Schließlich sagte er: »Ich nehme den Obstsalat.« Er nickte in Daveys Richtung: »Für ihn Haferflocken.« Er nickte in Barts Richtung: »Und für ihn bitte ein Omelett aus zwei Eiern.«

»Zwei Eier?«

»Ja, bitte.«

»Und wie möchte er sie?«

»Was? Als Omelett.«

»... auf Olmbett?«

»Ein *Omelett,* ein Omelett aus zwei Eiern.«

»Ah ...«

»Ein Omelett, verstehen Sie?«

»... was ist das?«

»... Sie wissen nicht, was ein Omelett ist?«

»Nein.«

»Dann sagen Sie's bitte dem Koch. Er weiß es bestimmt. Die Eier werden ... es ist wie Rührei, bloß nicht gerührt. Ein Omelett eben.«

»Ich werd fragen ...« Ihre Stimme klang gepreßt, so als hätte sie Angst, verschaukelt zu werden.

Als sie gegangen war, fragte Davey: »Können sie kein Omelett für Bart machen, Dad?«

»Er bekommt sein Omelett.« Zu Hause strich Barts Mutter immer Smucker's Pfirsichmarmelade auf das Omelett, kurz bevor es stockte, und rollte es dann zusammen. In Restaurants bekam man zwar prinzipiell keine Omeletts mit Marmelade, aber es hatte sich herausgestellt, daß Bart damit leben konnte, wenn sie ein normales Omelett bestellten und es dann mit Marmelade bestrichen. Aber das hier war das erste Restaurant, wo es überhaupt keine Omeletts gab. Noch schlimmer, sie hatten – wie in einer grotesk-banalen Episode von *Twilight Zone* – noch nicht einmal etwas davon gehört.

Bart aß auch gern Reis. Eigentlich war es das einzige, was er außer Omeletts mit Marmelade mochte. Er goß sich Ketchup auf seinen Reis und vermischte das Ganze mit einer Gabel. Sie nannten das spanischer Reis, und einmal waren sie in einem spanischen Restaurant essen gewesen und hatten für Bart den echten spanischen Reis bestellt. Er nahm eine Gabel davon, spuckte ihn aus und fing an zu schreien. Der Vater gab ihm einen leichten Klaps, Bart schrie noch lauter und schleuderte seinen Teller auf den Boden. Der Vater zerrte ihn vom Stuhl, klemmte ihn sich wie einen Football unter den Arm und rannte mit ihm aus dem Restaurant, wobei er den spanischen Reis in den dicken roten Teppich trat.

Die Kellnerin kam zurück. »Also der Koch weiß zwar, was es ist, aber wir haben es nicht auf der Karte.«

»Gut, aber er kann eins machen, oder?«

»Es ist nicht auf der Speisekarte.«

»Aber der Koch könnte eins machen, oder?«

»Tut mir leid, Sir, es ist nicht auf der Speisekarte.«

»Augenblick mal – Sie sind in die Küche gegangen, um zu fragen, ob er uns ein Omelett machen kann. Er hat Ihnen gesagt, er *könnte* ein Omelett machen. Es macht doch sogar weniger Arbeit als Rühreier.«

»Das weiß ich nicht.« Sie sprach jetzt genauso langsam wie er. »Er hat gesagt, er weiß, was es ist. Aber es ist nicht auf der Speisekarte, Sir. Ich kann Ihnen dieses Olmbett nicht bringen.«

Davey kicherte, Bart war noch immer in seinen Katalog vertieft.

»Aber Sie wußten doch schon vorher, daß es nicht auf der Speisekarte ist. Und dennoch haben Sie in Erwägung gezogen, uns ein Omelett zu servieren. Sie haben sich erkundigt, ob es möglich wäre. Demzufolge haben Sie doch wohl in Erwägung gezogen, uns etwas zu servieren, das nicht auf der Speisekarte steht.«

Verständnislos sah mich die Kellnerin an: »... ich habe was?«

Der Vater schluckte seinen Zorn hinunter. »Also gut«, sagte er, »also gut.« Er versuchte sich zu konzentrieren. Was hätte Adolf Hitler in dieser Situation getan? Oder Josef Stalin? Er versuchte sich Hitler in dem Restaurant vorzustellen, wie er in Latzhosen und mit Schirmmütze am Tresen steht und seinen Kaffee umrührt, den Hintern auf einen Hocker gequetscht. Es war schwer, sich vorzustellen, was genau Hitler getan hätte – die Kulturen waren einfach zu verschieden.

»Also gut«, sagte der Vater. »Dann bitte zwei Rühreier für ihn. Und sagen Sie dem Koch, er soll sie nicht rühren.«

Die Kellnerin sah ihn mit zusammengekniffenen Augen an, und nach kurzem Schweigen riß sie ihm die Speisekarte aus der Hand und ging.

»Machen sie jetzt ein Omelett für Bart, Dad?«

»Ja.«

Hinter dem Tresen sprach die Kellnerin mit dem Koch, als sie den Bestellzettel an eine sich drehende Metallscheibe heftete. Der Koch muß sehr klein gewesen sein, denn man sah nur das obere Ende einer nickenden weißen Mütze.

»Aber sie hat doch gesagt, es ging nicht.«

»Sie hat gesagt, es ginge nicht. Aber sie werden es machen.«

»Was ist los, sind die zu blöd?«

Der Vater nippte an seinem Kaffee. Der schmerzhafte Druck hinter seinen Augen hatte nachgelassen, und die Welle der Verärgerung verebbte tief in seinem Inneren. Er wartete geduldig, daß sie ganz abflaute, konzentrierte sich darauf, wie sie flacher wurde und ihre Gefahr verlor. Er stand jetzt über den Dingen. Alles war weit weg, ganz weit weg – er fühlte sich wie ein großer Yogi, der seinem eigenen Herzschlag lauscht.

Kurz darauf kam die Kellnerin wieder. Sie stellte eine Schüssel mit Haferflocken vor Davey hin, eine Schale mit Obst aus der Dose vor den Vater und zwei Spiegeleier vor Bart. Dann verschwand sie wieder.

Bart sah von seinem Sesamstraßenkatalog hoch und starrte auf die glänzenden Eier. Sie vibrierten leicht, als draußen ein Laster vorbeirumpelte.

Der Vater sah zu, kalte Angst packte ihn, und er wappnete sich für Barts Wutanfall. Er versuchte seiner Furcht Herr zu werden, indem er sich vorstellte, wie er die Kellnerin packte, sie durch die Schwingtür in die Küche schob, ihr einen Arm auf den Rücken drehte und sie mit dem Gesicht in eine Pfanne mit Rühreiern drückte. Er stellte sich vor, wie er ihren Kopf heftig hin und her bewegte, so daß sie mit der Nase die Eier verrührte, wozu sie laut schrie.

Aber so würde er auch nicht zu einem Omelett kommen.

Während Bart weiter auf die Eier starrte, kam die Kellnerin mit einem kleinen Teller zurück, auf dem Butter und eine lappige Scheibe Toast lagen, die schräg in zwei Hälften geschnitten war. »Gehört zu den Eiern«, sagte sie und ging wieder.

Seltsamerweise hatte Bart seinen Gleichmut nicht verloren. Seine Augen wanderten über den Tisch und suchten, wie sich herausstellte, die Marmelade. Auf einem Plastikteller lagen mehrere Packungen, und er nahm sich eine, dann ein Stück Toast und verteilte die Marmelade sorgfältig darauf. Der Toast verrutschte ihm, und er drehte die Hand, damit er die ganze Scheibe bestreichen konnte. Dann wendete er sie und bestrich auch die andere Seite.

Davey aß seine Haferflocken und hing mit den Augen auf dem Teller seines Bruders. »Das ist aber kein Omelett«, sagte er. »Werden wir uns beschweren, Dad?«

Bart biß in den Toast und wandte sich wieder seinem Katalog zu.

Der Vater trank seinen Kaffee.

»Das ist aber kein Omelett, oder, Dad?«

Als der Toast alle war, hatte Bart angefangen, den Saft vom Obstsalat seines Vaters zu trinken. Dabei hatte er sich ziemlich heftig verschluckt und sein T-Shirt ordentlich vollgesabbert, Der Vater zog es ihm über den Kopf, wobei Bart seinen Katalog erst mit der einen und dann mit der anderen Hand festhielt.

Bart schlenderte schon zum Auto, während der Vater und Davey zur Kasse gingen, um zu bezahlen. Die Kellnerin tippte die Summe ein, und als sie das Geld nahm, sagte sie mechanisch: »Und – hat es geschmeckt?«

Der Vater starrte sie an.

Davey sah erst zu seinem Vater, dann zu der Kellnerin, begriff, daß die Brücke der Kommunikation zwischen den beiden eingestürzt war, und warf seinerseits ein Seil über den Abgrund: »Na ja, aber das war kein Omelett, Lady.«

Der Vater verzog das Gesicht, während der Ausdruck der Kellnerin von Verachtung zu Mitleid wechselte. Ganz offensichtlich dachte sie, daß Davey ein elendes Gör sei – aber was sollte man von einem Kind mit so einem ungehobelten Vater auch anderes erwarten? Der Vater spürte, wie sich seine Muskeln anspannten, und am liebsten hätte er sowohl der Kellnerin als auch dem Kind eine Ohrfeige gegeben.

Aber das war typisch für Davey. Ein rätselhafterer Teil des Jungen waren seine wilden Alpträume. Er konnte nie sagen, was er da träumte. Aber sie ließen darauf schließen, daß sein mitunter befremdliches Verhalten der Angstabwehr diente. Einmal hatte er akribisch das Periodensystem der Elemente aus einer Enzyklopädie abgezeichnet – jedes Element genau an seinem Platz, dazu die entsprechende Abkürzung und das Atomgewicht – und es seinem Vater mit den Worten gezeigt:

»Schau, Dad, das sind alle Elemente, die es auf der Welt gibt.« Der Vater war gerührt gewesen, wie sorgfältig und säuberlich er jedes einzelne Element – bei Wasserstoff angefangen bis hin zu Einsteinium und Kalifornium – beschriftet und numeriert hatte. Er wollte den Jungen ermutigen und hatte ihn gefragt, ob er gern einen Chemieexperimentierkasten hätte. »O ja, Dad.« Er selbst hatte als Kind einen solchen Kasten gehabt. In einem der Experimente hatte er Waschblau hergestellt. Heute wußte er nicht einmal mehr, was Waschblau war.

Er hatte Davey den Experimentierkasten gekauft, aber er lag immer noch ungeöffnet in seinem Zimmer, und dem Vater war klargeworden, daß das Kind nicht aus Wißbegierde – denn die besaß es nicht – das Periodensystem abgezeichnet hatte, sondern daß dies lediglich ein zwanghafter Akt gewesen war. Möglicherweise würde auch Bart in drei Jahren derartig seltsame Dinge tun – mit dem Unterschied, daß es bei ihm nicht darum gehen würde, sich selbst zu beruhigen. Und niemals würde er sein Periodensystem seinem Vater zeigen, sondern eher schreien, wenn irgend jemand es sehen wollte.

Als sie auf den Parkplatz gingen, sagte Davey: »Mann, das ist vielleicht ein Nest, was Dad?«

Die Sonne schien, es war warm. Bart stand mit nacktem Oberkörper am Auto, geduldig wartend, zwergenhaft vor den schneebedeckten Bergen. Sein Blick war auf den geöffneten Katalog gerichtet, dessen Rücken auf der vorspringenden Rundung seines Bauches ruhte. Sein Kinn glänzte von Marmelade und Obstsaft, und der Katalog bewegte sich mit seinem Atem auf und ab.

»Das ist vielleicht ein Nest, was Dad?« wiederholte Davey.

Das Auto war nicht abgeschlossen, aber eine von Barts Eigenheiten war, daß er nie in Autos einstieg. Man mußte ihm die Tür aufmachen, und dann ließ er sich umständlich hineinheben – wie eine Wachsfigur von Prince Charles auf dem Weg zu Madame Tussaud. Tische, Stühle, Theken: er krabbelte auf sie hinauf, unter ihnen hindurch und um sie herum – aber niemals in ein Auto. Der Vater nahm es mit Verwunderung zur Kenntnis, nicht zum ersten Mal. Die Brust schnürte sich ihm zusammen. Was war mit seinen Söhnen los? Ärger stieg in ihm hoch, auf sie und eine Welt, die sie beide – da war er sich sicher – zu Verlierern machen würde, der eine ein Arschkriecher und der andere stumm. Warum sollte sich die Enttäuschung in der nächsten Generation fortsetzen, immer weiter wandern, grausam wie ein Peitschenhieb an einem endlosen Seil?

»Dad, können wir nicht heute noch einmal zelten? Und erst morgen zurückfahren?«

Was wollten sie von ihm? Wer waren sie?

»Dad?«

Aus dem Amerikanischen
von Detlev Ullrich

Quellennachweis

Maarten Asscher. *Der Bahnhof.* Originaltitel: *Het Station.* Aus dem Niederländischen von Marlene Müller-Haas.
Aus: Maarten Asscher. DER LEUCHTTURMWÄRTER. Originalausgabe: STRINDBERGS DOOD. Copyright © der Originalausgabe 1995 by Maarten Asscher. Copyright © der deutschsprachigen Ausgabe 1999 by Wilhelm Goldmann Verlag, München, in der Verlagsgruppe Bertelsmann GmbH. Abdruck mit freundlicher Genehmigung der Eggers & Landwehr Literary Agency, Berlin.

Aimee Bender. *Beschwipste Mimi.* Originaltitel: *Drunken Mimi.* Aus dem Amerikanischen von Liselotte Prugger.
Aus: Aimee Bender. DAS MÄDCHEN, DAS FEUER FING. Originalausgabe: THE GIRL IN THE FLAMMABLE SKIRT. Copyright © der Originalausgabe 1998 by Aimee Bender. Copyright © der deutschsprachigen Ausgabe 1999 by Wilhelm Goldmann Verlag, München, in der Verlagsgruppe Bertelsmann GmbH. Abdruck mit freundlicher Genehmigung der Agence Hoffman, München.

Fleur Bourgonje. *Der Bandoneonspieler von Quemú Quemú.* Originaltitel: *De bandoneonspeler van Quemú Quemú.* Aus dem Niederländischen von Eva Schweikart.
Aus: Fleur Bourgonje. DE BRUIDEN. Copyright © der Originalausgabe 1996 by Fleur Bourgonje. Copyright © der deutschen Übersetzung 1999 by Wilhelm Goldmann Verlag, München, in der Verlagsgruppe Bertelsmann GmbH. Abdruck mit freundlicher Genehmigung von Uitgeverij Atlas, Amsterdam. Deutsche Erstveröffentlichung.

Paul Bowles. *Im roten Zimmer.* Originaltitel: *Midnight Mass.* Aus dem Amerikanischen von Pociao.
Aus: Paul Bowles. MIDNIGHT MASS. Copyright © der Originalausgabe 1981, 1983 by Paul Bowles. Copyright © der deutschsprachigen Ausgabe 1989 by Wilhelm Goldmann Verlag, München, in der Verlagsgruppe Bertelsmann GmbH. Abdruck mit freundlicher Genehmigung von Black Sparrow Press.

Bill Bryson. *Im Junkfood-Paradies.* Originaltitel: *Junk Food Heaven.* Aus dem Amerikanischen von Sigrid Ruschmeyer.
Aus: Bill Bryson. STREIFLICHTER AUS AMERIKA. Originalausgabe: NOTES FROM A BIG COUNTRY. Copyright © der Originalausgabe 1998 by Bill Bryson. Copyright © der deutschsprachigen Ausgabe 2000 by Wilhelm Goldmann Verlag, München, in der Verlagsgruppe Bertelsmann GmbH. Abdruck mit freundlicher Genehmigung der Paul Marsh Literary Agency, London.

Lan Samantha Chang. *San.* Originaltitel: *San.* Aus dem Amerikanischen von Sabine Lohmann.
Aus: Lan Samantha Chang. Hunger. Copyright © der Originalausgabe 1998 by Lan Samantha Chang. Copyright © der deutschen Übersetzung 2000 by Wilhelm Goldmann Verlag, München, in der Verlagsgruppe Bertelsmann GmbH. Das Buch erscheint im Oktober 2000 unter dem Titel Das Alphabet der Fremde im Wilhelm Goldmann Verlag, München, in der Verlagsgruppe Bertelsmann GmbH. Abdruck mit freundlicher Genehmigung der Wylie Agency, London. Deutsche Erstveröffentlichung.

Lars Saabye Christensen. *Der eifersüchtige Friseur.* Originaltitel: *Den misunnelige Frisøren.* Aus dem Norwegischen von Christel Hildebrandt.
Aus: Lars Saabye Christensen. DER EIFERSÜCHTIGE FRISEUR

Ethan Coen. *Die Söhne.* Originaltitel: *The Boys.* Aus dem Amerikanischen von Detlev Ullrich.

Philippe Delerm. *Eigentlich könnten wir sogar draußen essen.* Aus dem Französischen von Hinrich Schmidt-Henkel.

Alex Garland. *Blumenkinder.* Aus dem Englischen von Thomas Mohr.

right © der deutschsprachigen Ausgabe 1999 by Wilhelm Goldmann Verlag, München, in der Verlagsgruppe Bertelsmann GmbH. Abdruck mit freundlicher Genehmigung der Andrew Nurnberg Assoc., London.

Christine Grän. *Die Reise der alten Damen.*
Aus: Christine Grän. LIEBE IST NUR EIN MORD. Copyright © 2000 by Wilhelm Goldmann Verlag, München, in der Verlagsgruppe Bertelsmann GmbH. Das Buch erscheint im Dezember 2000 im Wilhelm Goldmann Verlag, München. Abdruck mit freundlicher Genehmigung der Autorin. Originalausgabe.

David Guterson. *Arcturus.* Originaltitel: *Arcturus.* Aus dem Amerikanischen von Christa Krüger.
Aus: David Guterson. DAS LAND VOR UNS, DAS LAND HINTER UNS. Originalausgabe: THE COUNTRY AHEAD OF US, THE COUNTRY BEHIND. Copyright © der Originalausgabe 1989 by David Guterson. Copyright © der deutschsprachigen Ausgabe 1997 by Berlin Verlag, Berlin. Abdruck mit freundlicher Genehmigung.

Maeve Haran. *Gut geflunkert.* Originaltitel: *Interfering Busybody.* Aus dem Englischen von Ariane Böckler.
Aus: Maeve Haran. A SHORT STORY COLLECTION. Copyright © der Originalausgabe 1996 by Maeve Haran. Die Geschichte erschien erstmals 1992 im »Woman Magazin«. Copyright © der deutschen Übersetzung 2000 by Wilhelm Goldmann Verlag, München, in der Verlagsgruppe Bertelsmann GmbH. Das Buch erscheint im Juni 2000 unter dem Titel DIE SCHEIDUNGSDIÄT bei Blanvalet im Wilhelm Goldmann Verlag, München, einem Unternehmen der Verlagsgruppe Bertelsmann GmbH. Abdruck mit freundlicher Genehmigung der Liepman AG, Zürich. Deutsche Erstveröffentlichung.

Javier Marías. *Während die Frauen schlafen.* Aus dem Spanischen von Renata Zuniga.
Aus: Javier Marías. WÄHREND DIE FRAUEN SCHLAFEN. Originalausgabe: MIENTRAS ELLAS DUERMEN. Copyright © der Originalausgabe 1990 by Javier Marías. Copyright © der deutschsprachigen Ausgabe 1999 by Verlag Klaus Wagenbach, Berlin. Abdruck mit freundlicher Genehmigung.

Sue Miller. *Der Anrufer.* Originaltitel: *Calling.* Aus dem Amerikanischen von Karin Szpott.
Aus: Sue Miller. TEURE GESCHENKE. Originalausgabe: INVENTING THE ABBOTTS AND OHTER STORIES. Copyright © der Originalausgabe 1987 by Sue Miller. Copyright © der deutschsprachigen Ausgabe 1999 by Wilhelm Goldmann Verlag, München, in der Verlagsgruppe Bertelsmann GmbH. Abdruck mit freundlicher Genehmigung der Mohrbooks Literary Agency, Zürich.

Ruth Rendell. *Lizzies Liebhaber.* Originaltitel: *Lizzie's Lover.* Aus dem Englischen von Cornelia C. Walter.
Aus: Ruth Rendell. LIZZIES LIEBHABER. Originalausgabe: BLOOD LINES. Copyright © der Originalausgabe 1995 by Kingsmarkham Enterprises. Copyright © der deutschsprachigen Ausgabe 1996 by Wilhelm Goldmann Verlag, München, in der Verlagsgruppe Bertelsmann GmbH. Abdruck mit freundlicher Genehmigung der International Literary Agency, London.

Stacey Richter. *Schulball.* Originaltitel: *Prom Night.* Aus dem Amerikanischen von Kathrin Razum.
Aus: Stacey Richter. MY DATE WITH SATAN. Copyright © der Originalausgabe 1999 by Stacey Richter. Copyright © der deutschen Übersetzung 2000 by Wilhelm Goldmann Verlag, München, in der Verlagsgruppe Bertelsmann GmbH. Das Buch erscheint im August 2000 unter dem Titel MEIN RENDEZVOUS MIT

SATAN als Manhattan Hardcover im Wilhelm Goldmann Verlag, München, einem Unternehmen der Verlagsgruppe Bertelsmann GmbH. Abdruck mit freundlicher Genehmigung der Paul & Peter Fritz AG, Zürich. Deutsche Erstveröffentlichung.

Victoria Routledge. *Biancas Rache.* Originaltitel: *Bianca Frost.* Aus dem Englischen von Carsten Mayer.
Copyright © 2000 by Victoria Routledge. Copyright © der deutschen Übersetzung 2000 by Wilhelm Goldmann Verlag, München, in der Verlagsgruppe Bertelsmann GmbH. Abdruck mit freundlicher Genehmigung der Rosemarie Buckman Agency, London.

Olga Tokarczuk. *Hotel Capital.* Originaltitel: *Numery.* Aus dem Polnischen von Doreen Daume.
Aus: Olga Tokarczuk. SZAFA. Copyright © der Originalausgabe by Olga Tokarczuk. Abdruck mit freundlicher Genehmigung der Autorin. Deutsche Erstveröffentlichung.

Minette Walters. *Ein englischer Herbst.* Originaltitel: *English Autumn, American Fall.* Aus dem Englischen von Mechtild Sandberg-Ciletti.
Copyright © 1999 by Minette Walters. Copyright © der deutschen Übersetzung 2000 by Wilhelm Goldmann Verlag, München, in der Verlagsgruppe Bertelsmann GmbH. Abdruck mit freundlicher Genehmigung der Gregory & Radice Agency, London. Deutsche Erstveröffentlichung.

Rebecca Wells. *Abhärtung (Siddalee, 1963).* Originaltitel: *Wilderness Training (Siddalee, 1963).* Aus dem Amerikanischen von Renate Reinhold.
Aus: Rebecca Wells. WIE HIMMEL UND HÖLLE. Originalausgabe: LITTLE ALTARS EVERYWHERE. Copyright © der Originalausgabe